掌尚文化

SALUTE & DISCOVERY

致敬与发现

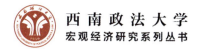

西南政法大学
宏观经济研究系列丛书

中国长江经济带
绿色经济发展研究

An Study on Green Economy Development of
Yangtze River Economic Belt in China

肖忠意 等 著

经济管理出版社
ECONOMY & MANAGEMENT PUBLISHING HOUSE

图书在版编目（CIP）数据

中国长江经济带绿色经济发展研究 / 肖忠意等著 . —北京：经济管理出版社，2020.8

ISBN 978-7-5096-7475-8

Ⅰ.①中…　Ⅱ.①肖…　Ⅲ.①长江经济带—绿色经济—区域经济发展—研究　Ⅳ.① F127.5

中国版本图书馆 CIP 数据核字（2020）第 158372 号

组稿编辑：宋　娜
责任编辑：宋　娜　张鹤溶
责任印制：黄章平
责任校对：董杉珊

出版发行：经济管理出版社
　　　　　（北京市海淀区北蜂窝 8 号中雅大厦 A 座 11 层　100038）
网　　　址：www.E-mp.com.cn
电　　　话：（010）51915602
印　　　刷：唐山昊达印刷有限公司
经　　　销：新华书店
开　　　本：710mm×1000mm / 16
印　　　张：13
字　　　数：240 千字
版　　　次：2020 年 11 月第 1 版　2020 年 11 月第 1 次印刷
书　　　号：ISBN 978-7-5096-7475-8
定　　　价：98.00 元

主要编撰者简介

主编：

　　肖忠意　经济学博士，金融学博士后，西南政法大学经济学院副教授，民营经济研究中心主任，大不列颠哥伦比亚大学访问学者，重庆渝北民建会员、兼任民建中央财政金融委员会委员、多年来主要从事区域经济学、金融市场和公司金融等领域研究，在国内外核心期刊发表中英文学术论文40余篇，专著3本，主持和参与国家自然科学等项目19项，在《光明日报》《团结报》《经济界》等重要媒体发表专业评论文章近10篇。兼负责本书第九章撰写。

　　副主编（按照编撰章节排序）：

　　范传琪　经济学博士，西南政法大学经济学院讲师，研究领域为中国土地制度改革、国家粮食安全。在CSSCI收录的中文核心期刊发表论文10余篇，主持省级科研项目2项，负责本书第一章的撰写。

　　何　峰　国际关系学博士，西南政法大学经济学院讲师，国际陆海贸易新通道研究院副主任。主要从事区域经济、经济学教育、城市产业经济研究，在国内外相关期刊上发表论文多篇，负责本书第二章和第三章撰写。

　　陈怡安　经济学博士，西南政法大学经济学院副教授，牛津大学访问学者。主要从事人力资本配置、劳动力流动、人才创新创业，在CSSCI收录的中文核心期刊发表论文30余篇，出版个人学术专著3部，主持参与国家自然科学基金等省部级项目10余项。负责本书第四章撰写。

　　杨浩然　农学博士，西南政法大学经济学院讲师。主要从事农业经济发展、生产效率分析等方面的研究，在SSCI和CSSCI收录期刊发表论文数近

10 篇。负责本书第五章撰写。

夏思思 经济学博士，西南政法大学经济学院讲师，主要从事统计决策、风险评估与预测等研究，主持省部级重点课题 1 项，在 SCI 和 EI 收录刊物发表论文数篇。负责本书第六章撰写。

郑　畅 区域经济学博士，西南政法大学经济学院副教授。主要从事财政金融和能源经济学方面的研究。先后在 CSSCI 来源期刊公开发表学术论文 10 余篇，主持参与省部级课题 20 余项。负责本书第七章撰写。

路　瑶 经济法博士，西南政法大学经济学院讲师，主要从事制度经济学、法经济学以及创新经济学研究。先后在 CSSCI 来源期刊公开发表学术论文 10 余篇，出版专著 2 部，主持省部级课题 8 项。负责本书第八章撰写。

各章节学术观点和学术道德，由章节作者文责自负。

　　长江全长 6300 余公里，"长"而得名，它不仅是中国最长的河流，也是世界第三大长河。它像一条银色的巨龙，从唐古拉山的主峰——各拉丹冬雪山发源，越过草原肥美、矿藏丰富的青藏高原，横贯"天府之国"的四川盆地，与嘉陵江汇于重庆山城，摆荡于"湖广熟，天下足"的两湖之间，滋润着"江淮稻粮肥"的苏皖大地，流经"富饶甲海内"的长江三角洲。

　　长江经济带横跨中国东、中、西三大区域，覆盖上海、江苏、浙江、安徽、江西、湖北、湖南、重庆、四川、云南、贵州 11 个省（直辖市），面积约 205.23 万平方公里，是中央重点实施的"三大战略"之一，是具有全球影响力的内河经济带、东中西互动合作的协调发展带、沿海沿江沿边全面推进的对内对外开放带，也是生态文明建设的先行示范带。长江经济带总人口约 5.99 亿人，占全国总人口的 42.9%。其中，下游地区约 2.25 亿人，占长江经济带总人口的 37.6%；中游地区约 1.75 亿人，占长江经济带总人口的 29.2%；上游地区约 1.99 亿人，占长江经济带总人口的 33.2%。长江经济带地区生产总值约 40.3 万亿元，占全国生产总值的 44.1%。其中，下游地区约 21.15 万亿元，占长江经济带生产总值的 52%；中游地区约 9.78 万亿元，占长江经济带生产总值的 24.3%；上游地区约 9.37 万亿元，占长江经济带生产总值的 23.3%。可见，推动长江经济带发展，是关系国家发展全局的重大战略，对实现"两个一百年"奋斗目标、实现中华民族伟大复兴的中国梦具有重要意义。长江经济带战略的深化发展有利于缓解我国经济下行压力，促进绿色经济整体长期发展，促进绿色创新发展；有利于以长江为"轴"，连轴带面，打通东、中、西部联合发展，实现我国生态资源优化，促进区域经济平衡与长期发展。

　　为了更好地理解长江经济带绿色发展的价值，掌握长江经济带绿色发展的基础、明确绿色经济发展路径，笔者组织了一批青年经济学者对长江经济带绿色发展理论和实践进行了梳理，并就重点问题进行了学术讨论。本书的总体框架、核心内容、撰写分工由肖忠意设计、组织和安排。全书共九章，第一章为绪论，由范传琪撰写；第二章为长江经济带绿色发展概况，由何峰撰写；第三章为长江经济带绿色发展的历史改革，由何峰撰写；第四章为长江经济带绿色经济产业发展评价，由陈怡安撰写；第五章为长江经济带绿色经济发展评价指标体系研究，由杨浩然撰写；第六章为长江经济带主要省份绿色发展评价，由夏思思撰写；第七章为长江经济带绿色金融服务绿色经济的现状与潜力，由郑畅撰写；第八章为长江经济带绿色经济协同发展的机遇与挑战，由路瑶撰写；第九章为长江经济带绿色发展的政策建议，由肖忠意撰写；全书的统稿工作由肖忠意完成，周雅玲博士提供了重要协助。

长江经济带绿色经济发展是一个复杂的、全新的、不断深入的科学和应用问题，不可能在短期内做一个完美的解释和理解，需要更多的学者投身该领域进行研究，不断开拓创新，大胆尝试。由于笔者水平有限，写作时间仓促，谬误之处在所难免，恳请广大学者和社会各界批评指正。

肖忠意
2020 年 7 月于西南政法大学民营经济研究中心

目 录

CONTENTS

第一章 绪　论 …………………………………………………… 001

第一节 长江经济带的演进过程及历史作用 ………………… 001

第二节 长江经济带的战略意义 …………………………… 008

第三节 长江经济带战略的提出与政策意义 ……………… 011

第四节 长江经济带绿色发展理念的提出与政策意义 …… 013

第五节 长江经济带绿色发展的目标 ……………………… 020

第六节 本书的主要内容 …………………………………… 022

第二章 长江经济带绿色发展概况 ……………………………… 024

第一节 长江经济带绿色发展生态资源禀赋 ……………… 027

第二节 长江经济带绿色发展社会经济禀赋 ……………… 032

第三节 长江经济带绿色发展潜力 ………………………… 038

第三章 长江经济带绿色发展的历史改革 ……………………… 041

第一节 孕育阶段（改革开放以前） ……………………… 042

第二节 准备阶段（改革开放初期至20世纪末） ………… 048

第三节 成长阶段（21世纪初期） ………………………… 052

第四节 快速发展阶段（党的十八大以后） ……………… 057

第四章 长江经济带绿色经济产业发展评价 …………………… 064

第一节 长江经济带绿色产业发展总体趋势 ……………… 064

第二节 长江经济带各省（直辖市）绿色发展产业结构 … 065

第三节 长江经济带绿色产业发展方向 …………………… 067

第四节　长江经济带绿色产业发展面临的问题 …………………………… 070

第五节　长江经济带产业绿色发展的基础、挑战与战略选择 ……… 078

第六节　推进长江经济带绿色产业发展的政策建议 …………………… 084

第五章　长江经济带绿色经济发展评价指标体系研究…………………… 087

第一节　引言 ………………………………………………………… 087

第二节　指数构建方法 ………………………………………………… 088

第三节　绿色经济发展概念的界定 …………………………………… 090

第四节　相关研究论述 ………………………………………………… 092

第五节　衡量环境和资源生产率的指标 ……………………………… 094

第六节　自然资产基础 ………………………………………………… 097

第七节　生活质量的环境因素 ………………………………………… 098

第八节　经济发展潜力和政策响应 …………………………………… 100

第九节　权重设计和加总方法 ………………………………………… 103

第六章　长江经济带主要省份绿色发展评价…………………………… 110

第一节　引言 ………………………………………………………… 110

第二节　数据来源和标准化方法 ……………………………………… 111

第三节　长江经济带绿色经济发展指数测算结果及分析 …………… 113

第四节　长江经济带下游地区绿色经济发展评价 …………………… 117

第五节　长江经济带中游地区绿色经济发展评价 …………………… 123

第六节　长江经济带上游地区绿色经济发展评价 …………………… 128

第七章　长江经济带绿色金融服务绿色经济的现状与潜力……………… 134

第一节　绿色金融界定 ………………………………………………… 134

第二节　绿色金融的发展背景与发展历程 …………………………… 137

第三节　绿色金融服务长江经济带绿色经济发展现状 ……………… 142

第四节　绿色金融服务长江经济带绿色经济发展的问题与挑战 …… 149

第五节　绿色金融服务长江经济带绿色经济的发展潜力 …………… 151

第八章　长江经济带绿色经济协同发展的机遇与挑战………………… 156

第一节　长江经济带绿色协同发展的界定 …………………………… 156

第二节　长江经济带协同发展存在的问题与挑战 …………………… 159

　　　第三节　长江经济带协同发展的潜力与方向 …………………… 163

第九章　长江经济带绿色发展的政策建议…………………………………… 169
　　　第一节　长江经济带绿色发展的总体规划 …………………… 169
　　　第二节　长江经济带绿色发展的产业布局与优化 …………… 172
　　　第三节　长江经济带绿色发展的水资源保护与利用 ………… 175
　　　第四节　长江经济带绿色发展与生态环境保护 ……………… 178
　　　第五节　长江经济带绿色发展的法律体系构建 ……………… 179

参考文献………………………………………………………………………… 182

附　录…………………………………………………………………………… 194

后　记…………………………………………………………………………… 196

第一章
绪　论

第一节　长江经济带的演进过程及历史作用

一、长江经济带的演进过程及范围界定

经济带是以一定的交通运输干线、地理位置、自然环境等约束发展轴为依托，以发展轴上一个或几个经济发达的大城市为核心，由线状基础设施相连接和若干不同规模等级的中心城市共同组成的，具有内在经济联系的带状经济区域或经济走廊①。长江经济带以长江黄金水道为依托，以长江三角洲城市群、长江中游城市群、成渝城市群为核心，通过水路、铁路、公路、航空、管道等运输方式相连接，形成具有紧密经济联系的、旨在实现经济一体化发展的区域经济体。长江经济带覆盖上海、江苏、浙江、安徽、江西、湖北、湖南、重庆、四川、云南、贵州 11 个省（直辖市），面积约 205 万平方千米，占全国陆上国土面积的 21.4%。2018 年，长江经济带的地区生产总值为 40.30 万亿元，占国内生产总值的 44.76%；长江经济带常住人口数量为 5.88 亿，占全国人口比重的 43% 左右。

二、长江经济带的历史演进

虽然长江是我国第一大河，堪称"黄金水道"，但长江经济带升级为国家发展战略历经了一个长期的思想酝酿过程。孙中山先生在《实业计划》②一书的"改良现有水路及运河"一节中，将目光汇集于长江，详细阐述了整治长江口至重庆间的航道、建设沿江港埠以及水利开发等问题。孙中山先生最早

---

① 陈修颖．长江经济带空间结构演化和重组［J］．地理学报，2007，62（12）：1265-1276.
② 孙中山．实业计划［M］．北京：外语教学与研究出版社，2011.

从振兴实业的战略高度，思考长江流域的经济开发问题。中华人民共和国成立以后，中央政府高度重视长江流域的水利建设、防洪建设和交通运输事业的发展。然而，由于当时国民经济基础薄弱，长江流域的经济开发基本处于停滞状态。1978 年，党的十一届三中全会做出"把工作重点转移到社会主义现代化建设上来"的战略决策。在此背景下，长江流域的经济建设重新受到国家重视。因此，长江经济带的发展战略思考真正开始于改革开放以后。长江经济带的发展是随着长江流域地区在全国的经济地位、沿海地区经济发展以及国家对外开放政策的变化而动态演进的。根据长江经济带发展的情况可以分为三个阶段：准备阶段、探索阶段、全面实施阶段。

（一）准备阶段（1978~1992 年）

改革开放初期，长江流域的经济开发问题引起了国内学者的广泛讨论。20 世纪 80 年代初期，时任国务院发展研究中心主任马洪提出"一线一轴"的战略构想，"一线"即指"沿海一线"，"一轴"即指"长江发展轴"。然而，受限于当时的国内经济发展水平，实际上仅开发了"沿海一线"[①]，包括 4 个经济特区和 14 个沿海港口城市，"长江发展轴"并未真正启动。1984~1985 年，中国生产力经济学研究会首次提出"长江产业密集带"的概念，提出它是以长江流域若干超级城市或特大城市为中心，通过其辐射作用和吸引作用联结各自腹地的大中小型城市和广大农村组成的经济区。至此，长江经济带的概念开始突破单一的地理概念，转向融合区域经济、自然地理、城市圈层以及城乡关系的复合概念，"长江产业密集带"的提出深化了"长江经济带"概念的内涵和外延。1984 年 12 月，中国科学院经济地理学家陆大道根据"点—轴"的开发理论，提出了我国"T"字形开发战略构想（由沿海为一个战略轴线，沿江为主轴线形成的整体空间格局，即海岸经济带和长江经济带两个一级重点经济带形成"T"形，并在长江三角洲交汇，长江经济带将成渝地区、武汉地区与海岸经济带串联起来，这种空间结构准确反映了我国国土资源、经济实力以及开发潜力的分布框架）。陆大道倡导的沿海沿江"T"形开发格局主张被国家计划委员会（2003 年更名为国家发展和改革委员会）1987年编制的《全国国土总体规划纲要（草案）》、1990 年编制的《全国国土总体规划纲要》采纳，影响了中国近 20 年的经济发展和经济布局。整体上看，

---

① 改革开放初期，中央决定设立的四个经济特区：深圳经济特区、珠海经济特区、汕头经济特区、厦门经济特区。1984 年开放大连等 14 个沿海港口城市，1985 年开放长江三角洲等四个沿海经济开放区。

该阶段的特点是：国内学者紧紧围绕着长江流域的发展展开讨论，初步形成了长江经济带发展的战略构想，该阶段长江经济带的开发总体停留在设想阶段，并未真正实施。长江经济带各区域间的经济联系仍然脆弱且处于自我发展状态。

（二）探索阶段（1992~2013 年）

随着我国"经济特区—沿海开放城市—沿海经济开放区—内地"全方位、多领域、多层次的对外开放格局形成，内陆贸易的重要性日益显现。20世纪90年代，长江经济带逐步被纳入国家战略实践，特别是浦东的开发开放以及三峡工程的建设，标志着长江经济带正式步入实施阶段。1992年6月，党中央、国务院召开了长江三角洲及长江沿江地区经济发展规划座谈会。同年10月，中共十四大报告提出，要"以上海浦东开发为龙头，进一步开放长江沿岸城市，尽快把上海建成国际经济、金融、贸易中心城市之一，带动长江三角洲和整个长江流域地区经济的新飞跃"。长江三角洲及长江沿江地区属于长江经济带的前身，此概念的提出主要是依据是否属于沿江城市，包括江苏、浙江、安徽、江西、湖北、湖南、四川七省以及上海、重庆两市①。1995年，党的十四届五中全会重申了"建设以上海为龙头的长江三角洲及沿江地区经济带"的重要性。1996年颁布的《中华人民共和国国民经济和社会发展"九五"计划和2010年远景目标纲要》强调，长江三角洲及沿江地区要"以浦东开放开发、三峡建设为契机，依托沿江大中城市，逐步形成一条贯穿东西、连接南北的综合经济带"。由此可以看出，国家对长江经济带的发展规划已经提升了层次，从原有的流域经济发展到战略高度，但是由于资金短缺以及沿海优先发展战略，长江经济带实质上还是停留在局部区域的开发，并非实现长江流域的整体开发。2009年以来，长江沿线七省二市一直致力于将长江经济带升级为国家核心战略。2012年12月28日，时任国务院副总理李克强在江西省九江市主持召开长江沿线部分省份及城市负责人参加的区域发展与改革座谈会时强调，沿江地带是重要的战略支点，先沿海兴旺起来、再沿江加快发展，梯度推进。但一直以来受制于各省（直辖市）行政分

---

① 江苏省包括南京、镇江、扬州、泰州、苏州、无锡、常州、南通8个城市；浙江省包括杭州、嘉兴、湖州、宁波、绍兴、舟山6个城市；安徽省包括马鞍山、芜湖、铜陵、安庆、巢湖、池州、合肥7个城市；江西省包括九江、南昌2个城市；湖北省包括黄石、鄂州、武汉、荆沙、宜昌、黄冈、咸宁7个城市；湖南省包括岳阳、常德、长沙、益阳4个城市；四川省包括泸州、攀枝花、成都、宜宾4个城市。

割、经济发展水平、交通基础设施、地方保护主义等诸多因素，长江经济带没能成为一条横贯东西、连接南北的区域经济带，直到2013年终于迎来了转机。

（三）全面实施阶段（2013年至今）

2013年7月21日，习近平总书记在湖北调研时强调："长江流域要加强合作，充分发挥内河航运作用，发展江海联运，把全流域打造成黄金水道。"自此，长江流域的整体开发正式被国家层面提上议事日程。同年12月，国家发展改革委在北京召开了长江经济带建设课题汇报会，听取了各省长江经济带建设课题总报告和6个专题报告的研究成果，正式将长江经济带范围确定为上海、江苏、浙江、安徽、江西、湖北、湖南、重庆、四川、云南、贵州9省2市。2014年政府工作报告明确提出要"依托黄金水道，建设长江经济带"。这意味着长江经济带发展战略被正式确定为国家战略。2014年9月，国务院印发了《关于依托黄金水道推动长江经济带发展的指导意见》，部署将长江经济带建设成为具有全球影响力的内河经济带、东中西互动合作的协调发展带、沿海沿江沿边全面推进的对内对外开放带和生态文明建设的先行示范带。2016年9月，《长江经济带发展规划纲要》正式印发，确立了长江经济带"一轴、两翼、三极、多点"的发展新格局："一轴"是以长江黄金水道为依托，发挥上海、武汉、重庆的核心作用，推动经济由沿海溯江而上梯度发展；"两翼"分别指沪瑞和沪蓉南北两大运输通道，这是长江经济带的发展基础；"三极"指的是长江三角洲城市群、长江中游城市群和成渝城市群，要充分发挥中心城市的辐射作用，打造长江经济带的三大增长极；"多点"是指发挥三大城市群①以外地级城市的支撑作用。2018年4月26日，习近平总书记在武汉主持召开深入推动长江经济带发展座谈会并发表重要讲话时强调："推动长江经济带发展是党中央作出的重大决策，是关系国家发展全局的重大战略，以长江经济带发展推动经济高质量发展。"至此，长江经济带建设迎来了大发展，步入了全面实施阶段。长江经济带整体的演变历程见表1-1。

---

① 长三角城市群包括扬州、泰州、镇江、南京、常州、南通、无锡、苏州、上海、湖州、嘉兴、杭州、绍兴、宁波、舟山、台州。成渝城市群包括重庆、成都、自贡、泸州、德阳、绵阳、遂宁、内江、乐山、南充、眉山、宜宾、广安、达州、雅安、资阳。中部城市群包括武汉、黄石、咸宁、黄冈、孝感、鄂州、仙桃、天门、潜江、长沙、株洲、湘潭、岳阳、常德、益阳、娄底、衡阳。

表 1-1　长江经济带的演变历程

时间	事件	核心思想
20 世纪 80 年代初	马洪提出"一线一轴"理论	发展长江一线
1984~1985 年	中国生产力经济学研究会提出"长江产业密集带"	以长江流域若干超级城市或特大城市为中心，通过其辐射作用和吸引作用联结各自腹地的大中小型城市和广大农村组成的经济区
1984 年	著名经济地理学家陆大道提出"T"字形发展战略	沿海为一个战略轴线，沿江为主轴线形成的整体空间格局
1992 年 6 月	国务院召开长江三角洲及长江沿江地区经济规划座谈会	提出"长三角及长江沿江地区经济"的战略构想
1992 年 10 月	党的十四大	提出以上海浦东开发为龙头，进一步开放长江沿岸城市
1995 年 9 月	党的十四届五中全会	进一步明确和落实"长三角及长江沿江地区经济"的建设任务
1996 年 3 月	第八届全国人大四次会议批准《关于国民经济和社会发展"九五"计划和 2010 年远景目标纲要报告》	提出长三角及长江沿江地区要以浦东开发、三峡建设为契机，依托沿江大城市，形成一条横贯东西、连接南北的综合经济带
2005 年	《长江经济带合作协议》	加强长江沿线 7 省 2 市间的合作
2006 年 4 月	中共中央、国务院《关于促进中部地区崛起的若干意见》	提出以省会城市和资源环境承载能力强的中心城市为依托，加快发展沿干线铁路经济带和沿长江经济带
2012 年 12 月	国务院批复《长江流域综合规划（2012—2030 年）》	提出了长江经济带远景规划及实施方案
2012 年 12 月	李克强召开长江沿线部分省份及城市负责人参加的区域发展与改革座谈会	提出沿江地带是重要的战略支点，先沿海兴旺起来、再沿江加快发展，梯度推进
2013 年 7 月 21 日	习近平总书记考察湖北	提出"长江流域要加强合作，充分发挥内河航运作用，发展江海联运，把全流域打造成黄金水道
2013 年 9 月 23 日	国家发改委和交通部发布《依托长江建设中国经济新支撑带指导意见》	提出从综合交通、产业转型、新型城镇化、对外开放、生态廊道和协调机制六方面再造长江经济带

续表

时间	事件	核心思想
2013 年 12 月	国家发改委在北京召开长江经济带建设课题汇报会	听取各省长江经济带建设课题总报告和六个专题报告研究的成果。正式将长江经济带范围确定为上海、江苏、浙江、安徽、江西、湖北、湖南、重庆、四川、云南、贵州 9 省 2 市
2014 年 4 月 28 日	国务院总理李克强在重庆召开座谈会	指出建设长江经济带，就是要构建沿海与中西部地区良性互动的新格局，要依托长江黄金水道，让长江经济带成为中国经济发展的新引擎
2014 年 9 月 25 日	国务院发布《国务院关于依托黄金水道推动长江经济带发展的指导意见》	将长江经济带定位为具有全球影响力的内河经济带、东、中、西地区互动合作的协调发展带，沿海沿江沿边全面推进的对外开放带以及生态文明建设的先行示范带
2016 年 9 月	《长江经济带发展规划纲要》	确立了长江经济带"一轴、两翼、三极、多点"的发展新格局
2018 年 4 月 26 日	习近平总书记在武汉主持召开深入推动长江经济带发展座谈会	指出推动长江经济带发展是党中央作出的重大决策，是关系国家发展全局的重大战略，以长江经济带发展推动经济高质量发展

资料来源：笔者整理。

三、长江经济带担负的历史使命

长江经济带依托黄金水道，贯通我国沿海城市和内陆，将东、中、西三大地带连接起来，还连接着京沪线、京广线、京九线等南北铁路主干线。经过数年的发展，长江经济带已成为经济密度最大的经济地带，它对我国经济发展具有举足轻重的作用，是其他经济带无可比拟的。

（一）长江经济带引领着我国内陆地区的深度开放

众所周知，我国对外开放的格局是按照"经济特区—沿海开放城市—沿海经济开发区—内地"的序列展开的。经过 40 余年的发展，经济特区、沿海开放城市以及沿海经济开发区已不同程度地发展起来。目前，内陆的开放还处于相对落后的状态。对于我们这样的发展中国家而言，只有实现了内陆地区的充分发展，才能实现中华民族的伟大复兴，只有实现了内陆地区的开放，才能实现经济的全面开放。长江经济带依托"黄金水道"，有便利的交通条件，斜接东、中、西三大经济带，连接沿海城市和内陆，并直通深海与全球多数国家建立了商贸联系。长江经济带是内陆地区进一步对外开放的桥梁和载体，能够让中西部地区更多地参与国际竞争，充分利用好国际和国内两个市场，实现要素与产品的交换，全面提升经济发展水平。因此，长江经济带建设引领着我国内陆地区的开放。

（二）长江经济带推动着我国经济发展方式的转变

加快经济发展方式的转变，是实现我国经济高质量发展的关键。随着中美贸易摩擦的加剧，我国依赖外需拉动经济增长的路径受阻。历史经验告诉我们，高度依赖外需的经济增长方式难以实现我国经济的可持续发展，因此我国经济发展的动力需要更多依赖于扩大内需。长期以来，随着经济的发展我国内需并未同步增长。长江经济带的发展将带动该区域的基础设施建设以及消费需求的增长，长江经济带的溢出效应将带动区域内的生产、就业、消费、投资、外贸等行业的跨越式提升。长江经济带融合绿色发展理念，既能实现经济增长方式的转变，又能实现区域内经济的高质量发展。长江经济带将成为未来推动我国流域经济发展的引擎。

（三）长江经济带推动着我国区域协调发展

改革开放以来，我国先后建立了经济特区、沿海开放城市以及沿海经济开发区来推动沿海地区的经济发展。经过多年的政策引导和发展，沿海地区的经济建设已取得长足发展。然而，我国中西部广大地区发展仍然落后，经济发展后劲不足，经济发展不完全、不充分、不平衡的问题尤为突出。长江经济带连接着长江三角洲经济圈、长江中游经济圈以及成渝经济圈，分别代表着我国经济发展的三个梯度：经济发达区、经济中等发达区以及经济欠发达区。长江经济带三大经济圈的互动式、联动式发展，必将推动东、中、西部地区协调发展和高质量发展。现阶段我国更加关注区域发展的均衡性问题，政策导向也逐步从非均衡发展转向均衡发展。在此背景下，长江经济带各地区应该从实际出发、根据比较优势，加强合作、促进协调发展。由于中西部地区经济发展相对落后，长江经济带的协调发展要加大对中西部地区的关注，在资金、人才、土地、产业等政策上向其倾斜。

（四）长江经济带推动着中西部地区产业结构转型升级

产业结构转型升级是推动我国经济高质量发展的硬核问题，也是实现经济转型发展的关键所在，在未来较长时期内将成为我国经济发展的重要任务。随着科技的迅猛发展，技术创新正在推动产业结构深度调整。产业结构重组和产业转移成为一些区域的重点工作。我国中西部地区自然资源丰富、劳动力资源密集、经济发展潜力大，在承接产业转移方面具有明显的优势。东部地区产业向中西部地区转移，必将带来东、中、西三个地区在资本、人员、产业、技术等方面的交换和融合，要素资源的融合能够促进三个地区之间的联系，助推长江经济带的发展。长江经济带可以帮助中西部地区形成更具竞争力的产业体系、实现产业的合理布局和协调发展，还能助推中西部地区产业结构的优化升级。

（五）长江经济带培育着国内统一的市场体系

现在市场体系包含着更加丰富的内涵，除了消费品和生产资料等市场，还包括资本市场、劳动力市场、技术市场、信息市场以及房地产市场等生产要素市场。现阶段我国市场在资源配置中起着决定性的作用，引导着各种市场主体积极参与市场分工。长期以来，我国受计划经济的影响，市场作用的发挥受到较大限制。长江经济带的发展需要一个充分竞争的市场环境，以便各类要素资源和商品能够在各省（直辖市）自由流动。长江经济带的建设有利于打破地方保护主义以及行政区域的阻隔，推动各省市间的协作与经济交流，减少地方政府对市场的干预，有利于形成国内统一的市场体系，增强政府对市场的宏观调控能力。

第二节　长江经济带的战略意义

长江经济带建设战略的总体构想和目标是：以发展整个长江流域经济为目标，以国家宏观调控政策为指导，以上海为龙头，依托长江城市经济圈，发挥资产经营和资本市场的功能作用，利用产业结构调整和扩大内需的契机，构建和培植若干个跨区域的大型集团企业，重点推进沿江中心城市经济圈、长江工业走廊、长江商贸走廊和长江金融走廊建设，形成覆盖整个长江经济带的现代信息网络体系。率中国经济之先，与世界经济全面接轨^①。整体来看，长江经济带的发展具有以下五大战略意义。

一、有利于构建长江流域生态环境域协同治理机制

保护和修复长江流域生态环境是长江经济带发展的首要任务。2016 年 1 月 5 日，习近平总书记在重庆召开推动长江经济带发展座谈会时强调，推动长江经济带发展必须从中华民族长远利益考虑，走生态优先、绿色发展之路。使绿水青山产生巨大生态效益、经济效益、社会效益，使母亲河永葆生机活力。

长江流域的生态环境问题一直困扰着沿线地区。例如，由于植被破坏和陡坡开垦，长江上游地区面临水土流失问题；长江中游围湖造田，导致防洪能力降低，加剧洪涝灾害的威胁，损害湖泊的生态功能，长江流域许多河段及湖泊受到严重污染，导致水质变坏，生活用水质量下降，水体富营养化，水生物种减少，鱼大量死亡等问题。长江经济带发展战略将生态效益放在最重要的位置，也是对长江流域脆弱的生态环境治理的长远考虑。长江经济带的发展有利于协调各省市之间的生态平衡，有利于协调人类与自然的和谐关系，有利于形成统一的、目标明确的一致性治理行动，有利于构建长江流域生态环境协同治理机制。

二、有利于构建以长江干流为主轴的立体式交通运输网络

经过长期的建设，长江经济带已初步形成以长江为主轴，融合铁路、公路、水运、航空等多运输方式组合成的点线结合、城乡连接、区内外沟通的多层次综合交通运输体系^②。长江经济带目前已形成"七纵两横"的铁路干线网，这些铁路干线网与长江水运、公路共同承担着东西南北向的大宗货物运输和客运任务。长江经济带区域内 11 个省（直辖市）的公路网络交织在一起，形成了覆盖整个区域的干线公路网，成为保障省际客运货运的重要基础设施。长江经济带以长江为主轴，形成了密集的水网系统，成为了世界运量最大、最繁忙的水运航线，沟通东、中、西以及长江南北地区。长江经济带也是空运密集覆

① 曹智杰，陈永宁.推进长江经济带一体化建设的发展战略及对策研究［J］.宏观经济研究,2000（3）：37-43.

② 万小文.长江水运是流域东、中、西部地区大开发的纽带［J］.人民长江,2001,31(5)：21-24.

盖的区域，域内通航民用机场超过 70 个，成为连通各省市的快速通道。长江经济带升级为国家战略，意味着长江经济带的交通运输网络将会同步升级，以现有的交通基础设施为基础，打造集内河航运、公路运输、铁路运输、航空运输、管道运输为一体的立体式交通运输网络，这是升级版的立体式交通运输网，具有快捷、方便、立体、联运以及深度融合的特点。长江经济带的建设有利于构建以长江干流为主轴的立体式交通运输网络。

三、有利于形成创新驱动产业转型升级的格局

随着科技革命与产业革命的到来，科技创新成为推动产业转型升级的重要力量。长江经济带的发展有利于整合域内 11 个省（直辖市）的科研资源，为长江经济带的发展提供智力支撑，进而推动产业转型升级。长江经济带的发展是基于创新驱动发展战略之上的，同时更加注重绿色发展和高质量发展，政策导向上会向改革创新和发展新动力倾斜，在淘汰过剩产能上加大力度，以便于加快推进产业转型升级，形成更具创新力、竞争力的现代绿色经济走廊。长江经济带的协同组合发展，可以营造区域创新环境，增强各省市在区域合作创新中的纽带作用，进一步合理和充分利用长江经济带的整体资源，推动合作创新和协同创新。最后将创新成果与产业结构调整、产业转型升级结合起来，形成创新驱动发展的动力源泉。长江经济带的建设有利于形成创新驱动产业转型升级的格局。

四、有利于推动城镇化高质量发展

随着工业化的推进，农业劳动力呈加速转移趋势，有力地推动了城市化发展。长江经济带的城镇化发展几乎是全中国城镇化进程的一个缩影，长江经济带涵盖了经济发达区、经济中等发达区以及经济欠发达区，它的城镇化规律与全国城镇化规律基本一致。长江经济带包含了长江三角洲城市群（16 个城市、21.07 万平方公里）、长江中游城市群（31 个城市、31.7 万平方公里）、成渝城市群（22 个城市、18.3 万平方公里），这些城市规模大小不一、所处位置不同，就形成了"大中小结合、上中下游联动"的城镇化发展模式。长江经济带的发展将推动高质量城镇化作为主要目标之一，在优化城镇空间布局，推进农业转移人口市民化、加强新型城市建设以及统筹城乡协调发展上必将有所作为，主要是以三大城市群为载体，推动人的城镇化。

五、有利于形成全方位开放格局

我国对外开放格局是按照"经济特区—沿海开放城市—沿海经济开发区—内地"的序列展开的。沿海地区的开放已经经历了40余年，内陆地区的开放相对缓慢很多。只有内陆实现开放，我国"经济特区—沿海开放城市—沿海经济开发区—内地"的开放格局才会最终形成。长江经济上中下游地区的资源禀赋差异较大，每个地区都有各自的资源优势。只要各省（直辖市）在立足优势产业的基础上坚持对外开放，就能形成全方位开放的格局。全方位开放格局的形成，需要长江经济带各省市明确进行功能定位。例如，重点发挥好上海及长江三角洲地区的引领作用；将云南建设成为面向南亚东南亚的辐射中心，加快推进与周边基础设施互联互通及跨境运输便利化；加快内陆开放型经济高地建设。

第三节　长江经济带战略的提出与政策意义

一、长江经济带战略的提出

随着长江经济带的稳步推进，长江经济带的概念随之发生了很大变化。长江经济带的范围从原有的7省2市发展为现在的11省2市，覆盖的城市也更加广阔。长江经济带的战略定位以及功能也发生了实质性变化。新时代长江经济带发展担负五大战略任务：第一，保护长江生态环境；第二，构建综合交通运输体系；第三，创新驱动产业转型升级；第四，推动新型城镇化发展；第五，建立全方位开放格局。长江经济带具有四大战略定位：第一，生态文明建设的先行示范带；第二，引领全国转型发展的创新驱动带；第三，具有全球影响力的内河经济带；第四，东、中、西地区互动合作的协调发展带。长江经济带确立了"一轴、两翼、三极、多点"的发展新格局。

二、长江经济带战略的政策意义

《长江经济带发展规划纲要》把长江经济带发展为坚持生态优先、绿色发展，共抓大保护、不搞大开发。长江经济带之所以不搞大开发，这是由长江经济带发展的地位和作用决定的，也是长江经济带生态环境可持续发展的客观要求。长江经济带战略的政策意义是由长江经济带的定位和功能决定的，具体体现在以下三个方面。

（一）长江经济带战略确定了生态优先的发展方向

长江流域一直以来面临着过度发展和过度开发的问题，目前长江流域的生态环境问题日益严重，已经威胁到长江流域的可持续发展。长江的生态环境破坏和水资源污染状况已超出了大多数人的想象：森林覆盖率下降，泥沙含量增加，生态环境急剧恶化；枯水期不断提前；水质恶化，危及城市饮用水；物种受到威胁，珍稀水生物日益减少；固体废物严重污染，威胁水闸与电厂安全；湿地面积缩减，而这一流域水的天然自我清洁功能也在日益降低[①]。长江经济带坚持不搞大开发，坚持走"生态优先"道路，是全面贯彻落实"创新、协调、绿色、开放、共享"发展理念的最佳体现。长江经济带战略将长江流域的发展定位在"生态优先、经济发展次之"的位置，是党和国家发展理念的转变，也是布局经济可持续发展的政策理念。长江经济带战略确定了生态优先的发展战略，也意味着未来的经济发展之路，将摒弃依靠资源、粗放发展的传统道路，转为依靠科技和创新的可持续发展道路。

（二）长江经济带战略确定了绿色发展方向

2016年1月5日，习近平总书记在重庆召开推动长江经济带发展座谈会时强调，推动长江经济带发展必须从中华民族长远利益考虑，走生态优先、绿色发展之路，使绿水青山产生巨大的生态效益、经济效益、社会效益，使母亲河永葆生机活力。随着当前环境污染问题、经济可持续发展问题逐步凸显，绿色发展成为全球的共识，绿色发展的核心理念是更加注重经济增长与环境保护的统一和谐发展，本质上是一种可持续发展理念。以"生态优先、绿色发展"为核心理念的长江经济带发展战略，是以习近平同志为核心的党中央对目前我国经济发展规律的深刻认识，也是顺应时代发展、顺应自然和经济规律而做出的具有前瞻性的重大战略部署。这为长江经济带的发展注入了新的活力，也为长江经济带未来的经济发展方式指明了方向。长江经济带绿色发展战略是一项长期的发展战略，是沿线各省市必须坚守的发展战略。

（三）长江经济带战略确定了协同发展方向

随着国际竞争压力的增大，中国在经济发展上调整了思路，以区域经济为

---

① 曹新.为何长江经济带不搞大开发［N］.中国青年报，2016-04-18（02）.

核心，推动圈层经济的发展。相比单一经济体，区域经济具有得天独厚的优势，在区域内的各个主体能够充分享受土地、资金、人才、科技等要素带来的互补效益。长江经济带战略是在区域经济的基础上进行了升级，发展成为超级区域经济。长江经济带是在以上海为核心的长江三角洲经济圈、以武汉为核心的长江中游经济圈和以成都、重庆为核心的成渝经济圈的基础上升级而来的。长江经济带整合了长江三角洲经济带、长江中游经济带和成渝经济带，形成了连接东、中、西三地的巨型经济带，并从流域经济战略上升至国家战略。长江经济带战略是一个协同发展战略，是一个共享发展战略，更加注重长江沿线各省市之间的协调发展和均衡发展，这有利于解决长江沿线 11 省市间发展不充分、不均衡的问题。

第四节　长江经济带绿色发展理念的提出与政策意义

一、长江经济带绿色发展理念的提出

长江经济带是我国生态文明建设的先行示范区，其绿色发展理念与行动对推动我国大江大河绿色发展极具借鉴意义。长江经济带绿色发展理念的提出与全球绿色经济发展以及我国绿色经济发展是一脉相承的。2008 年底，联合国环境规划署提出并倡导世界各国实施"绿色经济"与"绿色新政"，"循环经济""低碳经济"和"绿色发展"等发展理念受到各国的青睐和认可。我国绿色发展的理念是从科学发展观中延伸出来的，在构建"资源节约型、环境友好型"的社会实践中不断提炼和修正。2011 年国家正式发布《全国主体功能区规划》明确提出保护并扩大绿色生态空间；2012 年，党的十八大提出要把"美丽中国"建设作为生态文明发展的宏伟目标，绿色发展、循环发展和低碳发展成为生态文明建设的基本路径。2015 年 4 月，中共中央、国务院出台了《关于加快推进生态文明建设的意见》提出要把生态文明建设融入经济、政治、文化、社会建设各方面和全过程，协同推进新型工业化、城镇化、信息化、农业现代化和绿色化。2015 年 10 月，党的十八届五中全会审议通过了《中共中央关于制定国民经济和社会发展第十三个五年规划的建议》提出了"创新、协调、绿色、开放、共享"五大发展理念，标志着绿色发展思想在中国已付诸实践。

长江经济带绿色发展理念是在长江经济带建设的实践中逐渐形成的。长江经济带绿色发展理念与长江经济带的战略定位和功能密切相关。《长江经济发展规划纲要》将绿色发展、生态保护作为最重要的目标。2016年1月5日，习近平总书记在重庆召开推动长江经济带发展座谈会时强调，推动长江经济带发展必须从中华民族长远利益考虑，走生态优先、绿色发展之路。这意味着长江经济带将以绿色发展为核心理念，兼顾生态环境和经济发展目标，实现"绿水青山"的发展目标。2017年，党的十九大报告明确指出"以共抓大保护、不搞大开发为导向推动长江经济带发展"，重申绿色发展在长江经济带的重要作用。2017年7月27日，工信部、国家发展改革委等五部委联合发布《关于加强长江经济带工业绿色发展的指导意见》，其中明确指出要紧紧围绕改善区域生态环境质量要求，落实地方政府责任，加强工业布局优化和结构调整，以企业为主体，执行最严格的环保、水耗、能耗、安全、质量等标准，强化技术创新和政策支持，加快传统制造业绿化改造升级，不断提高资源能源利用效率和清洁生产水平，引领长江经济带工业绿色发展。2017年12月13日，推动长江经济带发展领导小组办公室会议暨省际协商合作机制第二次会议在北京召开。会议指出，加快推进生态环境保护制度建设，选择有条件的地区开展绿色发展试点示范，充分调动各方积极性，形成"共抓大保护"合力。

二、长江经济带沿线省市绿色发展的实践探索

自长江经济带建设以来，沿线各省市秉承着绿色发展理念，纷纷贯彻落实党中央、国务院关于长江经济带绿色发展的相关政策。沿线各省（市）先后出台了若干政策来推进绿色发展，主要包含低碳经济发展、循环经济发展、生态文明建设、资源节约与环境保护、绿色工业与建筑、绿色生活与消费等方面。

（一）低碳经济发展

如表1-2所示，上海、江苏、浙江、湖南、湖北、安徽、四川、重庆、云南在低碳经济发展方面做出了有益探索，为长江经济带绿色发展的实践积累了宝贵经验。

表1-2　长江经济带部分省（直辖市）低碳经济发展

地区	时间	事件	核心思想
上海	2014年7月	《关于开展上海市低碳社区创建工作的通知》	建立低碳社区创建工作、鼓励社区居民践行绿色生活方式、推动社区建筑节能改造
江苏	2015年11月	《关于加快绿色循环低碳交通运输发展的实施意见》	提出绿色低碳交通运输发展的主要任务

续表

地区	时间	事件	核心思想
浙江	2016 年 5 月	《浙江省低碳发展"十三五"规划》	优化低碳布局、建立低碳产业体系、鼓励低碳生活方式、打造低碳生态环境
湖南	2016 年 4 月	《湖南省实施低碳发展五年行动方案（2016—2020 年）》	构建并完善低碳发展的制度框架体系，创新与推广低碳技术，探索低碳发展模式
湖北	2009 年 11 月	《湖北省人民政府关于发展低碳经济的若干意见》	加快核电站建设以及农林废弃物气化炭化技术推广，鼓励公众践行低碳生活模式
安徽	2014 年 9 月	《安徽省 2014—2015 年节能减排低碳发展行动方案》	推进长三角产业结构调整、实施节能降碳工作
四川	2014 年 8 月	《2014—2015 年四川省节能减排低碳发展行动方案》	重点推动五大领域节能减排降碳行动
重庆	2010 年 7 月	《重庆市低碳试点工作实施方案》	建立低碳试点区域，加快碳排放权交易试点进程
云南	2011 年 2 月	《云南省低碳发展规划纲要（2011—2020 年）》	提出加快低碳发展的七大主要任务、十大重点工程和五类保障措施

（二）循环经济发展

长江经济带建设以来，上海、江苏、浙江、湖南、湖北、安徽、四川、重庆、贵州、云南一直在探索循环经济的发展思路，经过数年的发展，取得了比较好的效果（见表 1-3）。

表 1-3　长江经济带部分省（直辖市）循环经济发展

地区	时间	事件	核心思想
上海	2015 年 1 月	《上海市循环经济发展和资源综合利用专项扶持办法（2014 年修订版）》	从申报条件、资金管理、优先支持范围和项目以及资助方式等方面进行了规定
江苏	2015 年 9 月	《江苏省循环经济促进条例》	在污染总量控制、园区的循环化改造、绿色低碳交通、信息服务等方面积极推进制度创新
浙江	2011 年 12 月	《浙江省循环经济"991"行动计划（2011—2015 年）》	在循环型产业、资源利用效能、可再生资源利用水平等方面进行了规划

续表

地区	时间	事件	核心思想
湖南	2014 年 5 月	《湖南省循环经济发展战略及近期行动计划》	明确加快建设循环型工业、农业和服务业体系;推动社会层面循环化发展
湖北	2006 年 3 月	《湖北省人民政府关于加快循环经济发展的实施意见》	明确推进节能降耗、实施资源综合利用、推广清洁生产、推进生态型园区建设的主要任务
安徽	2005 年 9 月	《关于加快发展循环经济的若干意见》	大力推进节能降耗、清洁生产,全面开展资源综合利用
四川	2012 年 2 月	《四川省"十二五"循环经济发展规划》	建立循环经济发展基金、扶持循环经济产业发展
重庆	2013 年 10 月	《重庆市循环经济发展战略及近期行动计划》	建设五大产业体系,从五个环节推进循环经济发展
贵州	2007 年 8 月	《关于加快发展循环经济的若干意见》	发挥试点示范引领作用。推行清洁生产和推动节能降耗、提升能源资源的综合利用水平、发展高效循环农业与环保产业
云南	2006 年 2 月	《云南省发展工业循环经济工程方案》	推进循环经济发展的主要目标、主要任务、重点领域和保障措施

(三)资源节约和环境保护

如表 1-4 所示,长江经济带各省(直辖市)以构建"资源节约型、环境友好型"社会为目标,在资源节约和环境保护方面均做出具体部署。

表 1-4　长江经济带部分省(直辖市)资源节约和环境保护

地区	时间	事件	核心思想
上海	2016 年 4 月	《上海市 2015—2017 年环境保护和建设三年行动计划》	从水环境保护、大气环境保护、土壤和地下水污染防治、固体废弃物防治、产业转型与工业污染方面明确了主要任务
江苏	2016 年 12 月	《江苏省生态环境保护制度综合改革方案》	建立管控预防制度、改革环境监管制度、深化管理体制改革、建立社会共治制度

续表

地区	时间	事件	核心思想
浙江	2016 年 4 月	《浙江省水污染防治行动计划》	控制和减少污水的排放、推动经济发展的绿色化、加强水资源保护和节约能源
湖南	2015 年 2 月	《湖南省重大环境问题（事件）责任追究办法（暂行）》	对环境污染防控、治理及重大环境问题的责任主体和奖惩办法进行了规定
湖北	2010 年 10 月	《湖北省人民政府关于加强环境保护促进武汉城市圈"两型"社会建设的意见》	明确提出制定加快"两型"社会建设的环境经济政策
四川	2015 年 12 月	《关于推进环境污染第三方治理的实施意见》	在市场化运行机制，社会资本参与、设计和运营以及污染场地治理与区域环境整治等方面的第三方参与机制做出了明确规定
重庆	2013 年 6 月	《重庆市环境保护条例》	对环境保护规划、环境监督管理、环境污染防治和生态保护等内容进行了规定
贵州	2017 年 3 月	《贵州省"十三五"环境保护条例》	明确了环境保护的细则

（四）生态文明建设

生态文明建设是长江经济带绿色发展的路径之一，如表 1-5 所示，上海、江苏、浙江、湖南、江西、安徽、四川、重庆、云南均在生态文明建设方面进行了详细的规划。

表 1-5　长江经济带部分省（直辖市）生态文明建设

地区	时间	事件	核心思想
上海	2015 年 9 月	《上海市农业生态环境保护与治理三年行动计划（2015—2017 年）》	提出提升农用水使用效率、降低农药化肥使（施）用量、推进畜禽污染治理和水产养殖生态化建设
江苏	2015 年 11 月	《江苏省委省政府关于加快推进生态文明建设的实施意见》	将资源消耗、环境损害和生态效益纳入经济社会发展评级体系中
浙江	2010 年 6 月	《关于推进生态文明建设的决定》	提出加快生态文明建设总要求，以生态省建设方针为指导，坚持生态立省之路

续表

地区	时间	事件	核心思想
湖南	2014 年 10 月	《关于加强推进洞庭湖生态经济区建设的实施意见》	推进生态文明建设
江西	2015 年 4 月	《关于建设生态文明先行示范区的实施意见》	以绿色循环低碳发展理念为指导，坚持以制度建设保护生态环境
安徽	2012 年 10 月	《生态强省建设实施纲要》	提出用 10 年左右时间基本建成宜居宜业宜游的生态强省
四川	2016 年 4 月	《加快推进生态文明建设实施方案》	提出到 2020 年基本形成人与自然和谐发展的新格局
重庆	2016 年 11 月	《重庆市生态保护红线划定方案》	划定了重点生态功能区、生态敏感区和禁止开发区范围
云南	2016 年 11 月	《云南省生态文明建设排头兵规划》	提出争当生态文明排头兵口号，加强生态文明建设

（五）绿色工业与建筑

生态文明提倡工业与生态环境协调发展，在发展工业的同时，注重保护生态环境，不以牺牲环境为代价发展工业。如表 1-6 所示，长江经济带沿线部分省（直辖市）在发展绿色工业方面已经取得一定成就。

表 1-6　长江经济带部分省（直辖市）绿色工业与建筑

地区	时间	事件	核心思想
上海	2014 年 6 月	《上海市绿色建筑发展三年行动计划（2014—2016 年）》	推进新建建筑绿色化、推进建筑绿色施工、推进既有建筑节能改造、加快绿色建筑技术与产品的推广应用
江苏	2015 年 7 月	《江苏省绿色建筑行动实施方案》	提出形成体现江苏特色的绿色建筑技术路线以及推进机制
浙江	2011 年 8 月	《关于积极推进绿色建筑发展的若干意见》	提出推进建筑节约用地、加强建筑节能、深化建筑节水节材、优化建筑环境以及提升安全管理水平等意见
江西	2016 年 11 月	《江西工业绿色发展三年行动计划（2016—2018 年）》	提出传统行业绿化改造、燃煤锅炉专项整治等十大工程

地区	时间	事件	核心思想
安徽	2013 年 9 月	《安徽省绿色建筑行动实施方案》	强化执行绿色建筑标准、推进绿色农房建设、大力发展绿色建筑材料与建筑工业化
四川	2016 年 12 月	《四川省绿色制造体系建设实施方案》	提出到 2020 年发展绿色工厂、绿色园区、绿色制造服务机构等方面的目标
贵州	2016 年 8 月	《贵州省"十三五"建筑节能与绿色建筑规划》	提出"十三五"期间稳步提高绿色建筑在新建筑中的比重

（六）绿色生活与消费

绿色生活与消费是绿色发展的重要组成部分。绿色生活与消费同公民的生活理念和消费观念息息相关，是需要全体公民共同参与的一项活动。湖北、安徽、重庆和云南三省一市在倡导绿色生活与消费方面做出了很多努力（见表1-7）。

表 1-7　长江经济带部分省（直辖市）绿色生活与消费

地区	时间	事件	核心思想
湖北	2016 年 8 月	《湖北省公民绿色生活行为倡议》	倡议市民守护碧水蓝天，鼓励市民践行绿色生活方式，从衣、食、住、行、游、购等方面着手，加快生活方式与消费模式的绿色化
安徽	2014 年 12 月	《关于大力倡导低碳绿色出行的指导意见》	提出 2017 年和 2020 年在道路体系建设和绿色出行方式方面的发展目标
重庆	2016 年 7 月	《重庆市市民生活方式绿色化行为准则和指南》	提出从居住、办公、出行、校园、旅游、工地、乡村、消费八部分，号召市民践行绿色生活，鼓励低碳出行和消费
云南	2014 年 4 月	《云南省贯彻〈党政机关厉行节约反对浪费条例〉实施细则》	从经费管理、因公出差、公务接待、公务用车和会议活动等方面作出详细规定，深入推进办公方式绿色化

三、长江经济带绿色发展的政策意义

长江经济带是产业体系、城市建设、工业基础较为完备的区域，承担着中部崛起、西部腾飞的历史使命，发挥着保障国家生态安全的重任。长江经济带绿色发展是中国绿色发展的重要组成部分，代表着中国绿色发展的进程和水平，其政策意义包含以下三个方面。

（一）推动长江经济带绿色发展是破解生态环境瓶颈的必行之举

长江的生态环境破坏和水污染状况已经严重威胁到后代子孙的生存。长期以来，我国依靠资源开发来发展经济，造成长江流域生态环境的破坏。推动长江经济带绿色发展是破解生态环境瓶颈的必行之举，只有走绿色发展道路才能从根本上缓解长江面临的生态环境问题。

（二）推动长江经济带绿色发展是转变经济发展方式的内在要求

以前粗放的、不计资源成本、不计环境代价的发展方式已不适合当前的经济发展要求，全球经济竞争带来的压力，也要求我们转变经济发展方式，推动长江经济带产业结构的优化升级。要淘汰落后产能和高污染、高消耗产业，培育一批新型的高精尖产业，包括节能环保产业、新一代信息技术产业、生物产业、高端装备制造业、新能源产业、新材料产业、新能源汽车产业等，这些产业具有能耗低、技术密集、成长潜力大、综合效益好的特点。推动长江经济带绿色发展是转变经济发展方式的内在要求，也是长江经济带发展的必由之路。

（三）推进长江经济带绿色发展是增进人民福祉的有效路径

改善长江流域的生态环境，是长江经济带乃至全中国人民的共同愿望。长江经济带的生态环境关乎数亿人的生存与健康，良好的生态环境是最优质的公共品，人人受益。随着中国经济的发展以及人们收入水平的提高，民众对美好生活的向往包含的内容更加丰富，对环境问题的关注超过历史的任何时期，对良好环境的要求也越来越高。人们期待更加清新的空气、更加纯净的饮水、更加干净的土地、更绿的山、更清的水，期待长江流域的水污染治理。因此推进长江经济带绿色发展是增进人民福祉的有效途径。

第五节　长江经济带绿色发展的目标

长江经济带绿色发展强调经济增长与环境保护的有机统一，注重人与自然的和谐发展，旨在实现可持续发展，其目标有以下三点。

（一）保护和修复长江生态环境

长江经济带绿色发展将保护和修复长江生态环境放在首要位置，而把经济开发与经济利益放在次要位置，这正是绿色发展理念的体现。长江流域的生态环境破坏已经威胁到子孙后代的生存与发展，绿色发展就是要净化长江生态环境，实现长江流域的可持续发展。《长江经济带发展规划纲要》指出，推动长江经济带发展的目标是：到 2020 年，生态环境明显改善，水资源得到有效保护和合理利用，河湖、湿地生态功能基本恢复，水质优良（达到或优于Ⅲ类）比例达到 75% 以上，森林覆盖率达到 43%，生态环境保护体制机制进一步完善。到 2030 年，水环境和水生态质量全面改善，生态系统功能显著增强，水脉畅通、功能完备的长江全流域黄金水道全面建成，创新型现代产业体系全面建立，上中下游一体化发展格局全面形成，生态环境更加美好、经济发展更具活力、人民生活更加殷实，在全国经济社会发展中发挥更加重要的示范引领和战略支撑作用。

（二）实现绿色发展惠及广大民众

正如前文所述，长江经济带的生态环境关乎数亿人的生存与健康。干净的水、清新的空气、安全的食品、优美的环境都是人们对美好生活的向往。长江经济带绿色发展就意味着必定进行水污染治理、固体废物污染治理等，这也将恢复长江流域原有的自然生态环境，对广大民众而言，这是惠及众人的重大举措，也会为民众获得优良环境奠定基础。长江经济带绿色发展有利于帮助民众实现绿色生活与消费，例如，在衣、食、住、行、游、购、娱方面实现消费理念和消费模式的绿色化。

（三）推进绿色循环低碳发展

推进绿色循环低碳发展是全球各国达成的共识，也是应对当前全球资源枯竭、环境恶化的有效途径。很长一段时期以来，我国经济的发展都是以牺牲资源和环境为代价的，现阶段我国经济取得了长足的发展，面临资源和环境的约束越来越强，"黑色经济发展模式""粗放经济发展模式""高消耗发展经济"已经不适合我国的经济发展要求，不可持续的发展模式终将会被世界各国所摒弃。推动长江经济带绿色循环低碳发展，让有条件的地区率先形成节约能源和保护生态环境的产业结构、增长方式和消费模式，真正使黄金水道产生黄金效益。

第六节　本书的主要内容

本书的主要内容如下：

第一，长江经济带绿色经济产业发展评价。在广泛借鉴前人研究成果的基础上，采用归纳演绎的方法，从长江经济带绿色经济产业发展总体趋势（总量特征与区域特征）、长江经济带各省市绿色经济发展产业结构等方面阐述了长江经济带绿色经济产业发展现状，旨在明确长江经济带各省（直辖市）绿色经济发展产业的阶段与功能定位。在此基础上，结合长江经济带的资源禀赋、区位条件、优惠政策、功能定位和发展路径，明确长江经济带各省市绿色经济发展产业的方向与战略选择。

第二，长江经济带绿色经济发展评价指标体系研究。在归纳和总结国内外关于绿色经济发展评价指标的基础上，采用定性和定量分析相结合的方法，拓展、延伸并补充相关指标，建立一套完整、系统且适合中国长江经济带的评价指标。采用等权重方法和专家打分法相结合的方式设定权重，使用"资源和环境生产率""自然资源基础""生活环境质量""经济发展潜力和政策"作为绿色经济发展评价指标体系的第一层次指标。并将能源生产率、第一产业能源强度、第二产业能源强度、第三产业能源强度、可再生能源份额、水资源生产率、节水灌溉面积占灌溉总面积的比例、建设用地生产率、一般工业固定废弃物综合利用率、人均水资源占用量、森林覆盖率、森林蓄积量、人均耕地面积、陆地自然保护区面积占比、湿地面积占比、化学需氧量排放总量减少、氨氮排放总量减少、二氧化硫排放总量减少、氮氧化物排放总量减少、地级及以上城市空气质量优良天数比率、地表水达到或好于Ⅲ类水体比例、地表水劣Ⅴ类水体比例、单位耕地面积化肥施用量、单位耕地面积农药使用量、城市地区生活垃圾无害化处理率、污水集中处理率、地级及以上城市集中式饮水水源水质达到或优于Ⅲ类比例、战略性新兴产业增加值占 GDP 比重、第三产业增加值占 GDP 比重、R&D 经费投入强度、居民人均可支配收入、人均 GDP 增长率、文盲率、人均预期寿命、新能源汽车保有量增长率、城镇每万人口公共交通客运量、城市建成区绿地率、环境污染治理投资占 GDP 比重、农村卫生厕所普及率、对外贸易依存度、FDI 占地区增加值比重这 41 个三级指标用来评价长江经济带绿色经济发展程度。

第三，长江经济带主要省份绿色发展评价。采用建立的绿色经济发展评价指标体系测算上海、浙江、四川、重庆、江西、云南、湖北、江苏、安徽、湖南、贵州共 11 个省（直辖市）的绿色发展指数。并从区域发展的角度，测量长江上游、中游和下游地区的绿色发展指数。在此基础上，分别从省份差异和指标差异的角度分析各省（市）在绿色发展方面面临的问题与优劣势。

第四，长江经济带绿色经济协同发展机遇与挑战。基于对长江经济带绿色协同发展内涵的辨析，并在此基础上分析长江经济带协同发展面临的问题。基于发展理念创新，分析长江经济带协同发展的潜力和方向，提出构建长江经济带协同发展的创新机制。

第二章
长江经济带绿色发展概况

一、中国进入经济新常态

在经历了改革开放至 21 世纪初的 30 年高速经济增长之后，近年来我国的经济增速持续放缓，进入了以可持续发展和健康发展为主要目标的经济新常态。过去 30 年的经济高速增长使我国摆脱了物质极度贫乏和生产力低下的状况，但同时也产生了一系列的"不平衡、不协调、不可持续"的经济现象[①]。在 2014 年的中央经济工作会议中，中央首次明确了经济新常态的九大趋势性变化，指出了国内的环境承载能力已达到或接近上限的严峻现实，提出了推动形成绿色低碳循环发展的经济增长新模式的目标[②]。

中国的经济新常态和西方发达国家在国际金融危机后面临的漫长而痛苦的经济恢复期"新常态"不同，中国的经济新常态其本质上是中国在经历了相对高速的经济发展周期后，进入新的稳态增长周期之前的一个过渡性的"大转换时期"。改革开放之后我国经历了长达 30 多年的工业化初级阶段，由政府强力推动的经济粗放型周期性高速波动增长伴随着利益分配结构和产业结构的扭曲，导致当前的国内经济建设中，依然存在着产能过剩、生态环境破坏、经济结构失衡、收入分配差距过大等问题[③]。在此背景下，更加依赖市场经济自身规律调节的新的增长模式，以及能够体现人与自然和谐共存的新的增长源泉成为了近年来我国经济结构性调整的主要目标，更加健康且高质量的可持续成长将是目前乃至今后一段时期内经济发展的主旋律。

---

① 金碚．中国经济发展新常态研究 [J]．中国工业经济，2015（1）：5-18.

② 丁文锋．经济新常态：认识·适应·引领——2014 年中央经济工作会议精神解读 [J]．中国党政干部论坛，2015（1）：44-49.

③ 齐建国，王红，彭绪庶等．中国经济新常态的内涵和形成机制 [J]．经济纵横，2015（3）：7-17.

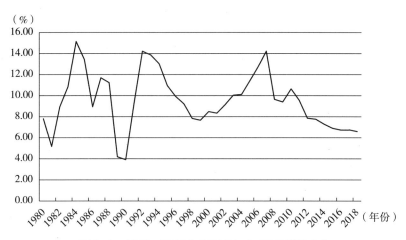

图 2-1 1980~2018 年我国各年度 GDP 增速变化

资料来源：国家统计局。

如图 2-1 所示，2008 年全球金融危机爆发后，我国通过强力的金融财政政策带来了短时期的经济增长，之后经济的下行压力逐渐增大。如今我国已经进入了经济中高速增长的新常态，如何在世界性的贸易保护主义兴起的大潮下实现经济增速的稳定和经济结构的调整，是目前我国经济面临的一个难题。而长江经济带作为我国最主要的流域经济，其人口分布和经济总量占比超过全国总量的四成，对全国经济的影响力巨大。在寻求新的增长模式的"新常态"背景下，长江经济带的绿色经济建设对于区域协调发展和绿色可持续发展战略的推广和实施具有示范和领头的作用。

二、建设长江经济带

"长江经济带"这一概念最早由湖北省官方正式提出[①]。1988 年 7 月在湖北省召开的改革开放试验区和湖北省沿长江部分地市县负责同志座谈会上，时任湖北省省委书记关广富指出，"我们必须集中力量，择优发展，把长江经济带的发展作为湖北省在中部崛起的战略突破口，带动全省发展"。此时的长江经济带仅是以湖北地区为中心的沿江经济带，而国家层面的长江经济带的概念则是从 1995 年的十四届五中全会上通过的《中共中央关于制定国民经济和社会发展"九五"计划和 2010 年远景目标的建议》开始的。该建议中提出，"要突破行政区划界限，在已有经济布局的基础上，以中心城市和交通要道为依托，

---

① 秦尊文等. 长江经济带城市群战略研究［M］. 上海：上海人民出版社，2018.

进一步形成以上海为龙头的长江三角洲和沿江地区经济带等若干跨省（区、市）的经济区域"。1996 年，全国人大通过了《中华人民共和国国民经济和社会发展"九五"计划和 2010 年远景目标纲要》，该纲要中进一步明确了"以浦东开放开发，三峡建设为契机，依托沿江大中城市，逐步形成一条横贯东西、连接南北的综合经济带"的发展战略。

然而，由于这一时期国家总体上施行的依然是优先发展沿海地区，以上海为龙头带动长江沿线地区的发展战略，长江沿线各区域经济发展极不平衡，未能形成有效的区域协作，长江经济带的建设让位于西部大开发和中部崛起战略等块状发展战略，未能得到实质性的重视。直到我国经济进入以可持续发展和高质量发展为目标的"新常态"后，长江经济带才再次上升为国家重大发展战略。2013 年 7 月，习近平总书记在湖北省武汉新港视察时指出，"长江流域要加强合作，发挥内河航运作用，努力把全流域打造成黄金水道"。2013 年 9 月，李克强总理在国家发改委呈报件上做出批示，"沿海、沿江先行开发，再向内陆地区梯度推进，这是区域经济发展的重要规律。请有关方面抓紧落实，深入调研形成指导意见，依托长江这条横贯东西的黄金水道，带动中上游腹地发展，促进中西部地区有序承接沿海产业转移，打造中国经济新支撑带"。2014 年 3 月，李克强总理在《政府工作报告》中提出"依托黄金水道，建设长江经济带"，同年 9 月，国务院出台了《国务院关于依托黄金水道推动长江经济带发展的指导意见》，标志着长江经济带的建设正式上升到国家战略高度。

三、绿色经济建设

绿色经济的概念最早由大卫·皮尔斯于 1989 年提出，而国内最早提出绿色发展概念的是 2003 年陆亨俊在经济参考报上提出的"保护生态环境下的可持续发展"[①]。同时，2003 年党的十六届三中全会通过了《中共中央关于完善社会主义市场经济体制若干重大问题的决定》，首次提出了"科学发展观"的概念，提出要"坚持以人为本，树立全面、协调、可持续的发展观，促进经济社会和人的全面发展"，体现了推进资源节约型和环境友好型经济建设的执政理念。从"十一五"开始，中国政府开始把节能减排作为经济发展的约束性指标，并且完成了一系列的环境立法修法工作。

2011 年 3 月，全国人大通过了《中华人民共和国国民经济和社会发展第十二个五年计划》。"十二五"明确提出"探索建立低碳产品标准、标识和认证

---

① 王伟.长江经济带绿色发展及其绩效评价研究［M］.成都：西南财经大学出版社，2018.

制度，建立完善温室气体排放统计核算制度，逐步建立碳排放交易市场"的发展方向，将"绿色发展"写入了国家发展计划，使绿色经济的理念得到进一步的普及。"十三五"纲要则进一步提出了"生态环境总体改善。生产方式和生活方式绿色、低碳水平上升。能源资源开发利用效率大幅提高，能源和水资源消耗、建设用地、碳排放总量得到有效控制，主要污染物排放总量大幅减少。主体功能区布局和生态安全屏障基本形成"的经济社会发展主要目标[①]。

习近平总书记十分重视绿色经济的建设，提出了"要像保护眼睛一样保护生态环境，像对待生命一样对待生态环境"和"绿水青山就是金山银山"的发展理念[②]，同时，在长江经济带的建设上也体现出了绿色发展理念的渗透。在2016年的重庆和2018年的武汉分别召开的推动长江经济带发展座谈会上，习近平总书记提出了"共抓大保护、不搞大开发"和"生态优先，绿色发展"的发展理念[③]，体现了将生态环境保护和经济发展相融合、可持续地将"绿水青山"转化为"金山银山"的发展战略。

第一节　长江经济带绿色发展生态资源禀赋

一、水资源和水能资源

（一）水资源

长江由西向东横贯了我国腹心地区，是亚洲的第一大河，世界第三大河。长江全长6380余千米，河流长度仅次于尼罗河和亚马逊河，入海水量仅次于亚马逊河和刚果河，居世界第三位。长江流域面积为180万平方千米，涉及19个省（自治区、直辖市），占全国国土面积的18.8%。长江流域表现为多级阶梯性地形，流经山地、高原、盆地和平原等，内陆腹地发展空间广阔，在我国的区位优势十分明显，具有十分重要的战略地位。

同时，长江流域还拥有十分丰富的水资源和自然生态资源。长江拥有全国

---

①　国家发展和改革委员会.《中华人民共和国国民经济和社会发展第十三个五年规划纲要辅导》读本[J].全国新书目，2016（5）：10.

②　中共中央宣传部.习近平新时代中国特色社会主义思想学习纲要[M].北京：人民出版社，2019.

③　习近平.在深入推动长江经济带发展座谈会上的谈话[M].北京：人民出版社，2018.

33% 的水资源、40% 的水能资源以及 56% 的内河航运里程。长江干流流域生产了全国 33% 的粮食，养育了全国 32% 的人口，创造了全国 34% 的 GDP[①]。长江是我国连接东、中、西部地区的"黄金水道"，是水资源的主要来源地之一，重要的清洁能源战略基地，也是珍稀水生动植物的天然宝库，在我国经济社会发展和生态环境保护中发挥着示范性和领导性的战略作用。

长江经济带的绿色发展生态资源主要由水、土地、空气构成。水资源是一切生物赖以生存的重要条件，也是工农业生产和绿色发展不可或缺的自然资源。长江流域水资源虽总量丰富，但时空分布并不均匀。上游水量相对较少，总量为 9985 亿立方米，可利用量为 2827 亿立方米，可利用率为 28.4%[②]。同时长江流域的水资源总体利用率并不高，2010 年总用水量为 1983 亿立方米，水资源开发利用率仅为 19.9%，不及全国平均水平。辜寄蓉等（2017）使用水网密度指数对长江经济带沿江 11 个省（直辖市）的水资源丰富程度进行了考察[③]。结果表明，水网密度指数呈现出地区性的分带和差异，整个长江经济带的水网密度指数高的集中于局部地区，而其他大部分地区水网密度指数较低。长江中下游的江苏和上海地区的水网密度指数相对较高，中游的安徽无为、江西南昌以及湖北洪湖区域密度较高，长江上游地区除成都平原部分地区外水网密度指数均较低，这表明了长江经济带内部的水资源总量丰富但分布不均的现实。

（二）水能资源

长江拥有丰富的水能资源，占到了全国水能资源的 40%。从新中国成立开始我国便确立了"防止水患，兴修水利，以达到大量发展生产的目的"的水利建设基本方针[④]。随着葛洲坝水利工程的完工，我国在兴建水利工程的科学技术上取得了一系列的突破，为三峡水利工程的实施打下了基础。截至 20 世纪 80 年代，我国建成了各类水库 48000 多座，总库容量达到了 1222 亿立方米。同时还建成了大中型水电站装机容量为 115 万千瓦，加上小型水电站装机容量 1860 千瓦，每年的发电量达到了 778 亿千瓦时。随着三峡水电站和二滩水电站的完工，我国的水利水电事业达到了高峰期。三峡水电站的总库容达到

---

① 马建华. 建设长江经济带的水利支撑与保障［J］. 人民长江，2014（5）：5–10.

② 刘世庆等. 长江经济带绿色生态廊道战略研究［M］. 上海：上海人民出版社，2018.

③ 辜寄蓉，唐伟，郝建明，王德富. 长江经济带资源禀赋现状分析——基于地理国情普查［J］. 中国国土资源经济，2017（7）：46–52.

④ 胡艳等. 长江经济带联动发展与绿色开发研究［M］. 北京：经济管理出版社，2017.

了393亿立方米，装机量为2250万千瓦，年发电量超过了1000亿千瓦时，成为我国乃至世界上最大的水利枢纽工程。

近年来，随着经济发展进入新的阶段，长江流域水利开发的一些问题也不断呈现出来。诸如水利基础设施不完善、水资源利用效率不高、水利发展不平衡和管理体系不健全等问题，部分地区存在过度开发和生态破坏等情况。长江上游生态系统脆弱，经济发展相对落后，水资源开发利用困难；中下游地区经济相对发达，但污水的排放加剧了水污染。2004~2012年长江流域污水排放总量不断增加，造成了区域性的水质性缺水[①]。为此，习近平总书记针对水资源问题提出了"节水优先，空间均衡，系统治理，两手发力"的新时期治水方针。"降低无益弃水，充分利用水资源，降低发电耗水率"成为了新时期水利开发的发展方向。

二、土地资源和生态资源

（一）土地资源

土地资源是社会经济发展的基础，长江经济带9省2市总面积达到了205万平方千米，占全国的21.4%，拥有丰富的土地资源。

根据国家的可利用土地资源分级标准将长江经济带的人均可利用土地资源的水平分成从丰富到缺乏五个等级。长江经济带的大部分地区可利用土地资源都相对较丰富，除了上海和重庆等大城市主城区以外，土地资源丰富和较丰富的区域占比达到了74%以上。其中，尤其是安徽省、湖北省、云南省的人均可利用土地资源相对丰富，具有较大的开发潜力。从长江经济带的三个内部区域划分来看，长江中游地区的土地资源开发潜力要高于长江上游和下游地区。

（二）生态资源

长江经济带属于亚热带季风气候区，拥有充足的阳光和降雨量，年降雨量达到了1100毫米，再加上丰富的水域资源和土地资源，十分有利于农业、林业、渔业和畜牧业的发展。长江经济带内还建有各种类型的自然保护区1087个，其中国家级保护区141个，占全国总量的33%，四川省的自然保护区面积占到了长江经济带自然保护区总面积的46%。

根据第8次全国森林资源清查数据，长江经济带区域内的林业用地达到了

---

① 李燕，张兴奇.基于主成分分析的长江经济带水资源承载力评价［J］.水土保持通报，2017，37（4）：172-178.

10559.44 万公顷，森林面积达到了 8466.02 万公顷，分别占到了全国的 34% 和 41%[①]。北亚热带常绿阔叶林和落叶混交林主要分布在长江中游和汉江上中游两侧的山地丘陵；中南亚热带的常绿阔叶林广泛分布在江南山地丘陵、河谷平原、四川盆地及云贵高原等地[②]；湖南和江西是经济林的主要分布区。长江经济带的林业产品产量较高，其中 2016 年的木材产量占全国的 28.5%，橡胶产量占全国的 55%，生漆产量占全国的 71.6%，油桐籽产量占全国的 44.8%，油茶籽产量占全国的 75.6%。

同时，长江经济带也是我国湖泊、河流和沼泽等湿地资源较为集中的地区，湿地面积接近 2500 万公顷，占全国湿地面积的 20% 左右。其中被列为国际湿地重点保护对象的有 17 处，国家和省级保护区的有 168 处[③]。湿地占比最高的地区是上海，达到了 73.27%。这些湿地多和江河相通，面对洪水时有较强的调节作用，为发展淡水养殖业提供了良好环境，同时是保持生物多样性的重要条件。

长江经济带内的水域和陆地的多样性也为生物的多样性提供了前提条件。长江经济带内共有重点保护植物 568 种，哺乳动物 142 种，鱼类 378 种，两栖动物 57 种，爬行动物 85 种，鸟类 168 种，还包括江豚、中华鲟、大熊猫、丹顶鹤等珍稀野生动物。其中鱼类的种类数量占到了全国总量的 33%，存在草鱼、青鱼等多种经济鱼类。2017 年，长江经济带 11 个省市共产出水产品约 2759.7 万吨，占全国总量的 39.8%，其中淡水鱼类的产量占到了全国的 60.3%，是我国主要的淡水鱼来源区域。

（三）旅游资源

长江经济带横跨我国东、中、西三大区域，拥有从海洋到陆地的多样化地形地貌，旅游景观丰富多彩，拥有全球同纬度地区最为丰富的地貌景观[④]。区域内聚集了华东、华中和西南的旅游资源精华，旅游产业规模庞大且类型丰富，是我国旅游产业的重要支撑。

长江经济带区域内有黄山、武当山、峨眉山、青城山、张家界、神农架、天柱山、九华山、庐山、井冈山、衡山、普陀山等著名的山地景观资源，还有

---

① 王振等.长江经济带发展报告（2017–2018）[M].北京：社会科学文献出版社，2018.

② 参见：http://www.cjw.gov.cn/zjzx/cjyl/lyzs。

③ 曾刚等.长江经济带城市协同发展能力指数（2017）研究报告[M].北京：中国社会科学出版社，2017.

④ 胡艳等.长江经济带联动发展与绿色开发研究[M].北京：经济管理出版社，2017.

举世闻名的长江三峡、九寨黄龙、乐山大佛、大足石刻等著名景区，湖泊类景观有鄱阳湖、洞庭湖、太湖、巢湖、洪泽湖等，精彩纷呈的自然景观吸引了世界各地的游客。

除了自然景观以外，长江经济带内还有丰富的人文古迹。历史文化名城有南京、杭州、阆中等；古建筑有黄鹤楼、滕王阁、岳阳楼三大名楼；文化方面有吴越文化、荆楚文化、巴蜀文化、春节文化等丰富的历史文化。同时长江经济带还是我国最大的现代都市景观集聚地。区域内有长江三角洲城市群、长江中游城市群和成渝城市群三大现代都市集聚地；还有外滩、迪士尼、洪崖洞等热门都市景点。不断完善的基础建设和商业设施直观地体现了我国经济发展日新月异的变化。

2016年，长江经济带接待游客总人数达到了55.44亿人次，旅游总收入达到了61646亿元，分别占全国比重的29.2%和47.5%。从表2-1中可以看到，长江经济带11个省（直辖市）2016年的国际旅游外汇收入进入全国前10的有5个，2016年国内旅游收入进入全国前10的有7个。长江经济带的旅游业总体发展水平较高，其中长江中上游地区在国际知名度方面仍然有提升的空间。

表2-1　2016年长江经济带沿线省（直辖市）旅游收入及全国排名

省份	国际旅游外汇收入（亿美元）	全国排名	国内旅游收入（亿元）	全国排名
上海	64.19	3	3004.73	20
江苏	38.03	5	8769.30	1
浙江	31.27	7	6720.04	4
安徽	25.42	10	3980.50	10
江西	5.84	21	3600.50	8
湖北	18.72	13	4206.02	9
湖南	10.05	18	3659.96	12
重庆	16.87	15	2156.15	24
四川	15.82	16	6137.60	3
贵州	2.53	27	3512.82	7
云南	30.75	8	3104.37	14

资料来源：吴传清等.长江经济带产业发展报告（2018）[M].北京：社会科学文献出版社，2018.

总体来说，长江经济带地区拥有丰富的绿色生态资源禀赋，为绿色经济发展提供了不可或缺的前提条件。但区域内也存在着自然资源分布较集中，各地资源利用效率差距较大的问题，部分地区存在着过度开发和生态环境破坏的现象，对绿色经济的发展路径和战略造成一定阻碍，但同时也提供了改进的空间。

第二节　长江经济带绿色发展社会经济禀赋

一、绿色创新

2016 年在重庆召开的长江经济带发展座谈会上，习近平总书记提出要把长江经济带建成我国生态文明建设的先行示范带、创新驱动带和协调发展带。生态文明的建设要求发展环境友好型经济增长模式，改变传统粗放型、低效性的经济开发，对生产进行结构性调整。而新的增长模式和增长源泉的开发离不开绿色科研创新和人才的培养。长江经济带建设既要坚持生态优先、绿色发展的战略定位，同时又要通过产业转型升级加快构建现代化产业走廊，可以说，创新发展是实现"保护"长江和"开发"长江的有效路径[①]。

创新离不开人才的培养，人才的培养模式、规模和层次都与创新活动的发展息息相关。长江经济带科技基础雄厚，人才优势突出。高校数量达到了1045 所，占到了全国的 42.79%；在校学生人数达到了 1020 万人，占全国总人数的 42.66%。区域内聚集了大量的高学历高素质人才，高质量的劳动力和智力资源是绿色创新和绿色经济发展的必备条件。

《中国科技统计年鉴 2016》显示，2015 年长江经济带 9 省 2 市的 R&D 经费内部支出总和达到了 6245 亿元，其中居前 3 位的分别是江苏（1801 亿元）、浙江（1011 亿元）和上海（936 亿元）。人均 R&D 经费内部支出则是以上海 3876 元遥遥领先于第二位的江苏（2258 元），而湖南（608 元）、江西（379元）、云南（231 元）和贵州（177 元）则排在后 4 位，与上海、江苏和浙江之间仍具有较大的差距。

表 2-2 根据长江经济带各城市的创新驱动力给出了前 18 个城市的排名。

---

① 白洁. 以创新驱动推进长江经济带绿色发展 [J]. 决策与信息，2016，430（4）：50-53.

创新驱动力的指数由四个一级指标（科技创新投入、科技创新载体、科技创新产出、科技创新绩效）构成，四个一级指标又分别由科研研发投入、人力资源投入等10个二级指标构成，具体的统计指标则包括研发投入金额、研发人员数、人均GDP、大学数量、科技论文发表总量等项目。通过运用层次分析法和熵值法对各子系统进行综合权重分析后构造城市科研创新力的得分矩阵并计算出相应城市的创新力分值。

表2-2　长江经济带部分城市创新驱动力评价

层次（均值）	排序	城市	综合值	层次（均值）	排序	城市	综合值
领军城市	1	上海	0.721		10	重庆	0.341
核心城市	2	南京	0.576		11	常州	0.331
	3	武汉	0.541		12	宁波	0.322
	4	杭州	0.497		13	镇江	0.316
	5	苏州	0.484	重要城市	14	昆明	0.288
	6	长沙	0.433		15	贵阳	0.288
	7	成都	0.430		16	南通	0.278
重要城市	8	无锡	0.379		17	芜湖	0.273
	9	合肥	0.368		18	南昌	0.273

资料来源：王振等.长江经济带发展报告（2016-2017）［M］.北京：社会科学文献出版社，2017.

从表2-2可以看出，上海的分值达到了0.721，领先第2位的南京近0.15，优势十分明显；而南京、武汉等的分值在0.4~0.6的6座城市构成了第二集团，具有较为突出的科研创新能力；第三集团由分值在0.25~0.4的11座城市组成，具有一定的科研创新能力和上升空间；除此之外还有分值低于0.25的32座城市并未列出，这些在前三个层次的城市在科研创新能力上具有较大的差距[①]。

表2-3是长江经济带上中下游三个区域和全国的工业技术创新效率的比较，投入的变量主要有研发人员和研发资本两类要素，产出变量则分别采用了规模以上工业企业的发明专利申请数量和新产品销售收入。从表2-3中我们

---

① 完整版的数据和排名请参考《长江经济带发展报告（2016-2017）》《长江经济带发展报告（2017-2018）》将排名的城市增加到了110个。

可以看到长江经济带的技术创新效率长期高于全国平均水平，并且领先幅度在不断扩大。而长江经济带内部则长期处于"下游地区领先，上游地区落后"的情况。

表2-3　2013~2016年全国及各地区工业技术创新效率

	2013年		2014年		2015年		2016年	
	得分	排名	得分	排名	得分	排名	得分	排名
全国	0.530		0.545		0.576		0.687	
长江经济带	0.613	1	0.662	1	0.687	1	0.844	1
非长江经济带	0.483	2	0.477	2	0.512	2	0.597	2
长江上游地区	0.559	3	0.586	3	0.632	3	0.669	3
长江中游地区	0.566	2	0.607	2	0.674	2	0.878	2
长江下游地区	0.746	1	0.836	1	0.778	1	1.031	1

资料来源：吴传清等.黄金水道——长江经济带［M］.重庆：重庆大学出版社，2018.

长江经济带的科研创新能力整体上在全国领先，为绿色经济的发展打下了坚实的基础。但是长江经济带内部地区间存在科研创新能力的差异，以上海为中心的长三角城市群的科研创新禀赋大幅领先于中上游地区，且对于科研创新的持续性投入能力也强于中上游地区[1]。尤其是上游地区的城市缺乏创新人才和资金，高端制造业和创新能力较弱，需要加大力度引进高层次创新人才，培育高新技术产业，通过持续不断的绿色科研创新来推进传统产业的调整和升级，最终实现向绿色产业和绿色城市的转换。

二、绿色产业

绿色科研创新的最终目的是为了推动绿色产业的发展。长江经济带的人口和经济总量均超过我国总量的四成，长江经济带的生态文明和绿色产业的建设对于整个中国经济的持续健康发展具有示范和支撑的重大意义。因此，推动传统产业的绿色升级改造，大力扶持新兴绿色产业和高科技产业，打造低消耗低污染的环境友好型产业结构和体系将是长江经济带在经济新常态时期的主要任

① 李敏，杜鹏程.长江经济带区域绿色持续创新能力的差异性研究［J］.华东经济管理，2018，32（2）：83-90.

务和目标之一。

（一）工业发展

工业生产是能源消耗和污染排放的主要来源，也是推动绿色升级改造的主要对象。长江经济带人口集中，工业发展水平较高，2015 年的生产总值达到了 28.85 万亿元，其中工业增加值达到了 10.79 万亿元，分别占全国总量的39.91% 和 39.21%（见表 2-4）。

表2-4 2015年长江经济带各省市生产总值和工业产值

	地区生产总值		工业		工业增加值占比（%）	地区人均生产总值（万元）
	数量（万亿元）	占全国比例（%）	工业增加值（万亿元）	占全国比例（%）		
全国	72.28	100	27.51	100	38.06	5.26
长江经济带	28.85	39.91	10.79	39.21	37.40	5.32
下游	13.81	19.11	5.24	19.04	37.92	8.67
上海	2.51	3.48	0.72	2.60	28.51	10.40
江苏	7.01	9.70	2.80	10.18	39.93	8.79
浙江	4.29	5.93	1.72	6.26	40.15	7.74
中游	9.72	13.45	3.87	14.05	39.78	4.16
江西	1.67	2.31	0.69	2.51	41.37	3.66
安徽	2.20	3.04	0.93	3.37	42.10	3.58
湖北	2.96	4.09	1.15	4.19	39.03	5.05
湖南	2.89	4.00	1.09	3.98	37.87	4.26
上游	6.99	9.67	2.38	8.64	34.00	3.59
重庆	1.57	2.17	0.56	2.02	35.36	5.21
四川	3.01	4.16	1.10	4.01	36.73	3.66
贵州	1.05	1.45	0.33	1.21	31.57	2.98
云南	1.36	1.88	0.38	1.40	28.26	2.87

资料来源：湖南省社会科学院绿色发展研究团队.长江经济带绿色发展报告［M］.北京：社会科学文献出版社，2017.

通过对表 2-4 可以发现，2015 年上海的人均生产总值已经达到了 10.4 万元，在长江经济带内处于领先地位。上海的工业化水平很高，同时已经开始向服务型产业体系转型，其工业增加值占比低于总产值占比，工业增加值占自身总产值的比例仅高于云南，体现了第三产业的发达。2016 年上海的第三产业产值占比已经接近 70%。江苏、浙江、江西、安徽、湖北的工业增加值占比高于总产值占比，显示出工业依然是主要产业，其工业化水平较高并且还在成长中。

从长江经济带的上中下游的区域划分来看，上游地区的生产总值占全国的9.67%，工业增加值占全国的 8.64%；中游地区的生产总值占全国的 13.45%，工业增加值占全国的 14.05%；下游地区的生产总值占全国的 19.11%，工业增加值占全国的 19.04%。其中长江中游地区的工业增加值占比高于生产总值占比，体现了工业在其经济成分中较高的比重。

整体来看，长江中游地区工业增加值占比较高，达到了 39.78%，高于上游的 34% 和下游的 37.92%，说明长江中游地区的工业正在发展且已经具有较高的工业化水平；长江上游的工业化水平依然较低，正处于迅速成长阶段；长江下游的工业化水平很高，已经处于开始向服务型经济结构转换的过程当中。

（二）工业绿色发展效率

吴传青（2018）采用了全局超效率 SBM 模型测算长江经济带的工业绿色发展效率，投入的变量主要有劳动、资本、能源三种要素。期望产出主要考虑工业总产出，非期望产出选取了工业废水废气排放量和工业固体废物产生量，其得到的结果如表 2-5 所示。

表 2-5　2013~2016 年全国及各地区工业绿色发展效率

	2013 年		2014 年		2015 年		2016 年	
	得分	排名	得分	排名	得分	排名	得分	排名
全国	0.662		0.673		0.686		0.705	
长江经济带	0.647	2	0.669	2	0.695	1	0.722	1
非长江经济带	0.671	1	0.675	1	0.681	2	0.695	2
长江上游地区	0.499	3	0.517	3	0.547	3	0.584	3
长江中游地区	0.645	2	0.668	2	0.699	2	0.726	2
长江下游地区	0.847	1	0.874	1	0.885	1	0.901	1

资料来源：吴传清等 . 黄金水道——长江经济带［M］. 重庆：重庆大学出版社，2018.

通过表 2-5 可以发现，长江经济带的工业绿色发展效率原本不及全国平均水平，但增速远高于长江经济带以外地区，并于 2015 年超过了长江经济带以外地区的平均水平，成为了我国工业绿色发展的领先区域。整体来看，全国的工业绿色发展效率都在稳步增长，体现了中国经济新常态下对环境友好型绿色经济建设的稳步推进。而长江经济带的工业绿色发展增速远超全国的平均水平，体现了中央政府"共抓大保护，不搞大开发"和"生态优先，绿色发展"的长江经济带绿色发展战略。长江经济带通过不断释放绿色发展潜能，加速传统产业转型升级和绿色科研创新，成功地提高了整体的工业绿色发展效率，在全国的绿色经济建设中发挥了很好的示范作用。

从长江经济带内部上中下游的区域划分来看，下游的工业绿色发展效率优势十分明显，而上游的工业绿色发展效率跟中游下游地区相比依然有较大的差距。但上游地区的绿色发展效率增速很快，展现出了很高的绿色发展潜力，只需要进一步加强绿色科研技术的推广和应用，推动工业生产过程低碳化清洁化，长江上游地区与中下游地区的差距将会不断缩小。

（三）农业绿色发展

2017 年 9 月，国务院办公厅印发了《关于创新体制机制推进农业绿色发展的意见》，提出了农业发展"三不、两零、一全"的整体目标。"三不"是指耕地数量不减少、耕地质量不下降和地下水不过度消耗；"两零"是指化肥和农药施（使）用量零增长；"一全"是指农业废弃物全利用。该意见还从资源利用、产地环境、生态系统、绿色供给四个方面制订了到 2030 年的远景目标，对耕地面积和耕地质量，化肥农药利用率，农业废弃物回收利用，以及改善生态环境等方面做出了要求。

长江经济带横跨我国腹心地带，拥有多样化的地形和大量肥沃的土地，是我国重要的农业产地。2016 年长江经济带农作物播种面积达到了 67427.8 千公顷，与 2015 年相比略有下降，但仍然占据全国农作物播种总面积的 40% 左右。《中国农村统计年鉴》（2012~2017 年）的数据显示，2016 年长江经济带内的三个区域中，中游地区的农作物播种面积为 3109.1 万公顷，2011~2016 年的年均增长率为 0.11%，是三个区域中播种面积最大的地区；上游地区的农作物播种面积为 2609.1 万公顷，2011~2016 年的年均增长率为 1.13%；下游地区的农作物播种面积为 1036.6 万公顷，2011~2016 年的年均增长率为 -0.54%，是三个区域中最小的地区。下游地区的城市化进程的推进导致了农业用地面积的缩减，但 2011~2017 年，下游地区的粮食产量保持了 0.72% 的年均增速，体现了生产效率的提升。

农业碳排放总量是衡量农业绿色发展水平的一个重要指标。根据吴传青（2018）的测算，2011~2014 年长江经济带的碳排放总量持续上升，在 2015 年之后开始连续下降，碳排放的增长速度低于全国平均水平。长江经济带农业碳排放总量的全国占比从 2011 年的 36.74% 下降到 2016 年的 35.38%，体现了农业绿色发展水平的不断进步。

第三节　长江经济带绿色发展潜力

一、长江经济带绿色发展面临的问题

（一）水污染

随着"共抓大保护，不搞大开发"的长江经济带建设理念的推广，长江经济带的水资源和水生态环境已经有所改善，但也面临着一些问题。长江经济带的水资源分布较为集中，空间上存在着分配不均的问题。长江经济带的降雨量从东南到西北呈逐渐减少的趋势，而水资源的分布则主要集中在湖南、江西和四川等省份。长三角地区的水资源较少，水资源的利用程度较高，同时也面临着较高的水资源承载压力和水质性缺水风险。

目前长江流域水质总体良好，但依然存在局部的严重污染。长江经济带是我国人口和产业密集带，聚集了超过 40 万家化工企业，沿线化工产量约占全国的 46%。2015 年长江经济带的废水排放量达到了 318.9 亿吨，占全国的比重为 43%。截至 2012 年，依然有 12.1% 的长江流域河流的水质为劣 V 类。上海、南京、武汉、重庆等城市都面临着近岸水域水污染的风险。长江中下游平原的湖泊，如洞庭湖、太湖等都有严重的富营养化现象。水体的污染也给水生态多样化带来了巨大压力，长江经济带的水域绿色建设依然有很大的改进空间。

（二）生态系统退化

长江经济带地区的土壤污染和生态资源流失现象也比较严重。长三角地区面临着严重的土壤重金属和有机物污染问题，部分农村地区的土地已经无法耕种。城镇面积的不断扩大导致各类生态面积的不断减少，长江经济带上游地区的森林覆盖率从 20 世纪 50 年代的 40% 减少到 2010 年的 10% 左右。除此之外，长江经济带还面临着湖泊和湿地面积的快速消失，长江上游地区水土流失严重等问题。

生态环境的退化导致了生物多样性的损害。2006 年，白鳍豚被宣布"功能性灭绝"，其他珍稀动植物的生存也面临威胁。长江流域部分地区水力资源的过度和无序开发导致长江水生生物的栖息地被破坏。再加上过度捕捞导致了鱼类资源的大幅减少，中华鲟、胭脂鱼等珍稀鱼类和其他经济鱼类的数量都明显减少，部分鱼类濒临灭绝。

（三）绿色产业发展

长江经济带的经济发展水平领先全国，但内部区域间的经济发展水平却存在较大差异。长江下游地区的经济发展水平优势明显，但资源承载能力却已经接近上限。资源和产业的错配导致需要大量的原料从西部运输到东部加工，大规模的资源跨区域流动加大了生态环境的压力[1]。

进入经济新常态以后，我国的经济下行压力不断增大，而长江经济带东部部分地区经济依然依赖于高污染重工业，迟迟不能完成产业结构的调整和升级。经济下行导致利润减少，企业不愿意投入资金进行绿色升级改造。而中西部地区则是处于工业化进程之中，绿色制造技术和工艺还相对薄弱，对高能耗高污染的产业还有着一定的需求。

二、长江经济带绿色发展潜力

长江经济带拥有着丰富的自然资源和社会经济禀赋，但同时也面临着一系列的生态能源问题。长江经济带拥有全国总量 33% 的水资源和 40% 的水能资源，而水资源的利用率还不到 20%，低于全国平均水平。水资源对于绿色经济的建设不可或缺，但水资源分布不均和水污染的问题时刻影响着绿色经济的发展。要充分发挥长江经济带的水资源绿色发展潜力，就必须强化河流生态治理和修复，严控污水排放和水资源过度开发；推进水权改革，建立健全的水权交易制度；实施流域统一管理制度，健全河流保护法制法规。

长江经济带还拥有丰富的生态资源和旅游资源，具有很大的绿色经济发展潜力。长江经济带拥有占全国 41% 的森林面积和 20% 的湿地面积，同时产出全国 60% 的淡水鱼类。长江经济带具有横跨我国东、中、西部地区的多样化地形地貌，旅游收入接近全国的一半。但同时也面临着土壤污染，生态资源流失等环境问题。为了充分发挥长江经济带的生态和旅游发展潜力，需要进一步完善生态保护机制和生态补偿机制，建立跨区域的环境合作组织，加强环境统

---

[1]　付保宗.长江经济带产业绿色发展形势与对策［J］.宏观经济管理，2017（1）：57-61.

筹协调管理，强化环境联合监管。

　　长江经济带还拥有丰富的智力资源、较强的科研创新禀赋，以及比较发达的产业体系。长江经济带拥有占全国总量43%的大学和在校学生，汇聚了大量的科研创新人才。长江经济带还拥有占全国总量四成的生产总值和工业产值，农业播种面积也达到了全国总量的四成。但长江经济带也面临区域间经济发展水平差距较大、部分地区传统工业转型缓慢、各区域间的协作发展体系尚未形成等问题。为了充分发挥长江经济带的创新水平和产业绿色发展潜力，我们需要进一步强化创新驱动能力，积极推进高科技创新产业园的建设，提高产业的绿色科研创新能力。同时要充分发挥政府的引导作用，积极地鼓励各地区的民间交流合作，完善市场机制，充分发挥市场的资源配置功能。

第三章
长江经济带绿色发展的历史改革

　　本章针对长江经济带绿色发展改革进行了一个时间段上的梳理，分析并总结了我国长江经济带及其绿色发展在各个阶段的情况和特征。

　　对于长江经济带的发展过程，曾刚（2014）认为其包括六个阶段：第一阶段为孕育阶段（1978年前），第二阶段为准备阶段（1979~1991年），第三阶段为启动阶段（1992~2001年），第四阶段为停滞阶段（2002~2005年），第五阶段为复苏阶段（2006~2012年），第六阶段为腾飞阶段（2013年至今）[①]。

　　吴传清等（2018）将长江经济带发展战略的演进历程分为了三个阶段：第一阶段是早期构想阶段（1978~1992年），第二阶段是早期探索阶段（1992~2013年），第三阶段是全面实施推进阶段（2013~2018年）[②]。

　　王伟（2018）将长江经济带的发展分为了四个阶段：第一阶段是初步发展阶段（1949年以前），第二阶段是早期构想阶段（1949~1978年），第三阶段是启动阶段（1978~2005年），第四阶段是战略提出阶段（2005年至今）。同时，王伟（2018）还将中国的绿色发展实践分为了三个阶段：第一阶段是起步阶段（1978~2007年），第二阶段是快速发展阶段（2007~2012年），第三阶段是全面推进阶段（2012年至今）[③]。

　　而湖南省社会科学院绿色发展研究团队（2018）则把我国绿色发展思想的演变过程分为三个阶段：第一阶段是起步发展阶段（1978~2000年），第二阶段是加速推进阶段（2001~2010年），第三阶段是逐步完善阶段（2011年至今）[④]。

　　结合以上长江经济带和绿色发展阶段的划分，本章将长江经济带的绿色发

---

① 曾刚．长江经济带协同发展的基础与谋略［M］．北京：经济科学出版社，2014.

② 吴传清，黄磊，万庆等．黄金水道——长江经济带［M］．重庆：重庆大学出版社，2018.

③ 王伟．长江经济带绿色发展及其绩效评价研究［M］．成都：西南财经大学出版社，2018.

④ 湖南省社会科学院绿色发展研究团队．长江经济带绿色发展报告（2017）［M］．北京：社会科学文献出版社，2018.

展改革阶段分为四个阶段：第一阶段是孕育阶段（改革开放以前），第二阶段是准备阶段（改革开放以后到 20 世纪末），第三阶段是成长阶段（21 世纪初到党的十八大），第四阶段是快速发展阶段（党的十八大以后）。这种阶段的划分同时考虑了长江经济带的经济发展进程和绿色发展对长江经济带发展的影响。

第一节　孕育阶段（改革开放以前）

水是生命之源，是人类生存和社会发展的必备条件。自古以来，文明的诞生和发展就离不开江河湖泊等天然水源，考古学家也早就证明了人类社会的繁荣与大江大河的紧密联系[1]。世界文明的几个主要发祥地无一例外都位于江河流域。如中东的两河流域、古印度的恒河流域、北非的尼罗河流域以及我国的黄河流域。农业文明对于水资源的依赖性决定了古代文明的繁荣地区都集中在江河流域附近，即便是进入工业化社会以后，江河流域在水资源、航运资源、水能资源、生态资源等方面依然为城市经济的发展提供了重要的保障。我国长江流域自古便是中华民族繁衍生息的重要地区之一，而进入 21 世纪之后，长江经济带的发展逐渐成为我国的一项重要国家战略。

一、长江流域经济的发展

我国从很久以前便开始了对长江流域的开发和利用。随着中华人民共和国成立后对长江流域考古工作的推进，不断有新的证据被发掘出来，通过这些证据我们可以断言，长江流域如同黄河流域一样，都有着自己悠久的古代文化，都是中华民族的母亲河[2]。根据考古发现，在旧石器时代的早、中、晚时期，长江流域都有人类活动的痕迹。在长江流域和华南地区出土的人类化石，如元谋人、和县人、资阳人、马坝人、柳江人[3]等，都说明了长江流域的旧石器文化独立于黄河流域的旧石器文化而自成了一个体系，有鲜明的地域特征。

公元前 9000~8000 年，长江流域和华南地区进入了新石器时代。这一时期的长江流域的古人类已经开始使用打制和磨制的石器、兽骨等，并且掌握了制

---

① 伍新木, 李雪松. 流域开发的外部性及其内部化 [J]. 长江流域资源与环境, 2002, 11（1）: 21-26.

② 李伯谦. 长江流域文明的进程 [J]. 考古与文物, 1997（4）: 12-18.

③ 吴汝康. 广西柳江发现的人类化石 [J]. 古脊椎动物学报, 1959, 1（3）: 5-12.

陶技术。而从大约公元前 6000 年开始，长江流域的人类进入了新石器时代的中期阶段，出现了彭头山文化、城背溪文化等新石器中期文化，并且普遍开始种植水稻[①]。到了新石器时代晚期，长江流域发展出了大溪文化、河姆渡文化、马家滨文化等，农业和手工业有了更进一步的发展。其中长江中游的文明进程起步于大溪文化，并于夏商时期进入次生文明社会[②]。

东汉之后黄河流域文明逐渐衰落，古代中国的经济中心也开始向南方的长江流域转移。进入唐宋时期以后长江流域的城镇和经济得到了进一步的发展，伴随着全国范围内大规模的人口南向迁移，长江流域开始逐渐形成了扬州、成都、南昌、汉口等大型商业城市，航运和造船技术也上升到了一个较高的水平。特别是宋代以后，随着长江流域水利事业的发展，长江沿岸的新兴城市不断涌现，成为了当时中国的经济中心之一[③]。

到了明清时期，长江流域已经在全国农业经济中占据了统治地位[④]。江南地区成了全国蚕桑丝织生产最为旺盛的区域，丝绸生产除了四川地区以外，几乎全部集中到了江南。官民丝织生产昌盛，丝绸品种之繁，数量之多，色彩、纹样之美，工艺技术之精和江南丝绸在国内外贸易及文化交流中的重要地位都是其他地区所不可比拟的[⑤]。继江南地区之后，两湖地区的经济也得到了快速发展。许多以农业发展为基础，手工业和商业综合性发展的新兴城市开始出现在长江流域。到了 15 世纪初，全国的手工业和商业较为发达的城市达到了 30 多座，而其中约有 1/2 位于长江流域地区，仅江浙两省就占到了 1/3[⑥]。

如图 3-1 所示，陈修颖（2007）将长江经济带空间模式和结构的形成和演化分为了四个阶段。直到鸦片战争爆发之前，长江流域城市之间的相互联系主要以水运为主，因当时造船技术相对落后，长江流域的经济发展以支流为主要地域单元，相互之间的联系较少，呈现出一种相对封闭和孤立的发展状况[⑦]。此时长江流域最为发达的地区是以扬州为中心，由杭州、苏州、常州、嘉兴、无锡和镇江所组成的运河经济带。除此之外，还有分别以安庆、九江、长沙和

① 李伯谦.长江流域文明的进程 [J].考古与文物，1997（4）：12-18.

② 何驽.长江中游文明进程的阶段与特点简论 [J].江汉考古，2004（1）：52-58.

③ 虞孝感，王磊，杨清可等.长江经济带战略的背景及创新发展的地理学解读 [J].地理科学进展，2015（11）：1368-1376.

④ 赵琳.长江经济带经济演进的时空分析 [D].上海：华东师范大学，2012.

⑤ 刘兴林，范金民.论古代长江流域丝绸业的历史地位 [J].古今农业，2003（4）：50-62.

⑥ 许学强，周一星，宁越敏.城市地理学 [M].北京：高等教育出版社，1997.

⑦ 陈修颖.长江经济带空间结构演化及重组 [J].地理学报，2007，62（12）：1265-1276.

成都为核心的皖江经济带、赣江经济带、汉江经济带、湘江经济带和四川盆地经济区。这些相互封闭且孤立的经济带构成了当时长江流域的核心，其中苏州和扬州在鸦片战争前夕是长江流域最重要的城市，人口和生产要素都快速地向这些核心城市集聚。

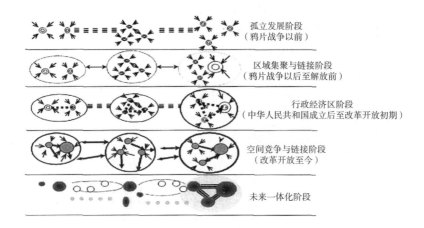

图 3-1　长江流域经济区空间结构的形成与演化

资料来源：陈修颖.长江经济带空间结构演化及重组［J］.地理学报，2007，62（12）：1265-1276.

二、近代长江流域经济的发展

到了清末民初，长江流域地区在我国的近代工业化进程中的地位愈发地显著起来。鸦片战争爆发后，清政府被迫开放港口，西方工业品的倾销客观上刺激了中国近代资本主义产业的形成[①]。由于优越的交通条件和地理环境，大部分的外国投资都进入到了长江流域内的城市，上海、南京、宁波、武汉、重庆等沿江城市成为了当时近代化和工业化的前沿阵地，其开放程度和对外贸易的繁荣程度在当时的中国都是遥遥领先。尤其是当时的上海和武汉两个城市，其对外贸易额长期居于全国前两位，在国际上享有较高的知名度。其中上海更是当时远东地区最大的城市和金融中心，吸引了众多的外国投资者和居民到沪发展，其外国居民人数和外资企业产值占比均领先于全国，而武汉则紧随其后。此时长江流域已有大小通航支流3600多条，通航里程达到了7万多公里，约

---

① 王伟.长江经济带绿色发展及其绩效评价研究［M］.成都：西南财经大学出版社，2018.

占全国内河总里程的 70%[①]。

而随着"洋务运动"和"维新运动"的兴起，西方科技不断被引入中国。江南制造总局、上海机织局、汉阳铁厂、轮船招商局等先后成立，缫丝、纺织、面粉、粮油加工等轻工业在江苏、浙江、湖北等地得到发展，成为了中国近代化和工业化的先驱。而对外贸易的繁荣，则使得上海形成了门类较齐全的近代化商用网络，并进一步加强了上海和长江三角洲乃至长江中下游城市的经济联系。外贸的发展不但推动了上海近代化的进程，也为上海工业化提供了资金来源，使上海从开始的"几乎只是一个贸易场所"，逐步变成为"一个大的制造中心"[②]。19 世纪中叶，美国和英国的轮船公司相继将近代轮船引入上海，此时的英国也只有 90 只轮船达到 1000 吨位以上，而 1862 年的上海港已经有外国轮船 34 只，吨位达到了 570~1040 吨[③]。

辛亥革命以后，长江中下游成为了全国产业分布最集中的地区。同时，生产链开始从沿海地区向长江中上游地区扩张，特别是长江中游的汉口，经济得到了迅速的发展。1865~1931 年，有 42 年汉口的进出口贸易额位居全国第二，仅次于上海[④]。长江上游的重庆开埠时间虽然晚于上海和武汉，但也迅速发展成为了西南地区的经济中心。1891~1910 年，重庆港进出口贸易总额增长了 11.7 倍，年均增长幅度达到了 13.1%，重庆常年抵埠和离埠的民船大致不少于 2 万艘，运载约 50 万吨[⑤]。到了抗日战争时期，长江中下游的工商业遭到了大量破坏，大量的企业和高校转移到了以重庆为中心的内陆地区，使得重庆、成都、昆明等长江中上游城市的近代化进程大幅度加快，成为了区域的经济中心。

三、中华人民共和国成立后长江流域的建设和发展

中华人民共和国成立后，中央政府高度重视长江流域的经济发展，在长江沿岸兴建了一批钢铁工业企业，如重庆钢铁、上海钢铁、武汉钢铁等，使得长江流域的经济发展得到了加强。而三线建设的推进则进一步促进了长江中上游

---

① 戴鞍钢 . 近代上海港与长江流域经济变迁［J］. 国家航海，2014（4）：120-126.

② 张仲礼, 潘君祥. 上海城市经济的近代化及对长江流域经济的影响［J］. 上海社会科学院学术季刊，1992（3）：5-13.

③ 聂宝璋 . 中国近代航运史资料（第一辑）：1840-1895 上册［M］. 上海：上海人民出版社，1983.

④ 胡平 . 近代市场与沿江发展战略［M］. 北京：中国财政经济出版社，1996.

⑤ 戴鞍钢 . 近代上海与长江流域商路变迁［J］. 近代史研究，1996（4）：22-27.

的开发和建设。大型工业企业的开发和建设促进了十堰、攀枝花、德阳、湘潭、株洲、岳阳、怀化等四川和湖南的新兴城市的经济发展，使得长江上游和下游的经济发展差距得到缩小[①]。

在这一时期，三峡工程的修建也开始进入了最初的考察和研究阶段。1951年成立的长江水利委员会为了长江流域的水利开发进行了大规模的水文资料调查，经过苏联专家和时任长江水利委员会主任林一山的建议，毛泽东首次将三峡工程的建设提上了日程[②]。虽然后来三峡工程未能如期开展，但葛洲坝水电站的建设为三峡工程打下了坚实的基础。

此时长江流域的经济体系则进入了行政经济区阶段，一个完整的长江经济带基本上被分割成华东区、华中区和华南区三个独立的大经济区，且大经济区内的省级经济区之间也缺乏互助和协作[③]。自给自足的封闭型发展战略导致了长江流域的内外贸易大幅萎缩，而内陆均富的发展模式使得长江中上游的发展质量大幅上升，长江上游和中下游的差距迅速缩小了。

四、绿色生态理念的萌芽

由于改革开放以前我国的生产力相对较低，工业化进程也显著落后于西方发达国家，因此国家的主要目标和需求是提高生产力和发展经济规模，对于有关绿色生态环保的理念则没有过多关注。但这一时期，绿色环保的理念开始在我国生根发芽。

我国进行自然保护的历史可以上溯到三千年以前，早在西周时期，人们就认识到了保护山林薮泽是国富民强的保证。无论是儒家思想所倡导的"天人感应"，或是道教思想中的"道法自然"，抑或是佛教思想中的"戒杀生"，都体现了人与自然和谐共处、相互依存的理念。与此同时，中国古代还有许多朝代设置了专门管理保护山川河泽等自然资源的政府机构，还制订了不得乱捕滥杀野兽以及预防山林火灾的律令[④]。虽然有研究表明中国古代"天人合一"的自然观念在阻止人们为了一己之私过度开发自然资源方面的作用有限，但中国古人在平衡自然资源和自身需求上依然展现出了非凡的

---

① 王伟.长江经济带绿色发展及其绩效评价研究［M］.成都：西南财经大学出版社，2018.

② 岳愿举.三峡工程的由来［J］.世纪行，1997（3）：32–41.

③ 陈修颖.长江经济带空间结构演化及重组［J］.地理学报，2007，62（12）：1265–1276.

④ 汪晓权，汪家权.中国古代的环境保护［J］.合肥工业大学学报（社会科学版），2000，14（3）：34–36.

能力[①]。

进入 20 世纪以后,西方的环境观念通过日本传入中国,带给了当时的中国人与传统自然观念不同的科学理念。自然环境开始被看作是与人类社会相割裂的客观存在,人类可以通过科学技术和工程机械对自然进行改造和开发,而解决环境问题的办法也是应用现代科技技术。然而,政治环境的持续动荡和日本发动的侵华战争中断了当时中国环境专家的努力[②]。

在中华人民共和国成立以后,为了迅速提高落后的生产力和满足人民对于物质生活的强烈需求,我国政府进行了大规模的经济建设和资源开发,导致了一系列的环境问题。当时主要的环境问题包括森林和草原的长期乱伐滥垦,植被破坏导致的水土流失和土壤侵蚀等。在"大跃进"和"文化大革命"时期,环境污染和生态破坏问题则更加严重,大量的低质量、低效率、高污染、高能耗的工业建设遍地开花,"以粮为纲"的指导理念导致大规模的毁林、毁牧、围湖造田,使生态环境的恶化进入了一个爆发期[③]。

同时,这一时期我国的绿色生态环境保护理念也开始萌芽。由于木材供应短缺和黄河流域水土流失严重,20 世纪 50 年代在我国兴起了一场植树造林运动[④]。黄河洪涝灾害对农业生产和人民生命财产安全造成的严重威胁迫使中央政府下决定治理黄河,而植树造林和三门峡大坝的建设则被视作解决黄河水灾的重要措施。1955 年 9 月,时任共青团中央书记处书记的胡耀邦正式提出了"用自己的双手把我们伟大的祖国绿化起来"的号召,决定于 1956 年 3 月在延安召开青年造林大会[⑤]。从 1956 年开始的造林运动持续了两年多,一直进行到"大跃进"的展开才开始走向衰落。造林运动的开展使得我国的林地面积迅速增长,三年总造林面积达到了 1600 多万公顷。大规模的植树造林有效地阻止了沙漠化的侵蚀,改善了农业生产的条件,在防洪和水土保持方面也起到了不可忽视的作用。造林运动是中国现代环境保护运动的先声,并且为后来环境保护运动的兴起奠定了基础[⑥]。

进入 20 世纪 70 年代以后,环境污染和生态破坏的加剧引起了领导人的高度重视。而 1972 年召开的联合国斯德哥尔摩环境会议将西方的环境保护理

---

①② 穆盛博.全球视角下的中国近现代环境史 [J].白斌,罗娜译.文学界:理论版,2011(6):170-173.

③ 张坤民.中国环境保护事业 60 年 [J].中国人口·资源与环境,2010.

④⑥ 龙金晶.中国现代环境保护运动的先声 [D].北京:北京大学,2007.

⑤ 钱江.把绿化祖国的重任担当起来——胡耀邦与西北五省(区)青年造林大会 [J].湘潮,2005(11):18-21.

念带到了国人的面前。1973 年 8 月，第一次全国环境保护会议在北京召开。1974 年 10 月，我国的第一个环保机构——国务院环境保护领导小组正式成立[1]。随后全国各地相继建立起了环境检测和污染防治科研机构，开展了以"三废"治理和综合利用为主的环境保护工作。1978 年 2 月，"国家保护环境和自然资源，防治污染和其他公害"被正式写入宪法，标志着我国的环境法制、环保事业和环保理念进入到了一个新的阶段。

第二节　准备阶段（改革开放初期至 20 世纪末）

一、长江经济带的构想和探索

党的十一届三中全会决定将党的工作重心转移到社会主义现代化建设上来，经济建设成为了党和政府工作的基本路线和主要目标，长江下游地区的经济发展得到了国家的大力支持。上海宝钢、扬子石化等大型国企的建设使得长江沿岸的工业体系得到进一步增强，江苏南部的乡镇工业也得到了发展，初步形成了长江三角洲工业经济快速发展区域。

时任国务院发展研究中心主任马洪在 20 世纪 80 年代初期提出了沿海一线和沿长江发展轴的"一线一轴"发展战略。中国生产力经济学会在 1984~1985 年提出了"长江产业密集带"的战略构想，依托长江沿岸的数个特大城市，连接和带动周边的中小型城市，形成一个分工协作的产业经济带。中国科学院经济地理学家陆大道在 20 世纪 80 年代中期提出了由沿海轴线和沿江轴线构成的"T"字形开发战略构想，而其中长江沿岸地带属于"T"字形战略中的全国重点一级开发轴线，其覆盖范围包括了如今的长三角地区、长江中游城市群、成渝城市群、滇中城市群和黔中城市群，与目前的长江经济带覆盖范围大体相当[2]。

1985 年 2 月，重庆、武汉、南京三市主要负责人就如何联合开发利用长江河道达成了共识，时任上海市市长的江泽民在会晤三市领导时表示要加强上海同长江沿岸地区的横向合作，促进上海和长江沿岸城市的共同繁荣[3]。1985

① 张坤民.中国环境保护事业 60 年［J］.中国人口·资源与环境，2010.
② 陆大道.我国区域开发的宏观战略［J］.地理学报，1987，54（2）：97-105.
③ 秦尊文等.长江经济带城市群战略研究［M］.上海：上海人民出版社，2018.

年 12 月，长江沿岸中心城市经济协调会在重庆举行，会议讨论了有关联合开发利用长江资源的战略规划，确定了在水运、开发研究、旅游产业、信息交换、融资和技术协作等 9 个领域的协作互助。该会议在之后每 1~2 年就举办一次，并且将协会成员扩大到了沿江 23 个城市。

1988 年 7 月在湖北省召开的座谈会上，时任湖北省省委书记关广富指出，"我们必须集中力量，择优发展，把长江经济带的发展作为湖北省在中部崛起的战略突破口，带动全省发展"，提出了以湖北地区为中心的长江经济带。而长江经济带首次正式被纳入国家发展战略实践则始于 20 世纪 90 年代。1992 年 10 月，党的十四大提出，"以上海浦东为龙头，进一步开放长江沿岸城市，尽快把上海建成国际经济、金融、贸易中心之一，带动长江三角洲和整个长江流域地区经济的新飞跃"。1995 年 9 月，党的十四届五中全会通过的《中共中央关于制定国民经济和社会发展"九五"计划和 2010 年远景目标的建议》提出，"要突破行政区划界限，在已有经济布局的基础上，以中心城市和交通要道为依托，进一步形成以上海为龙头的长江三角洲和沿江地区经济带等若干跨省（区、市）的经济区域"。1996 年，全国人大八届四次会议通过了《中华人民共和国国民经济和社会发展"九五"计划和 2010 年远景目标纲要》，该纲要中进一步明确了"以浦东开放开发，三峡建设为契机，依托沿江大中城市，逐步形成一条横贯东西、连接南北的综合经济带"的发展战略[①]。

这一阶段长江沿江地区的经济建设依然以各自独立发展为主，长江经济带的概念刚刚被提出，就引起了部分科研人员和政府管理部门的关注，但还未能上升到国家重要经济战略的地位。由于国家的经济建设中心主要位于沿海地区，这一时期长江三角洲地区的经济建设得到迅速发展，长三角地区的 GDP 比重由 1990 的 13% 上升到 2000 年的 16.3%，且长三角地区的区域协作和一体化进程也被大大地推进了[②]。长江经济带内部的经济发展差距被逐渐拉大，未能形成一条连接东西部的协调经济带。

二、三峡工程的启动

从 20 世纪 50 年代开始就已经多次被勘察和纳入规划的长江三峡工程建设在这一阶段也终于得到了进一步的推进。1982 年，长江水利办根据上级指示开始了三峡水利枢纽的可行性研究，并于 1983 年完成了《三峡水利枢纽可行

---

① 吴传清，黄磊，万庆等.黄金水道——长江经济带［M］.重庆：重庆大学出版社，2018.

② 曾刚.长江经济带协同发展的基础与谋略［M］.北京：经济科学出版社，2014.

性研究报告》。该报告充分肯定了三峡水利工程的经济效益和技术可行性，认为"近期内完全有条件兴建三峡工程"[①]。随后国家计委召集有关部门和各大院校对报告进行了讨论，报告的意见得到了大多数专家的认同。1984年水电部根据可行性报告的讨论结果向国务院提出了《建议立即着手兴建长江三峡水利枢纽工程的报告》，国务院原则上批准了可行性报告，并督促长江水利办尽快开展前期工作。但由于重庆市委向中央政府提出了"150米方案"可能影响长江航道的航运效益的问题，中央对三峡工程的可行性展开了新一轮的论证。

1986年6月，中共中央、国务院颁布了《关于长江三峡工程论证工作有关问题的通知》，该通知肯定了过去30年里有关部门对三峡工程所做的大量勘察和可行性分析，并且指出了现存的一些问题，决定由水利电力部负责组织各方面专家进行进一步的分析论证，重新提交可行性分析报告。随后，水电部成立了三峡论证领导小组，并聘请了412位专家，组成了14个专题论证专家组[②]。截至1982年，三峡工程论证领导小组共召开了十次扩大会议，审议并重新编写了新的三峡工程可行性研究报告，在150~180米的多个蓄水方案中，推荐了175米的蓄水位方案。

根据当时的设计方案，三峡大坝的坝顶高程185米，坝轴线长2335米，是世界上工程规模最大的水利枢纽。同时也是世界最大的水电站，总装机容量达1820万千瓦，年平均发电量846.8亿度。1989年9月，水利部和能源部正式向国务院三峡工程委员会报送了《长江三峡水利枢纽可行性研究报告》。1991年，国务院对新的三峡工程可行性研究报告做出了肯定的结论，认为三峡工程的效益巨大，技术上和资金上都具有可行性，对该报告所推荐的建设方案表示了一致的同意。1992年3月，七届人大五次会议以67.1%的赞成票通过了《关于兴建长江三峡工程决议》，长江三峡工程正式进入了具体实施阶段。

长江三峡枢纽工程的启动对于长江经济带和我国的可持续发展理念都有着重要的意义。三峡工程对于长江中下游地区洪涝灾害的减少起到了关键性的作用，同时还可以给长江中下游地区提供电能并减少对高污染能源的依赖，除此之外还可以改善长江的航运条件，促进西南地区与中下游地区的交流。与此同时，三峡工程对于自然环境的大规模改造也会带来巨大的环境风险，尤其是对于长江上游库区生态环境和社会经济所造成的影响引起了广泛的关注。总的来说，三峡工程的启动是我国长江经济带的区域协作和绿色发展进入准备阶段的一个重要标志，三峡工程对长江中下游地区的经济发展和环境保护意义重大，

---

① 岳愿举.三峡工程的由来[J].世纪行，1997（3）：32-41.

② 何燕生.三峡工程与可持续发展[D].北京：中国社会科学院研究生院，2002.

同时上游库区的生态补偿和恢复也考验着政府的协调能力。

三、环保理念的发展

20 世纪 80 年代，环境保护的理念在我国得到进一步重视和发展。1983 年 12 月国务院召开了第二次全国环境保护会议，时任国务院副总理李鹏在会议上宣布了环境保护是我国现代化建设中必须长期坚持的一项基本国策。此次会议还提出了"三同步"和"三统一"的环境发展战略方针[①]。环境保护作为基本国策被首次提出，标志着我国对环境保护的认识上升到了一个新的高度[②]。1984 年 5 月，国务院成立了环境保护委员会，主要负责有关环境保护方面的方针和政策的研究制定，领导和协调全国的环境保护工作。国务院环境保护委员会由 1973 年成立的国务院环保领导小组办公室发展而来，原城建环保部下属的环保局升级为国家环保局作为国务院环境保护委员会的办事机构。在之后的 20 多年里，国家环保局级别不断提升，直到 2008 年成为了国务院成员单位环境保护部，体现了环境保护工作在我国政府执政目标里不断上升的重要地位。

1992 年，作为对联合国环境与发展大会通过的《21 世纪议程》的回应，党中央、国务院批准印发了《中国环境与发展十大对策》，并于 1994 年制定公布了《中国 21 世纪议程》，将可持续发展的理念作为我国社会发展、经济建设以及环境保护等领域的重要指导思想[③]。随后八届人大四次会议上通过的《国民经济和社会发展"九五"计划和 2010 年远景目标纲要》将环境保护纳入了我国经济社会发展的整体加以统筹规划和安排。江泽民同志在 1999 年和 2000 年的中央人口资源环境工作座谈会上分别提出：必须从战略的高度深刻认识处理好经济建设同人口、资源、环境关系的重要性，以及必须始终把经济发展与人口资源环境工作紧密结合起来，统筹安排，协调推进经济发展的方向[④]，使环境保护理念的渗透和政府部门对于环保工作的重视程度在 20 世纪 90 年代末

---

① "三同步"是指经济、城乡、环境建设要实现同步规划、同步实施、同步发展，"三统一"是指经济、社会、环境效益的三者统一。

② 湖南省社会科学院绿色发展研究团队.长江经济带绿色发展报告［M］.北京：社会科学文献出版社，2017.

③ 张坤民，温宗国.中国的改革开放政策与环境保护发展［J］.上海环境科学，2001（2）：51-55.

④ 周宏春，季曦.改革开放三十年中国环境保护政策演变［J］.南京大学学报（哲学·人文科学·社会科学版），2009，46（1）：31-40.

上升到了一个新的高度。

除此之外，我国在这一时期还加强了有关自然资源和环境保护的法律规章的完善工作。1979 年，我国出台了第一部有关环境保护的专门法《中华人民共和国环境保护法（试行）》。随后的 1981~2000 年，我国又相继制定、修订了《中华人民共和国海洋环境保护法》（1982 年）、《中华人民共和国水污染防治法》（1984 年）、《中华人民共和国森林法》（1984 年）、《中华人民共和国草原法》（1985 年）、《中华人民共和国渔业法》（1986 年）、《中华人民共和国矿产管理法》（1986 年）、《中华人民共和国大气污染防治法》（1987 年）、《中华人民共和国环境噪声污染防治条例》（1989 年）、《中华人民共和国水土保持法》（1991 年）、《中华人民共和国节约能源法》（1997）等法律规章制度。

这一阶段的全国环境质量呈现出局部改善但整体恶化的趋势。虽然长江三角洲地区的经济飞速发展，但同时环境的承载压力也不断地逼近上限，环境污染出现了从城市到农村、从东部到西部的扩散现象。这一时期的环境政策也主要以国家主导的政策调整和立法工作为中心，实际的发展重心依然放在推动经济增长和工业化进程上面。在这个时期绿色发展的理念开始在西方国家中传播，但还没有引起我国政府和研究人员的关注。经济建设的快速发展和环保理念的进一步渗透为下一阶段绿色经济发展理念的推广奠定了基础。

第三节　成长阶段（21 世纪初期）

一、长江经济带战略的搁置和重启

进入 21 世纪以后，我国的经济发展进一步加快，党的十五届四中全会提出了西部大开发战略，和随后被提出的"东北振兴"和"中部崛起"共同构成了这一时期的区域发展总体战略。而在 20 世纪 90 年代一度引起关注的长江经济带发展战略则让位于块状区域发展战略，暂时遭到了搁置[①]。

这一时期，长江三角洲地区的一体化进程进一步加快，长江经济带内部出现了长三角地区、长江中游地区、长江上游地区这三个主要的城市群。中西部地区的大量年轻劳动力和国内外的资金都流向了东部沿海地区，而东部地区的

---

① 王圣云，向云波，万科等.长江经济带区域协同发展：产业竞合与城市网络 ［M］.北京：经济科学出版社，2017.

产品和服务又给中西部地区的同类产业造成了巨大压力，整个长江经济带上中下游并未能形成互补的产业加工链条，各个经济区域基本自成体系独自发展，只有长三角地区的一体化进程大幅加强了。

2005 年，交通运输部牵头长江沿岸的 7 省 2 市[①]达成了《长江经济带合作协议》，确立了以上海和重庆为核心的首尾联动发展战略。2006 年 4 月，中共中央、国务院发布了《关于促进中部地区崛起的若干意见》，该意见明确提出了以中心城市为依托，加快发展沿长江经济带的要求。2008 年 12 月，湖北省委提出建设武汉城市圈和湖北长江经济带，随后出台了《湖北长江经济带开放开发总体规划（2009—2020）》。

2010 年 12 月，国务院颁布实施了《全国主体功能区规划》，提出了"两纵三横"的城市化战略格局，其中沿长江通道是我国国土开发的一级轴线。2012 年 12 月，国务院批复了长江水利委员会牵头编制的《长江流域综合规划（2012—2030）》，目的在于推动长江流域水能开发利用率和完善长江流域航运体系。然而，由于多部门之间缺乏协调，这一时期的规划大多流于形式，未能实质性地推动长江经济带的区域协同发展[②]。

截至 2010 年，由上海、浙江、江苏、安徽、江西、湖北、湖南、重庆和四川 7 省 2 市组成的长江经济带约占全国总人口的 37%，地区生产总值达到了16.5 万亿元，约占全国生产总值的 37.8%（见表 3-1）。到 2011 年，长江干流已经建成 20 多条跨江通道，389 个万吨以上的泊位以及 11 个亿吨级港口。

表 3-1 2010 年长江经济带与全国其他地区的经济指标比较

	面积占比（%）	人口占比（%）	生产总值（亿元）	全国占比（%）	人均 GDP（元）	经济密度（万元/平方千米）
全国	100	100	437042	100	32766	455
长江经济带	15.5	36.9	165241	37.8	33541	1111.6
东部地区	18	46.2	269524	61.7	43741	1558.6
中部地区	10.7	26.8	86109	19.7	24123	837.2
西部地区	71.3	27	81408	18.6	22570	118.9
沿海经济带	13.6	44.7	260057	59.5	43598	1985.2

资料来源：赵琳.长江经济带经济演进的时空分析［D］.上海：华东师范大学，2012.

---

① 包括上海、江苏、安徽、江西、湖北、湖南、重庆、四川和云南。

② 王丰龙，曾刚.长江经济带研究综述与展望［J］.世界地理研究，2017（2）：62-71，81.

但长江经济带内部依然未能形成有效的区域协同发展。根据向云波（2009）的分析，经济联系紧密的城市主要集中在长三角地区，上海与江苏以及浙江的 13 座城市之间的经济联系量占到了上海与整个长江经济带经济联系总量的 97.66%[①]。虽然长江中上游地区形成了以武汉和成渝城市群为中心的经济快速增长区域，但长江经济带整体的人均 GDP 和经济密度跟东部地区和沿海地区还有较大差距（见表 3–1），体现了长江经济带内部经济发展的极度不平衡。同时，长江下游地区也面临着生态资源破坏和水土资源短缺的问题，这使得整个长江经济带的环境保护和可持续发展工作变得更加紧迫。

二、科学发展观和绿色发展理念

（一）科学发展观的提出

加入 WTO 之后，我国与世界各国的贸易和资金往来愈发频繁，沿海地区的经济发展速度进一步加快，同时也带来了更加严峻的环境污染和生态破坏的问题，长江三角地区的环境承载能力不断亮起红灯。为了应对日益严重的环境问题，兴起于 20 世纪 90 年代的可持续发展理念被赋予了更重要的意义，并作为科学发展观的一部分被写入了党的指导思想。

2003 年 10 月，党的十六届三中全会首次提出了科学发展观，将其表述为"坚持以人为本，树立全面、协调、可持续的发展观。促进经济社会和人的全面发展"的理念。党的十七大报告又对科学发展观作出了进一步的完善，明确了"科学发展观的第一要义是发展，核心是以人为本，基本要求是全面协调可持续，根本方法是统筹兼顾"。其中可持续发展作为科学发展观的一个重要组成部分，体现了促进人与自然和谐共处，实现经济发展和人口、资源、环境相协调，推动环境友好型经济的发展理念。

2005 年，在科学发展观的引领下党的十六届五中全会提出了要"加快建设资源节约型和环境友好型社会"的要求。时任浙江省省委书记的习近平指出，"生态环境优势转化为生态农业、生态工业、生态旅游等生态经济的优势，那么绿色青山也就变成了金山银山"，为党的十八大以后的绿色发展理念埋下了伏笔。同年 12 月，国务院先后发布了《促进产业结构调整暂行规定》和《关于落实科学发展观加强环境保护的决定》。该决定指出了环境形势的严峻性，强调了经济结构调整和增长方式转变的重要性，并提出了加大执法力度、

---

① 向云波,彭秀芬,徐长乐.上海与长江经济带经济联系研究［J］.长江流域资源与环境,2009, 18（6）: 508.

建立市场机制、发展循环经济、强化环保科研项目等具体措施，表现出了用科学发展观统领环保工作，彻底解决环境问题的决心和意志[1]。

2008 年，国务院出台了《关于加快发展循环经济的若干意见》，提出了以加强能源的循环再利用的方式减少能源消耗，争取达到以最小的环境代价实现社会效益的最大化的发展模式。同时，新一轮的环境保护立法工作也在这一阶段得到了有序推进。这一时期颁布或者修订的有关能源环境的法律法规有：《中华人民共和国大气污染防治法》（2000 年），《中华人民共和国环境影响评价法》（2003 年），《中华人民共和国固体废物污染环境防治法》（2004 年），《中华人民共和国野生动物保护法》（2004 年），《中华人民共和国可再生能源法》（2005 年），《中华人民共和国水污染防治法》（2008 年），《中华人民共和国循环经济促进法》（2008 年）等，为建设资源节约型和环境友好型社会创造了坚实的法律保障[2]。

在这一时期，党和政府对规划环评工作的推进和生态环境监测体系的建设也投入了大量的精力。2005 年 4 月国家环保局针对圆明园环境整治工程举行了首次环评听证会。《环境影响评价公众参与暂行办法》于 2006 年颁布，同年共有 163 件环评报告书没有通过国家环保总局的审查，显示了环境影响评价对经济建设的重要调节作用。2007 年，国家环保总局颁布了《环境检测管理办法》，加强了对环境监测、污染源监测等生态环境监测工作的规范管理，并在全国 107 个地区开展了生态环境监察试点工作。

（二）绿色发展理念的引进

在 21 世纪之前，国内的环保理念主要以可持续发展观为中心，强调政府对生态环境的监测和防治生态污染工作的开展和协调。而在国外，绿色发展最早起源于大卫·皮尔斯在 1989 年提出的绿色经济的概念[3]，他在《绿色经济的蓝图》中主张"经济发展必须在自然环境和人类自身可以承受范围之内，不能盲目追求经济增长而破坏生态环境，自然资源的耗竭会停滞经济的发展"[4]。而国内最早的绿色发展概念是 2003 年陆亨俊在经济参考报上提出的

---

① 张坤民.中国环境保护事业 60 年［J］.中国人口·资源与环境，2010.

② 湖南省社会科学院绿色发展研究团队.长江经济带绿色发展报告［M］.北京：社会科学文献出版社，2017.

③ 王伟.长江经济带绿色发展及其绩效评价研究［M］.成都：西南财经大学出版社，2018.

④ 大卫·皮尔斯等.绿色经济的蓝图——绿化世界经济［M］.初兆丰等译.北京：北京师范大学出版社，1997.

"保护生态环境下的可持续发展"[①]。同时，胡鞍钢等也于2003年在《中国财经报》对绿色发展做出了"实现经济与社会协调发展，人与自然协调发展"的说明[②]。此后绿色发展的理念逐渐引起了国内研究人员的关注，如何推动中国的绿色发展、绿色发展和科学发展观的关系等课题引起了社会各界广泛的兴趣。

杨云龙（2007）认为，绿色发展不仅指经济的可持续发展，还包括生态的可持续发展和社会的可持续发展[③]。魏喜成、袁芸（2009）认为，绿色发展是指在维持生态系统和生态效益稳定的基础上实现社会经济的发展[④]。刘明忠（2011）认为，绿色发展是建立在传统发展基础上的新的发展模式，主要特征是重视生态环境容量和资源承载力的要求[⑤]。郭祥、孔祥明（2005）介绍了绿色GDP的意义和重要性，认为绿色GDP的引入是实现科学发展观的可持续发展的一个切入点[⑥]。包纪平（2009）分析了以传统GDP为核心的国民经济核算系统的局限性，认为引入绿色GDP的核算更加符合科学发展观的相关可持续发展的要求[⑦]。

针对绿色发展理念的讨论和研究增大了其在国内的影响力，这种影响力逐步在政府的政策规划之中体现了出来。2011年3月，全国人大通过了《中华人民共和国国民经济和社会发展第十二个五年规划》。"十二五"规划明确提出"探索建立低碳产品标准、标识和认证制度，建立完善温室气体排放统计核算制度，逐步建立碳排放交易市场"的发展方向，将"绿色发展"写入了国家发展计划，使绿色经济的理念得到进一步的普及。2012年，"绿色发展"首次出现在党的十八大报告当中，标志着绿色发展的理念在我国已经深入人心，而长江经济带的绿色发展改革也进入到了下一个更加快速发展的新阶段。

这一阶段我国的环境政策指导理念主要以科学发展观中所包含的"可持续发展"理念为核心，同时绿色发展的理念也开始引起了较为广泛的关注，并开始影响我国经济和环境政策的制定。对于科学发展观和绿色发展观的关系，郑菊（2018）认为，绿色发展观起源于西方资本主义的工业危机时期，强调生态和谐、

① 王伟.长江经济带绿色发展及其绩效评价研究［M］.成都：西南财经大学出版社，2018.

② 胡鞍钢，林毅夫，刘培林，诚言.实现"绿色"发展［N］.中国财经报，2003-10-16.

③ 杨云龙.绿色转型：我们别无选择［N］.太原日报，2007-07-02.

④ 魏喜成，袁芸.资源型城市产业结构优化升级的对策研究［J］.天府新论，2009（1）：54-56.

⑤ 刘明忠.坚持央企"三色"打造世界"一流"［J］.企业管理，2011（10）：70-73.

⑥ 郭祥，孔祥明.科学发展观与绿色GDP［J］.市场周刊（研究版），2005（4）：124-125.

⑦ 包纪平，姜金贵.基于科学发展观的绿色GDP研究［J］.现代管理科学，2008（9）：84-86.

环境保护和清洁能源的开发利用等，其目的在于摆脱资本主义的经济危机。中国的科学发展观的提出给绿色发展理念的引进奠定了基础，而绿色发展理念被引入中国之后同科学发展观相融合，丰富和发展了科学发展观的内涵[①]。

从整体来看，在这一时期长江经济带的经济快速发展，长三角地区的一体化进程进一步加深，但长江经济带内部并未形成有效的产业链条和区域合作。经济的飞速发展带来了严重的环境和生态压力，科学发展观的提出进一步提升了可持续发展理念的重要性。而绿色发展的理念在这一时期开始逐渐引起广泛关注，长江经济带的绿色发展改革取得了阶段性的进展。

第四节　快速发展阶段（党的十八大以后）

一、长江经济带发展战略的全面启动

党的十八大之前，国家总体上施行的依然是块状的区域发展战略。长江经济带主要实施以上海为龙头带动长江沿线地区的发展模式，但长江沿线各区域经济发展极不平衡，上海也未能与长江中上游地区形成有效的区域协作。直到我国经济进入以可持续发展和高质量发展为目标的"新常态"后，长江经济带第二次成为了国家重大发展战略。

2013 年 7 月，习近平总书记在湖北省武汉市新港视察时指出："长江流域要加强合作，发挥内河航运作用，努力把全流域打造成黄金水道。"2016 年，在重庆召开的长江经济带发展座谈会上，习近平总书记强调："当前和今年后相当长一个时期，要把修复长江生态环境摆在压倒性位置，共抓大保护，不搞大开发。"2017 年 10 月，习近平总书记在党的十九大报告中再次强调："以共抓大保护、不搞大开发为导向推动长江经济带发展。"

2013 年 9 月，李克强总理在国家发改委呈报件上做出批示："沿海、沿江先行开发，再向内陆地区梯度推进，这是区域经济发展的重要规律。请有关方面抓紧落实，深入调研形成指导意见，依托长江这条横贯东西的黄金水道，带动中上游腹地发展，促进中西部地区有序承接沿海产业转移，打造中国经济新支撑带"。同年，国家发改委和交通部起草了《依托长江建设中国经济新支撑

---

① 郑菊.科学发展观与绿色发展观比较研究［D］.南京：东南大学，2018.

带指导意见》，并将长江经济带的范围拓展到了9省2市^①。2014年3月，李克强总理首次在《政府工作报告》中提出"依托黄金水道，建设长江经济带"的发展战略。同年9月，国务院出台了《国务院关于依托黄金水道推动长江经济带发展的指导意见》，标志着长江经济带的建设正式上升到国家战略。

建设长江经济带的国家发展战略的实施有力地推动了长江经济带的发展。2016年国家颁布了《长江经济带发展规划纲要》《长江经济带创新驱动产业转型升级方案》《"十三五"长江经济带港口多式联运建设实施方案》《长江岸线保护和开发利用总体规划》《成渝城市群发展规划》《长江三角洲城市群发展规划》等多个规划及实施方案。2017年长江经济带9省2市的生产总值达到了41.1万亿元，占全国总量比重达到了45.2%，实际增速约为8%，高于全国平均水平的6.9%。其中，全国增速排名前10的地区有7个位于长江经济带（见表3-2）。其中，截至2017年，贵州省的GDP增速已经连续7年保持全国前三，西部地区的经济增速全面超越中部和东部地区。

表3-2　长江经济带9省2市经济增速及全国排名

地区	GDP（亿元）	GDP 增速（%）	GDP 增速在国内排名	GDP 在国内排名
贵州	13540	10.2	1	25
云南	16531	9.5	3	20
重庆	19500	9.3	4	18
江西	58213	8.9	5	16
安徽	27518	8.5	6	13
四川	36980	8.1	7	6
湖南	34590	8	9	9
湖北	36522	7.8	11	7
浙江	51768	7.8	11	4
江苏	85900	7.2	18	2
上海	30133	6.9	21	11
全国	827122	6.9		

资料来源：王振，周海旺，王晓娟等.长江经济带发展报告（2017—2018）[M].北京：社会科学文献出版社，2018.

---

① 包括上海、浙江、江苏、安徽、江西、湖北、湖南、重庆、四川、云南和贵州。

二、绿色发展理念的进一步深入

随着中国经济新常态的提出，绿色发展理念进一步在我国社会中得到普及发展，并且对长江经济带的发展战略带来了深刻的影响。2016年3月，全国人民代表大会通过了《国民经济和社会发展第十三个五年规划纲要》，提出了"生态环境总体改善。生产方式和生活方式绿色、低碳水平上升。能源资源开发利用效率大幅提高，能源和水资源消耗、建设用地、碳排放总量得到有效控制，主要污染物排放总量大幅减少，主体功能区布局和生态安全屏障基本形成"的"生态优先，绿色发展"的规划目标[①]。

2016年9月，《长江经济带发展规划纲要》正式印发。该纲要中强调了长江经济带发展必须紧跟生态优先和绿色发展的指导思想，推动绿色创新和产业结构调整，淘汰落后产能。针对资源节约型和环境友好型发展模式，提出了水资源的利用和保护、节约集约利用土地、大力发展循环经济、加大污染防治力度、加强生态环境保护等几个重点方向，以及建立负面清单管理制度、加强环境污染联防联控、建立长江生态保护补偿机制、开展生态文明先行示范区建设等增强区域协作发展的具体措施[②]。

2017年7月，环境保护部出台了《长江经济带生态环境保护规划》，鼓励产业的绿色升级转型，同时强调了绿色消费和绿色金融的重要作用，以环境保护为切入点，大力配合生态优先绿色发展的指导思想。2017年8月，交通运输部出台了《交通运输部关于推进长江经济带绿色航运发展的指导意见》，针对长江航运的绿色发展提出了多项指导意见，要求不断提升航运能源的利用效率，促进航运绿色循环低碳发展，对长江经济带物流行业的绿色发展起到了重要的导向性作用。

习近平总书记十分重视绿色经济的建设。在习近平新时代中国特色社会主义思想中，习近平总书记提出了"要像保护眼睛一样保护生态环境，像对待生命一样对待生态环境"和"绿水青山就是金山银山"的发展理念。习近平总书记同时还指出，"推动形成绿色发展方式和生活方式，是发展观的一场深刻革命"以及"只有实行最严格的制度、最严格的法治，才能为生态文明建设提供

---

① 国家发展和改革委员会.《中华人民共和国国民经济和社会发展第十三个五年规划纲要辅导》读本[J].全国新书目，2016（5）：10.

② 周泓，刘洋，张雪瑶，吕国琴，郭丽萍，蒋朋，王春平.生态优先推动长江经济带绿色发展——《长江经济带发展规划纲要》初步解读[J].环境与可持续发展，2016（6）：191-192.

可靠保障"，为绿色发展战略提供了政治理论基础[①]。

同时，在长江经济带的建设上习近平总书记也十分重视实践绿色发展的理念。2018 年 4 月，在武汉召开的深入推动长江经济带发展座谈会上，习近平总书记进一步指出了部分领导干部对长江经济带发展战略存在片面认识、生态环境形势依然严峻、生态环境协同保护机制尚需健全、流域发展不平衡不协调、主观能动性尚待提高等问题，要求进一步加大推动长江经济带绿色发展的工作力度，努力推动长江经济带生态优先和协同发展，把长江经济带打造成为有机融合的高效经济体[②]。

绿色发展理念在社会中的普及和国家领导人对绿色发展理念的重视极大地推进了长江经济带的绿色发展进程，相关政策法规的制定和实施推动长江经济带的绿色发展改革进入了快速发展的阶段。

三、长江经济带绿色发展的成就

（一）长江经济带各地区绿色发展的主要措施

随着国家对长江经济带绿色发展改革的全面推动，长江经济带 7 省 2 市积极响应国家号召，出台了一系列的相关政策和文件，大大加快了长江经济带绿色发展的改革进程。

上海市于 2014 年 6 月印发了《上海市绿色建筑发展三年行动计划（2014—2016）》，针对"推动建筑行业绿色发展，打造绿色城市"明确了发展任务。同年 7 月上海市颁布了《关于展开上海市低碳社区创建工作的通知》，以鼓励和推动社区低碳绿色生活方式的践行。2015 年 9 月，上海市农业委员会出台了《上海市农业生态环境保护与治理三年行动计划（2015—2017）》，针对农业用水效率、农业生态环境检测等绿色农业的发展做出了要求。2016 年，上海市颁布了《上海市 2015—2017 年环境保护和建设三年行动计划》和《上海市环境保护条例（2016）》，对各项环保工作做出了细致明确的要求[③]。

重庆市于 2010 年 7 月成为了首批全国低碳试点城市，并于 2012 年开始实行《重庆市低碳试点工作实施方案》，确立了低碳试点地区的建设安排。2013年 10 月，重庆市政府出台了《重庆市循环经济发展战略及近期行动计划》，结

① 中共中央宣传部.习近平新时代中国特色社会主义思想学习纲要［M］.北京：人民出版社，2019.

② 习近平.在深入推动长江经济带发展座谈会上的谈话［M］.北京：人民出版社，2018.

③ 湖南省社会科学院绿色发展研究团队.长江经济带绿色发展报告［M］.北京：社会科学文献出版社，2017.

合重庆市五大产业体系的建设，制定了全面推进资源循环利用率的目标计划。2014 年 11 月，重庆市出台了《关于加快推进生态文明建设的意见》，针对生产空间、生活空间、生态空间和产业结构的优化调整指明了方向。2016 年 7 月，重庆市环保局等 12 家单位联合颁布了《重庆市市民生活方式绿色化行为准则和指南》，从居住、办公、出行、校园、旅游、工地、乡村、消费 8 个方面对市民的绿色生活方式做出了指导建议。

湖北省政府于 2013 年 8 月出台了《湖北省低碳发展规划（2011—2015）》，针对湖北省的低碳发展，在参考发达地区的低碳发展理念的基础上进行了发展目标和任务的制定。2016 年 8 月，湖北省颁布了《湖北省公民绿色生活行为倡议》，倡议市民努力践行绿色生活理念，在生活的各个方面行动起来，推动生活方式和消费理念的绿色转变。2016 年和 2017 年，湖北省还分别出台了《湖北省工业绿色制造体系建设实施方案》和《湖北省"十三五"建筑节能与绿色建筑发展规划》，对制造业和建筑业的绿色升级转型制定了详细的规划方案，大力推动了产业高质量发展。

除了上海市、重庆市和湖北省以外，其他 8 个省市也出台了大量的绿色发展相关政策文件。据统计，自党的十八大以来，仅在促进产业绿色发展这一个方面，长江经济带 9 省 2 市就出台了共计 65 个相关的政策文件。其中包括上海 2 个、江苏 7 个、浙江 8 个、安徽 5 个、江西 6 个、湖北 7 个、湖南 8 个、重庆 5 个、四川 8 个、贵州 5 个、云南 4 个[①]。

长江经济带沿线 11 个省（直辖市）围绕绿色发展出台的各项政策文件为各地的绿色发展营造了良好的政策环境，对推动长江经济带绿色发展改革起到了至关重要的作用。在这些政策的推动之下，长江经济带的绿色发展改革取得了丰硕的成果。

（二）长江经济带的绿色发展改革的成果

1. 工业的绿色发展

长江经济带的工业绿色发展持续推进，2011~2016 年长江经济带工业能源消耗强度稳步下降（见表 3-3）。2012~2016 年全国的工业能耗强度稳步下降，长江经济带的工业能耗强度的下降幅度比全国平均水平更大，从 1.112 吨 / 万元下降到了 0.912 吨 / 万元；而非长江经济带地区的工业能耗强度仅仅从 1.254 吨 / 万元下降到 1.203 吨 / 万元，体现了长江经济带地区在全国工业绿色发展改革中的主导地位。而长江经济带内部则以长江下游地区的能源利用效率最

① 吴传清等.长江经济带产业发展报告（2018）[M].北京：社会科学文献出版社，2018.

高，长江上游地区的能源利用效率虽然低于中下游地区，但仍然高于长江经济带以外的地区，且改善速度很快。

表 3-3　2012~2016 年长江经济带及全国工业能源消耗强度比较

单位：吨/万元

地区	2012 年	排名	2013 年	排名	2014 年	排名	2015 年	排名	2016 年	排名
全国	1.195		1.156		1.114		1.122		1.078	
长江经济带	1.112	1	1.059	1	0.998	1	0.980	1	0.912	1
非长江经济带	1.254	2	1.224	2	1.195	2	1.226	2	1.203	2
长江上游地区	1.451	3	1.322	3	1.262	3	1.254	3	1.190	3
长江中游地区	1.112	2	1.070	2	0.979	2	0.964	2	0.891	2
长江下游地区	0.957	1	0.926	1	0.888	1	0.867	1	0.806	1

资料来源：吴传清等.长江经济带产业发展报告（2018）[M].北京：社会科学文献出版社，2018.

2. 农业的绿色发展

由于经济快速发展和产业结构调整，长江经济带的农业产出整体上增长缓慢，且占全国的比重稳中有降。2017 年长江经济带粮食产量为 23357.94 万吨，占全国总产量接近 38%。主要的经济作物中，除了水果产量占全国比重略有上升以外，其他经济作物的产量占全国比重在 2011~2016 年都呈现出下降趋势。除此之外，长江经济带的畜牧业产量和渔业产量在 2011~2016 年虽有所增长，但占据全国总量比重均有所下降。体现了第一产业在长江经济带地区的产业结构中占比不断减小的趋势。

农业碳排放总量是衡量农业绿色发展水平的一个重要指标。根据吴传青（2018）的测算，2011~2014 年长江经济带的碳排放总量持续上升，在 2015 年之后开始有所下降，碳排放的年均增长速度约为 0.24%，低于全国平均水平。长江经济带农业碳排放总量的全国占比从 2011 年的 36.74% 下降到 2016 年的 35.38%，体现了农业绿色发展状况得到持续的改善。2011~2016 年，长江经济带上游地区的碳排放总量年均增长速度约为 1.72%；中游地区的碳排放总量年均增长速度约为 -0.21%；下游地区的碳排放总量年均增长速度约为 -0.73%，可以看到下游地区的农业绿色发展速度相对较快。

3. 服务业的绿色发展

从表 3-4 可以看到，长江经济带的能源消耗以油品为主，占到了能源消耗总量的 67.72%。而煤品消耗占比为 11.62%，低于全国平均水平。除了油品以外，长江经济带上游地区的煤品消耗较多，达到了 5072×10^{11} 千焦，占该地区能源消耗总量的 21.47%；中游地区的电力消耗和煤品消耗量接近，分别达到了总消耗的 14.55% 和 13.42%；下游地区的电力消耗较多，占总消耗的 22.21%，而煤品消耗较少，仅占总消耗的 0.96%。全国总的煤品消耗比例是 13.45%，可见长江上游地区的煤品消耗占比高于全国平均水平；长江中游地区的煤品消耗占比与全国平均水平接近；而长江下游地区的煤品消耗占比远低于全国平均水平。尤其是贵州省的煤品消耗比例达到了 58%，在推动清洁能源的使用方面还有较大的改善空间。

表 3-4 2016 年长江经济带服务业能源消耗情况

单位：10^{11} 千焦

地区	煤品消耗量	油品消耗量	天然气消耗量	电力消耗量	能源消耗总量
上游地区	5072	14632	1107	2812	23623
中游地区	3103	15612	1039	3364	23119
下游地区	248	18834	923	5715	25721
长江经济带	8423	49079	3070	11892	72465
全国	22492	107687	9632	27369	167182

资料来源：吴传清等.长江经济带产业发展报告（2018）[M].北京：社会科学文献出版社，2018.

第四章

长江经济带绿色经济产业发展评价

第一节　长江经济带绿色产业发展总体趋势

（一）近年来长江经济带绿色发展水平呈稳定上升的趋势

《长江经济带绿色发展报告（2017）》指出，2011~2015 年，长江经济带绿色发展指数由 49.39 上升到 56.35，年增速为 2.67%，长江经济带绿色发展水平呈稳定上升的趋势。该报告指出，绿色承载力为长江经济带绿色发展发挥了重要的支撑作用，这与长江经济带丰富的自然资源尤其是水资源禀赋密不可分；长江经济带绿色发展同样离不开绿色保障力的提升；相比较而言，绿色增长力对长江经济带绿色发展做出的贡献略低。可见，提高长江经济带绿色发展指数，大力发展绿色经济是亟须努力的方向。

（二）上海市、浙江省、江苏省位列长江经济带绿色发展水平前三名

《长江经济带绿色发展报告（2017）》指出，长江经济带 11 个省（直辖市）的绿色发展水平参差不齐，且处于不断的变化之中。2015 年，11 个省（直辖市）绿色发展总水平排名为：上海市、浙江省、江苏省、重庆市、贵州省、湖北省、四川省、云南省、湖南省、安徽省、江西省。

2011~2015 年，长江经济带 11 个省（直辖市）绿色发展总水平得到很大的提高，部分省（直辖市）的排名情况没有变化，如上海市绿色发展指数由 61.41 提高到 77.70，一直保持首位；重庆市绿色发展指数由 51.90 提高到 58.52，一直保持第 4 位；贵州省绿色发展指数由 47.65 提高到 54.26，一直保持第 5 位，云南省绿色发展指数由 44.66 提高到 49.64，基本保持第 8 位；安徽省绿色发展指数由 43.93 提高到 48.86，一直保持第 10 位。部分省（直辖市）排名略有变化，如浙江省由第 3 位上升到第 2 位，主要原因是其绿色保障力提升较快；江苏省由第 2 位下降到第 3 位，主要原因是其绿色承载力指数有所下降；湖北省由第

7 位上升到第 6 位，主要原因是其绿色增长度指数上升很快；四川省由第 6 位下降到第 7 位，主要原因是绿色保障力指数的增长速度放缓。排名变化略大的省是江西省和湖南省，江西省由第 9 位下降到第 11 位，主要原因是其绿色增长度、绿色保障力的增长速度较慢；湖南省由第 11 位上升到第 9 位，主要是由于其绿色增长度、绿色保障力有了很大的提高，且增长速度非常快。

（三）区域不平衡特征明显，绿色发展差距有扩大趋势

长江经济带 11 个省（直辖市）在绿色发展水平整体上升的同时，区域不平衡特征明显，绿色发展差距有扩大趋势。2011 年，绿色发展指数最高的是上海市，指数为 61.41，最低的是湖南省，指数为 42.43，两者之间的差为 18.98；2015 年，绿色发展指数最高的仍然是上海市，指数为 77.70，最低的为 47.96，两者之间的差为 29.74。绿色发展的不平衡影响了长江经济带绿色发展的全面推进，因此，缩小长江经济带东、中、西三大区域及省域之间的差距、完善协调发展机制、提升长江经济带整体绿色发展能力是需要解决的重大课题。

（四）近 10 年三大城市群间差异呈缩小之势，长三角与中三角、泛成渝的差异明显改善

张佳（2017）从工业绿色增长度、工业资源环境压力和政府绿色政策支撑三个角度构建了工业绿色发展水平评价指标体系，得出长江经济带 108 个地级市的工业绿色发展水平后，运用锡尔指数分析长江经济带三大城市群间以及三大城市群内部工业绿色发展水平差异特征及构成，发现近 10 年长江经济带工业绿色发展水平总体差异有所缩小，2004~2010 年总体差异缩小是受益于三大城市群间差异缩小，2011~2013 年总体差异缩小趋缓是受制于城市群内部差异扩大；近 10 年三大城市群间差异呈缩小之势，长三角与中三角、泛成渝的差异明显改善；近 10 年三大城市群内部差异持续扩大，政府绿色政策支撑和工业绿色增长度的差异扩大引起城市群内部差异扩大。

第二节 长江经济带各省（直辖市）绿色发展产业结构

（一）产业结构合理化能够促进城市绿色效率的提升

产业结构调整的主要目标在于构造合理的产业结构，使资源得到充分有效利用的同时，在技术进步的推动下，以更低的环境代价与要素投入来获取最佳

经济效益（肖挺等，2014）。一个经济体的产业结构变迁包括产业结构合理化与高级化两个维度。产业结构合理化是指各地区不同产业间的聚合质量，它既反映了经济社会中各产业部门的协调水平，也表明了生产要素投入结构与产出结构两者之间的耦合程度，即资源的有效利用率（干春晖和郑若谷，2011）。目前伴随着经济发展动力的变迁，劳动力、资本等生产要素在产业间的自由流动，推动着各地区的产业结构发生变化，大量生产要素从第二产业流向第三产业（于斌斌，2015）。一个地区的产业结构特征相当程度上决定了该地区的能耗与污染物排放的分布格局，因此，在经济发展的逻辑序列演进下，基于要素禀赋变化的产业结构合理化调整不断优化着产业比例关系，加强前后向产业投入与产出结构的耦合程度，充分有效地利用了资源，深化能源节约与环境治理的分工合作，推动城市绿色发展。

（二）产业结构高级化推动城市绿色发展

产业结构高级化一方面体现了产业结构由劳动、资本密集型产业到知识、技术密集型产业的转变，这不仅是资源要素向高效率产业的重新配置与组合方式的变换过程，也是节能减排的实现过程；另一方面体现了传统生产方式的升级革新和先进生产方式的广泛运用，依靠自主创新与技术进步作为推动产业结构高度化演变的内生力量，推进能源集约利用和治污技术的改进，满足消费者对于绿色产品的需求偏好，实现产品的绿色生产与高附加值化，有利于经济的持续性发展与生态环境的改善。

李华旭等（2017）认为我国正处于工业化的中期阶段，第二产业增加值比重的增加，意味着工业污染的强度增大，第二产业的发展对绿色发展具有一定的影响。该研究发现第二产业增加值与地区生产总值的比重与绿色发展水平指数有着不显著的负向影响，表明长江经济带产业结构的不合理会抑制绿色发展水平的提升。长江经济带沿江地区必须优化产业结构，转变高污染和高耗能的传统产业增长方式，大力发展新型高效节能的绿色产业。

（三）环境规制能够有效倒逼产业结构调整，从而影响城市绿色产业发展水平

产业结构调整主要通过市场配置与政府引导两种方式来实现（肖挺等，2014），中国以政府引导为主，这种行政性的产业结构调整，虽然有效推动了生产要素的跨行业配置，但其容易引起较大的经济波动，同时又难以充分调动微观经济主体的积极性。环境作为一种特殊的生产投入要素，在环境政策的压力下，规制强度的提高使污染型生产成本上升，从而对高污染、高耗能产业形

成有效约束，因此环境规制能够有效倒逼产业结构进行调整，作为内在激励来驱动企业自发调整其产品结构与技术水平（张治栋和秦淑悦，2018）。

第三节　长江经济带绿色产业发展方向

"长江经济带产业绿色发展"概念的提出是基于沿江产业发展与资源、环境、生态之间的突出矛盾这一背景，绿色发展并不意味着要否定经济增长，而是需要寻求一种经济、资源、环境、生态相互协调与均衡的发展方式。总体来说，由高能耗、高排放、高污染、低附加值向低能耗、低排放、低污染、高附加值转型是长江经济带产业实现绿色发展的重要方向。

（一）以转型升级实现长江经济带产业绿色发展

作为一个全新的发展路径，绿色与低碳经济已成为未来长江经济带产业寻求高效、可持续发展模式的战略选择。长江经济带应以能源结构调整为主线，以现代农业生态化、传统产业高端化、战略性新兴产业规模化、现代服务业网络化为着力点，推动产业向绿色可持续发展方向转型升级。具体实施路径如下：

1. 调整长江经济带能源供应结构

长江经济带受整体高碳性能源结构的影响，煤炭消费占能源消耗的很大一部分。2013 年，长江经济带煤炭消费比例高达 67% 左右，同时长江经济带产业能效较低，这是导致长江经济带二氧化碳排放强度较高的根本原因。因此，构建清洁、安全、低碳的能源产业体系，是实现长江经济带产业绿色发展的根本途径。一是在保护生态环境的前提下开发水能、风能、太阳能、地热能、海洋能、生物质能、页岩气等可再生能源，实施煤炭消费总量控制策略，降低化石能源在产业一次能源供应结构中的比例。二是调整长江经济带电力结构，大力发展智能电网装备，促进水电、风电、核电等清洁电力的发展，逐步降低火电比例。三是提高工业能源利用效率，在长江经济带实施严格的高耗能产业准入制度，加大已有高耗能行业的技术改造力度，淘汰落后的高耗能工业产能。

2. 推动长江经济带现代农业生态化发展

长江经济带中上游地区是我国重要的农产品主产区，而粗放式的农业生产方式给长江经济带的土壤、水资源带来严重损害。因此，构建低碳、循环、绿色的现代农业产业体系是推动长江经济带产业绿色发展的重要着力点。一是构建长江经济带复合型循环经济产业链。大力推进农产品精深加工和高效物流冷链等现代物流体系的建设。支持集成养殖深加工模式，发展饲料生产、畜禽水产养殖、畜禽和水产品加工及精深加工一体化的复合型产业链。增强水产渔业、种植业、畜牧养殖业、乡村旅游业、特色农产品加工业等产业融合与循环链接，构建农户之间、企业之间的工农复合型循环经济联合体。创新长江经济带农业产业的外延式发展模式，构建长江经济带第一、二、三产业联动发展的现代循环经济产业链，促进现代农业向集约化、清洁化生产方式转变，降低农业面源污染物排放。二是依靠现代农业科技提高农业生产力，着力攻克农业节水、节能、节地、减排等绿色环保技术。

3. 推动长江经济带传统工业高端化发展

长江经济带传统工业呈现"产值规模较大、重化工结构突出、盈利能力较低"的明显特征，2013 年除上游省市外，其他 7 省市的钢铁、有色金属、化工、石化等行业均为千亿产业，但行业利润率与 2010 年相比下降了 1.98 个百分点，2013 年各省（直辖市）的化学原料和化学制品制造业、黑色金属冶炼及压延加工业普遍占到全省（直辖市）工业总产值的 5% 以上。因此，加快传统工业的提质增效是促进长江经济带产业绿色发展的重要着力点。一是在钢铁、有色、石化、造纸、纺织等行业建立循环产业链，鼓励企业之间、产业之间在园区内部构建循环经济体，加快资源、能源的梯级循环利用及废弃污染物再利用。二是引导传统工业与新能源、新材料等战略性新兴产业及节能环保服务业融合发展，依靠绿色装备技术改造传统工业生产流程，创新商业模式，延伸产业链，提高产品的绿色价值。

4. 推动长江经济带战略性新兴产业规模化发展

战略性新兴产业具有高附加值和低排放的双重特征，也能带动传统产业提高发展质量。一是通过发展新能源产业、节能环保产业、新能源汽车产业、生物产业来改造升级传统产业，该类产业可为传统产业低碳化转型提供清洁能源和节能环保服务，从而产生直接的节能减排效果。重点在于发挥骨干型企业对产业链的整合组织能力，通过一系列产业链整合战略，提升产业链上的企业集成创新能力和资源整合能力，打造创新资源的整合机制，大幅度提升创新资源的集聚度，优化创新资源配置。二是通过发展新材料产业、绿色装备制造业、新一代信息通信技术产业为长江经济带产业绿色发展提供低碳材料、清洁装备和技术支撑。重点在于增强该类行业企业的原始创新和集成创新水平，提升核心技术的自主能力，着重核心部件研发和高端产品开发，培养高附加值产业链，实现关键性技术、颠覆性技术的攻关，强化产品的核心竞争力。

5. 推动长江经济带现代服务业智能化发展

现代服务业尤其是节能环保服务业的发展，是提升工业、农业发展质量的重要支撑，而现有研究发现，长江经济带服务业全要素生产率总体呈下降趋势。同时，长江经济带服务业仍以交通运输、仓储和邮政业、批发和零售业等传统产业投资为主，文化体育和娱乐业、软件和信息技术、金融等行业所占投资比重仍然较低，知识密集型、技术含量高的现代服务业投资规模偏小。因此，创新现代服务业发展模式是促进长江经济带产业绿色发展的重要保障。一是加快节能服务产业与其他产业融合发展，依靠云计算、大数据等信息工具构建"一站式"合同能源管理平台，通过节能审计、咨询、交易等专业服务机构引导其他产业实施节能降耗战略。二是加快新兴环保服务业与其他产业融合发展，重点推动生态环境修复、排污权交易、环境风险评估等产业，助推长江经济带现代农业和传统工业提高节能减排效率。

（二）以协调发展实现长江经济带产业绿色发展

长江经济带横跨我国东、中、西三个区域，在资源禀赋、经济发展水平、产业发展质量等方面存在明显的区域差异。从水资源分布情况来看，长江经济带上游地区水资源储量较高，而下游地区水资源储量偏低，导致下游地区工业和生活用水安全受到严重威胁。从产业发展结构来看，长江经济带中上游地区依然以第二产业为主，只有下游地区的第三产业占比超过第一、第二产业。因此，产业协调、集聚发展、高效合理利用区域资源是推动长江经济带产业绿色发展的重要路径。

1. 着力构建长江经济带中上游绿色承接产业转移模式

长江经济带中上游地区承接产业转移是提升当地经济发展质量和促进区域经济协调发展的重要途径，但是中上游地区在承接产业转移的过程中较少关注产业转入对当地生态环境的影响。因此，走绿色承接产业转移之路，是推动长江经济带协调发展的应有之义。一是建立严格的转入产业环境影响评价制度，严格限制高能耗、高排放和高污染行业的转入，中上游地区着力引进节能环保型和带动能力较强的产业。二是长江经济带中上游地区应按照产业"建链、补链、强链"的要求和园区循环式发展的需要，有选择地承接产业转移。三是强化转入产业承接能力的建设，增强节能环保服务、绿色基础设施、低碳技术研发对转入产业的支撑作用，促进承接产业形成生态化共生发展格局。

2. 依据资源环境承载力着力优化长江经济带产业布局，提高产业集聚度

长江经济带较大的区域差异是发挥资源比较优势、发展特色产业的重要依据，而且产业集聚达到一定水平后，可以提高绿色发展效率。因此，长江经济

带产业布局有序、分工合理、集聚发展是提高长江经济带产业发展质量和经济实力的重要路径。一是长江下游地区适宜布局资本密集型和技术密集型产业，主要是由于下游地区具有较强的高新技术研发和资金优势，而且现代服务业发展优势较为明显，但加工制造业的劳动力、土地等要素成本优势衰退。二是长江中上游地区适宜布局高效农业、生态旅游业和资源精深加工业，主要是由于中上游地区具有较强的劳动力、土地、生态资源优势。三是推进长江经济带产业集群生态化发展模式，引导 11 个省（直辖市）按照国家生态工业示范园区标准改造现有的工业园区。

3. 着力构建跨区域的横向生态补偿机制

生态补偿制度是平衡长江经济带上中下游区域产业发展利益的重要保障。OECD（Organization for Economic Co-operation and Development）的发展经验表明：一个设计合理的生态补偿系统可以在环境与经济协调发展中发挥重要作用，有助于改善环境、带来可持续发展。由于中上游地区是长江经济带重要的水资源涵养区和生态功能区，承载着保持生态平衡和为下游地区提供优质水资源的重要任务。因此，通过下游地区补偿中上游地区，既能将下游地区的环境成本内部化，又有利于提高中上游地区的公共服务水平。一是由高一级行政机构统筹规划长江经济带生态补偿机制，制定统一的生态修复和补偿的法律法规，统一协调 11 个省（直辖市）之间的经济发展与环境保护的利益冲突。二是采取"底线行政控制、余量市场调节"的方式实施生态补偿，长江经济带应尽快划定生态保护红线，任何省市都应严守生态保护红线，在生态红线基础之上可采用排放权交易的市场化机制提高生态补偿效率。

第四节　长江经济带绿色产业发展面临的问题

长江经济带是我国重要的流域经济带，流域内一切生产性、生存性活动与区域内资源、环境、生态密不可分。近年来，长江经济带各省市围绕资源环境问题开展了大量工作，取得了初步成效。但由于长江经济带工业化、城镇化快速发展，推进绿色产业发展尚面临一系列亟待解决的问题。具体表现为：

（一）总体评价

1. 绿色产业发展不平衡

长江经济带绿色产业发展不平衡特征明显，2015 年，东、中、西部绿色产业发展指数分别为 61.78、49.31 和 52.47，相较于 2011 年的 53.04、43.53、46.74，区域间最大差距由 9.51 提高到 12.47，可见，三大区域绿色产业发展的差距在不断扩大。长江经济带 11 个省（直辖市）的绿色发展差距也有扩大趋势。

2. 创新能力亟待提高

绿色产业发展与创新具有明显的相关性，创新是影响绿色产业发展的重要因素。长江经济带创新驱动指数一直处于较低水平，由 2011 年的 41.64 提高到 2015 年的 43.17，年均增速为 0.72%，增长幅度非常小，对绿色产业发展的支撑不足；R&D 经费投入强度由 2011 年的 1.71% 提高到 2015 年的 2.04%，科技创新的基础性投入明显不够，没有形成有效的创新机制，关键技术和集成性技术缺乏，科技竞争能力十分薄弱；科技成果转化率较低，技术市场成交额增速由 2011 年的 19.5% 下降到 2015 年的 14.0%；信息产业发展缓慢，2011~2015 年，信息产业占 GDP 比重由 4.24% 下降到 4.17%；政府对企业自主创新的引导不够，缺乏有利于提高自主创新能力的激励性机制和市场化融资机制，中小企业和节能环保技术在国家创新体系中的潜力仍有待发掘。

3. 水生态治理任重道远

近年来，长江经济带水生态治理虽然取得了一定的成效，但是水生态环境问题仍然是制约长江经济带绿色产业发展的一个重要因素，特别是在城镇水污染防治进展较快的情况下，农业面源污染日益成为更加突出的水环境问题。目前，长江干流总体水质较好，但部分支流污染严重，涉危涉重企业数量多、布局不合理、污染事故多发频发，部分饮用水水源地存在安全隐患，废水排放量逐年增加，人均城市污水处理能力从 1971.83 立方米/（万人·日）提高到 2065.10 立方米/（万人·日），污水处理能力提高相对缓慢。农业面源污染问题仍未得到根本性改善，农药、化肥等污染性要素投入仍在高位运行，五年来农药使用强度由 0.018 吨/公顷略微下降到 0.017 吨/公顷，化肥施用强度由 0.504 吨/公顷上升到 0.507 吨/公顷，区域水环境治理仍然面临着较大挑战[①]。

4. 政策工具支撑不足

目前，长江经济带尚未形成促进经济发展的相互协调配合的、完善的绿色产业发展法律和政策体系，不能对长江经济带绿色产业发展进行有效的引导和规范。绿色产业发展投入严重不足，2011~2015 年，绿色产业投入指数由 41.07 提高到 43.96，年均增长率仅为 1.37%，中央和地方预算投入较少，没有

---

① 湖南省社会科学院绿色发展研究团队.长江经济带绿色发展报告（2017）[M].北京：社会科学文献出版社，2018.

建立稳定的预算投入科目和机制，地方政府和民间资本参与绿色产业投资的激励不足。绿色产业税收体系也有待进一步完善，表现为资源税种设置不全、环保税实施伊始效果待明朗、企业进行污染治理与技术创新动力待提升。促进绿色产业发展的社会融资机制不健全，制约了绿色产业的持续发展。

（二）各区域绿色产业发展评价

1. 东部地区绿色发展存在的问题

根据对《长江经济带绿色发展报告（2017）》的研究，东部区域的绿色发展总评指数在各区域板块中居于首位，其中绿色增长度和绿色承载力也居三大板块之首，7 项二级指标中，上海和浙江在结构优化、创新驱动、开放协调、水资源利用和水生态治理 5 项上分别居于全经济带 11 个省（直辖市）首位，说明东部区域在传统粗放式经济发展模式向可持续发展的绿色经济转型上已经取得了较大成就，是全经济带社会经济环境协调发展的标杆板块，但受国际国内经济增长大环境、环境治理的区域特点和发展阶段影响，在绿色发展上仍存在一些问题和挑战。

（1）开放经济增速和创新要素投入产出率有待提升。东部区域产业结构的绿色化进度加快，但受世界经济复苏不确定因素增加的影响，进出口类指标整体表现欠佳，科技创新的投入力度虽加大，但产出类指标难以维持高速增长状态。2011~2015 年，一方面，东部区域虽然经济增速逐步放缓，但是由于基数较高，各项总量、均量、质量类的产业结构优化指标，城镇化率、城乡居民收入比等区域均衡发展类指标都领跑于全经济带，转型相对到位，呈现出较好的改善趋势，但东部地区是长江经济带对接世界的桥头堡，受国际环境变化影响较大，江浙一带都受到出口企业客户订单向东南亚和中西部省份转移的冲击，出口交货值相对规模指标在 2011~2015 年一直处于下行通道，而外商投资企业投资总额增速指标由 2011 年的 14.80% 下降至 2013 年的最低值 8.61% 后虽然有所反弹，但截至 2015 年也才达到 11.78%，仍难以恢复到"十二五"初期的水平。另一方面，东部区域科技创新方面投入较高，科技成果转化的活跃程度和产品效益仍需进一步提高。2011~2015 年，东部区域的科技创新经费投入、人员投入强度均不断走高，2015 年的 R&D 经费投入强度和万人拥有科技人员数分别较 2011 年增加了 19.82% 和 49.72%。从万人发明专利授权量上看，经费和人员投入带来的人均科技成果也有明显提升（万人发明专利授权按量增加了 42.44%）。然而，东部区域的技术市场成交额增速和新产品销售收入增速却均呈现波动下行趋势，将科技成果从实验室里、专利书中、论文纸上转变成真正具有市场价值、拥有消费群体的成型产品，使科技成果更好地转变为现实生产力，通过创新驱动来助推经济的高效化和绿色化，依然是东部区域面临的共性难题。

（2）资源环境消耗强度下降但总量仍不容乐观。资源的经济产出方面，东部区域水资源利用效率较高，且主要的水污染物排放强度下降幅度较大，但由于氮磷污染排放总量依然较大，地表水环境富营养化仍是未来相当长一段时期内有待治理的主要问题。一方面，东部区域单位经济产出的水资源消耗量大幅度下降，万元 GDP 水耗、万元农业增加值水耗、万元工业增加值水耗均下降明显，东部区域属丰水区域，不存在水量型缺水问题，水资源供应对经济增长的约束作用较小，较难出现资源紧缺所产生的倒逼机制，居民人均生活用水量在 2011~2015 年处于逐年上升趋势，且上升趋势预计在未来一段时间内仍将持续。而各类中水回用设施受南方气候和成本影响也较难实现大规模推广应用，未来随经济总量的进一步提升，水资源利用效率仍会提高，但用水总量可能波动不大。另一方面，随着水污染治理基础设施的逐步完备以及经济总量的不断上升，人均城市污水处理能力将逐年提升，化学需氧量和氨氮这两类总量控制水污染物的排放强度将下降显著。但随着城市和工业污染源治理能力的逐步提高，农业面源污染由于难以采用截留治理等工程措施，未来势必成为流域水环境污染的主要来源。形势较好的一面是，化肥、农药等污染性农业生产要素施用强度在东部区域已经率先实现到达峰值后下降，种植业氮磷污染的来源得到有效控制，但东部区域整体水环境保护形势仍不容乐观，虽然长江、淮河干流水质较好，但支流仍处于中度、轻度污染，钱塘江在金华市境内的金华江、东阳江和武义江为主要受污染河段，太湖湖体总体处于轻度富营养化状态；近岸海洋环境也同样存在氮磷污染突出问题，虽然近年来近岸海域水质环境有所好转，但仍属于中度富营养化状态。

（3）生态环境治理亟须市场化的长效运行机制。东部区域对绿色发展的资金、人力等各类要素的投入力度持续加大，但随着投资对经济增长拉动作用的下降，未来环保投入的重点也将从投资端转向运营侧，通过改善基础设施的运营、维护模式，形成有效率的环保市场尚有待探索。一方面，各类绿色投入指标都处于上行阶段，代表资金投入的财政节能环保支出占比和水利环境固定资产投资占比在 2015 年较 2011 年分别上升了 0.43 个和 2.13 个百分点，代表人力投入的万人拥有环保人员数在 2015 年较 2011 年上升了 11.79%。另一方面，由于东部区域的财政预算收入和全社会固定资产投资基数大，目前政府、社会对环保方面的资金投入总量依然较高，随着城市环保基础设施的逐步完善，未来常年保持大规模的环保基础设施投入的可能性不大，重心会逐步深入农村环保基础设施的建设领域，由于环境保护的外部性和公共性属性，未来在筹措污水处理设施运营费用和污泥水处理经费方面仍需要政府、市场、企业建立有效的长效机制，而农村环保设施中重建轻管的问题也较为普遍，相对于城镇环保设施来说，以分散式处理为主的农村环保设施除运行经费外，还需要基层能提供专业的维护人员和技术服务。

（4）生活环境整体改善下仍存在部分较为突出的环境问题。虽然东部区域生活环境的绿色化改善明显，但依然存在城市空气质量不断恶化等亟待解决的问题。一方面，东部区域的生活环境改善较快，绿色生活方式普及率较高，全区域生活垃圾无害化处理率已接近100%，公共交通覆盖率大幅领先于其他区域，突发环境事件次数下降迅速，环境风险得到有效控制。另一方面，受制于区域自然条件和经济社会发展要求，东部地区森林覆盖率和建成区绿化覆盖率两项指标基本稳定，但提升空间极为有限，同时城市大气污染状况形势严峻。2015年江苏省的PM2.5、PM10、二氧化硫、二氧化氮浓度有所下降，但13个省辖城市环境空气质量均未达到国家二级标准；浙江省仅舟山市达到国家二级标准，其他10个设区城市的PM2.5水平均未达到二级标准。在二氧化硫、氮氧化物等总量控制污染物减排效果逐步显现的情况下，引发灰霾天气的PM2.5的治理将成为未来一段时期内大气污染控制的主要目标。

2. 中部区域绿色发展的主要问题

根据《长江经济带绿色发展报告（2017）》，长江经济带中部区域的绿色发展总水平指数的水平值目前在三大区域板块中位居末尾，但总水平指数的提升速度在三大板块中位列第二。其中，绿色承载力指标增速位列三大板块榜首，绿色增长度增速则位居第二。七项二级指标中，中部板块的结构优化、创新驱动、开放协调、绿色生活四项指标居于三大板块第二位，其中江西省位居整个经济带11省（直辖市）绿色生活指标榜首，湖南省位列第四。三级指标中，江西省的森林覆盖率、建成区绿化覆盖率、突发环境事件次数（加权值）、单位耕地面积农药使用量单项指标均在整个长江经济带中都曾取得过单项第一。这表明中部区域特别是部分省份的社会经济发展模式向绿色经济转型已经有所进展，提升速度较快，潜力巨大，但由于起点偏低，加之长期受传统粗放式经济发展及梯度发展政策的影响，尤其是受国内外经济发展环境以及生态治理的区域格局影响，中部区域在绿色发展方面依然存在如下问题和挑战：

总体来看，中部区域绿色发展总体滞后于整个长江经济带的绿色发展水平，无论是总体指标的水平值还是年均增速，绝大多数指标都低于经济带的总体水平。与东部区域各项指标差距更大，尤其是水平值，无论是总水平指数，还是一级指标绿色承载力和绿色保障力，指标评分甚至低于西部区域的对应值，充分说明中部区域绿色的发展基点低抑或生态优势和自然禀赋相对欠缺，因此作为区域板块，整体绿色发展压力较大。

（1）开放协调与创新驱动仍是主要短板。中部区域增长类指标的绿色化程度有所提升，水平值高于西部区域，增速接近全经济带的水平。产业结构的优化进程加快，创新力度持续加大，科技投入有所增强，产出类指标持续走强状态，因受世界经济复苏前景不确定性影响，外商投资增速趋缓。2011~2015年，首先，各项增长类指标的绿色化指标明显提升，如前文所述，尤其是产业结构调整加快，绿色化度明显提升，结构优化类指标对绿色增长度指标的总体贡献达到47.63%，且年均增速达到6.07%，但距东部区域各项同类指标仍有一定差距。其次，中部区域科技投入尚待加强，虽然科技创新的经费投入保障、人员投入强度均不断加大，2015年的R&D经费投入强度和万人拥有科技人员数分别较2011年均有不同比例的增加，科研产出类指标如万人发明专利授权量等人均科技成果也有所提升，新产品销售收入增速上升明显，可谓中部创新驱动发展的一大亮点，但技术市场成交额增速及信息产业占GDP比重却上下徘徊，创新驱动指标增速仅为2.02%，对绿色增长指标贡献度为39.7%，仍有较大提升空间。可见科技成果转化的活跃程度和科技创新效益尚需进一步提升，这才是创新驱动的持续推动力所在。整个中部区域可以借鉴推广湖北科技成果转化和科研政策管理的优秀经验。推动科技成果从实验室快速转变成真正具有市场潜力、消费者欢迎的现实产品，从而更好地成为现实生产力，以创新驱动来助推经济的高效化和绿色化。最后，开放协调方面是中部区域绿色发展的短板，其贡献度仅为12.7%，2011~2015年年均增速为–0.37%，低于中部区域的年均增速1.31%，这其中固然有区位的原因，但低于西部区域2.62%的年均增速，可见并不是单纯用区位优势就可以解释的。鉴于此，应借助"一带一路"倡议的大好机遇，通过深度开放，积极开拓国际市场和国内市场，调配区域内外资源，推动区域均衡协调发展，通过外部借力、内部挖潜，让人民共享发展成果，凝集发展合力，补齐中部开放协调这一发展的短板。

（2）水资源利用和生态治理形势相对严峻。中部区域绿色发展的生态承载和资源利用情况总体向好。中部区域水资源利用效率持续提升，环境污染总体下降，但部分指标依旧逆行，治污能力有待加强，水生态治理依旧任重道远。中部区域属丰水区域，其绿色承载力有着得天独厚的优势，加上中部区域特别是湖南省在探索"两型"发展的经济社会绿色发展之路已积累了丰富经验，因此中部区域绿色承载力指标年均提升速度位居三大板块之首，跑赢了整个长江经济带。从水资源的利用效率来看，中部区域起点不高，但指标得分提升速度很快，年均增速为4.87%，高于东、西部的3.70%和4.47%。单位经济产出的水资源消耗量大幅度下降，万元GDP水耗、万元农业增加值水耗、万元工业增加值水耗均下降明显,"两型"和绿色发展的理念在生产部门得以贯彻,特别是在工业发展中,单位经济产出的水耗持续大幅下降,农业在2013年出现万元增加值水耗升高,其后持续降低,因为农业受天气等诸多因素的影响,难免出现波动,人民生活用水在2012年出现下降以后,一直保持增加态势,原因之一是中部区域水资源丰富,水资源供应充足,难以在短期形成节水理念以及对水资源有效约束的制度。另外,人们消费需求的上升也助推了生活用水量的增加。伴随着经济社会的不断发展,人们对自身赖以生存的环境日益关注,环保意识的增强、防污治污设施的不断完善、加之经济和控污治污技术日渐提高使得城市和工业污染治理能力逐步增强,具体表现为:人均城市污水处理能力虽不同年份有所波动,但总体是在提升;化学需氧量及氨氮这两类控制水污染物的排放总量强度逐年持续下降。农业面源污染治理稍有滞后,污染性农业生产要素使用强度如农药用量已多年持续下降,但单位耕地面积化肥施用量在2011~2014年仍略有攀升,直到2015年才出现降低。湿地面积占比略有增加,水生态治理指标得分年均增幅为3.15%,在三大区域中位列第二,距东部区域尚有不小差距。同时也拉低了中部区域整个绿色承载力指标上行速度。总体而言,中部区域水生态保护和治理形势仍不容乐观。

(3)硬件投入与思想理念提升仍待同步发展。一个区域的绿色发展既要资金、人才方面的投入,又需对人们生活观念、行为的培育和引导,这两个方面形成了绿色发展的保障。首先,中部区域对绿色发展的各类要素总量上保持了较大投入力度,如水利环境固定资产投资占比在2015年较2011年上升了27.6%,万人拥有环保人员数在2015年较2011年提高了13.98个百分点。虽然财政节能环保支出占比逐年下跌,但由于公共财政支出基数较大,而逐年提高并不明显,故此财政节能环保支出绝对量仍在保持递增。这也表明随着环保基础设施的逐步完善,常年保持大规模环保设施投入的可能性不大,由于环境保护投资的外部性,亟须建立一个政府、市场、企业共同参与、互为补充的长效机制,改变由财政投入的单一资金来源,以及农村环保设施中"重建轻管"的现状。借此改善基础设施的投入、运管和更新模式,形成富有活力和效率的环保市场,提供社会所需的环保服务和生态安全。其次,中部区域绿色消费理念已深入人心,绿色生活方式较为普及,整个区域生活垃圾无害化处理率急速提高,2011年仅为79.8%,2015年已上升到96.4%,接近100%。公共交通覆盖率持续增加,突发环境事件次数有所上升,从一个侧面说明了人们环保意识有所增强,森林覆盖率和建成区绿化覆盖率两项指标基本稳定,特别是森林覆盖率位列三大区域的榜首,尤其是江西省有多项指标高居整个经济带之首。但城市空气质量状况堪忧,大气污染形势严峻,并且近年有所恶化,严重地威胁到人们的身体健康。因此，政府需要加强生态文明宣传教育引导，强化公民环境意识，推动形成绿色低碳、文明健康的生活方式和消费模式。

3. 西部区域绿色发展的主要问题

2011~2015年，西部区域绿色发展指数总体低于东部区域，高于中部区域，在长江经济带中处于中游水平，部分指标值如绿色保障力指数、水资源利用指数在长江经济带中处于领先水平。但是，一级指标中的绿色增长度指数仍处于较低水平，指数中的3项二级指标值均不高，明显落后于东部区域，与中部区域也有一定差距。同时，部分省份的部分指标值出现下滑或处于低水平波动状态，对西部区域的绿色发展提出了一定挑战，究其原因，主要有以下几点：

（1）发展与保护的矛盾突出。长江经济带西部区域的经济发展相对落后。2016年，除重庆外，四川、贵州和云南三省的人均GDP分别为39835元、33247元和31359元，分列全国31个省份第24位、29位和30位。2015年，重庆、四川、贵州和云南城镇化率分别为60.94%、47.69%、42.01%和43.33%，除重庆外，其他三省均明显落后于全国56.1%的平均水平；2015年，重庆、四川、贵州和云南农村居民人均可支配收入分别为10504.7元、10247.4元、7386.9元和8242.1元，分别为全国平均水平的92%、89.7%、64.7%和72.2%。但同时，西部区域地处长江经济带上游，其绿色发展的进展和成效会对中下游地区产生非常深远的影响，国家和4省（市）为此出台了一系列政策文件来加强对这一地区的资源环境保护和生态文明建设。相对落后的经济发展水平制约了西部区域生态环境的建设和投入，使得绿色投入指数长期徘徊在较低水平，而对资源环境保护的高要求又对产业的发展形成了一定的限制，进一步减缓了未来经济的发展速度。因此，如何通过转变经济发展方式、调整优化产业结构、创新体制机制等途径，变"绿水青山"为"金山银山"，切实化解发展与保护之间的深层次矛盾，是这一地区绿色发展与生态文明建设需要解决的首要问题。

（2）经济结构调整优化不足。受地理区位和历史发展基础等因素影响，长江经济带西部区域经济发展的质量和效益较低，资源密集型和劳动密集型企业众多，多处于产业价值链的底端，服务业占比偏低，开放型经济发展不足，城乡之间、区域之间、产业之间的发展也很不平衡。2015年，长江经济带西部区域第三产业增加值占GDP比重为45.05%，落后于经济带整体和东部区域；重庆、四川、贵州和云南第三产业增加值占GDP比重分别为47.7%、43.7%、44.9%和45.1%，均低于全国平均水平。2015年，西部区域开放协调指数为44.98，明显落后于其他两大板块。西部区域矿产资源非常丰富，多年来已经建立起一套资源导向型的产业体系，但受资金和技术水平所限，科技含量明显不足，加工方式较为粗放，产品附加值较低。2015 年，西部区域工业劳动生产率为 12.14 万元 / 人，略低于经济带总体，明显低于东部区域。2015 年，西部区域创新驱动指数仅为 40，在 7 项二级指标中排名最后；R&D 经费投入强度、万人拥有科技人员数和万人发明专利授权量分别为 1.35%、23.96 名 / 万人和 6.65 件 / 万人，R & D 经费投入强度和万人发明专利授权量落后于东部和中部区域，万人拥有科技人员数落后于经济带整体和东部区域。

（3）生态污染和破坏较为严重。改革开放后，为了改善并提升长江上游生态环境质量，国家陆续实施了"天然林资源保护工程""长江中上游防护林体系""退耕还林工程"等重大项目，但由于缺乏系统、科学的指导，加之维护资金投入不足和乱砍滥伐现象严重，使得部分地区的森林覆盖面积大幅度降低，森林的涵养功能快速减弱，导致自然灾害频发。2015 年，长江经济带西部区域绿色投入指数为 48.29，在 7 项二级指标中排名靠后，森林覆盖率和建成区绿化覆盖率分别为 40.78% 和 38.41%，森林覆盖率低于经济带整体和中部区域，建成区绿化覆盖率低于东部和中部区域；湿地面积占比为 2.41%，分别比东部和中部区域低 18.44 个和 3.86 个百分点。同时，西部区域的生态环境污染状况也相当严重，农药化肥的大量使（施）用以及生产生活污水、废弃物的随意排放和丢弃使得土壤肥力下降，土壤污染物富集，河流、湖泊和地下水污染严重，造成了生态环境急剧恶化。2015 年，西部区域万元 GDP 能耗为 0.64 吨标准煤 / 万元，高于中部区域，明显高于东部区域；化学需氧量和氨氮排放强度分别为 3.43 千克 / 万元和 0.39 千克 / 万元，高于经济带总体，明显高于东部区域。

第五节　长江经济带产业绿色发展的基础、挑战与战略选择

（一）长江经济带产业绿色发展的基础

长江经济带横跨我国东、中、西三大区域 11 个省（直辖市），全域人口众多，资源相对丰裕，发展基础较好。2015 年，长江经济带各省（直辖市）地区生产总值总计 28.85 万亿元，占全国的 39.91%。但产业绿色转型面临着区域性、累积性、复合性等一系列生态环境问题的严峻挑战。同时，沿江各省市经济综合发展水平存在较大落差，特别是部分省（直辖市）的产业结构重型化格局难以在短期内取得根本性转变，部分资源型、传统型、重化工型产业的绿

色投资和技术创新不足。总体来看，长江经济带产业的绿色发展水平和发展空间仍需要进一步提升，长江经济带发展的现状特征如下：

1. 工业化水平不断提升，但省域间差异大

工业是能源资源消耗和污染排放的主体，也是推行产业绿色转型的主阵地。长江经济带是我国工业发展重地，上海市已经完成工业化，正在打造服务型产业体系；此外，江苏、浙江、江西、安徽、湖北5个省的工业比重高于全国平均水平，工业化水平也在不断提升。2015年，长江经济带各省（直辖市）全部工业增加值总计10.79万亿元，占地区生产总值的37.40%，占全国工业增加值的39.21%。但区域内部差异较大，其中东部区域板块3省（直辖市）、中部4省和西部4省（直辖市）地区生产总值分别占长江经济带的47.87%、33.69%和18.44%，工业增加值分别占长江经济带的48.56%、35.87%和15.57%，整体表现为长江两端地区较低而中部地区较高的倒U形态势。东、中、西部区域板块平均工业比重分别为37.92%、39.78%和34.00%，也就是说，东部地区工业化程度最高，工业比重已处于稳中趋降阶段；西部地区工业化程度最低，工业比重尚处于低位爬升阶段；中部地区工业化程度居中，工业比重处于高位并仍有上升空间。

2. 用电用地效率较高，但呈耗水型产业特征

比较而言，长江经济带各省（直辖市）整体用电效率较高。2015年，全经济带用电量为21394.57亿千瓦时，占全国用电量的51.49%，比其地区生产总值占全国的比重高11.58个百分点；每万元GDP用电为741.64千瓦时，比全国平均值低46.07千瓦时，除云南、贵州、安徽和浙江外，其余省（直辖市）均低于全国平均水平。同时，长江经济带各省市整体用地效率也较高。2015年，全经济带建设用地为1464.43万公顷，占全国建设用地的37.95%，比其他地区生产总值占全国的比重低1.96个百分点；每亿元用地为50.76公顷，比全国平均值少2.64公顷。但是，从区域内部看，上海、浙江、江苏等长三角地区和重庆市用地效率较高，单位GDP用地显著低于全国水平，而其他省份单位GDP用地则均高于全国水平。

长江经济带水资源较为丰富，由此也形成了耗水型经济和产业结构。2015年，长江经济带各省市用水总量为2622.7亿立方米，占全国用水量的42.97%，每万元GDP用水量为90.92立方米，比全国平均水平高6.48立方米。其中，工业用水量为830.2亿立方米，占全国工业用水量的62.19%，比其工业增加值占全国的比重高近23个百分点，每万元工业增加值用水量为76.96立方米，比全国平均水平高28.44立方米，除浙江省外，其余省市单位工业增加值用水量均高于全国平均水平。从区域看，长江经济带每万元GDP用水强度也表现

为由东向西的倒"U"形特征，也就是东部和西部地区用水强度较低，而中部地区用水强度最高，这一态势与工业比重指标的变化基本一致[①]。

3. 废气排放强度较低，但废水排放不容乐观

长江经济带废气排放强度总体水平低于全国平均水平。2015年，长江经济带每亿元GDP二氧化硫、氮氧化物和烟（粉）尘排放量分别为22.01吨、20.51吨和14.74吨，均显著低于全国平均水平。从区域排放总量看，中西部地区是排放主力，东、中、西部二氧化硫排放量分别占长江经济带的24.32%、33.94%和41.74%，氮氧化物排放量分别占33.4%、37.61%和28.99%，烟（粉）尘排放量分别占25.99%、45.33%和28.68%。从排放强度看，呈现下游地区较低而中上游地区较高的局面。具体而言，贵州、云南、安徽、江西由于资源型重化产业比重较大，废气等污染物排放强度较高。

（二）长江经济带产业绿色发展面临的挑战

1. 整体：产业布局不尽合理，资源环境负载较重

首先，产业布局与资源错配加大了环境承载的压力。目前长江经济带产业布局与资源、市场脱节，如煤炭等能源基地主要集中在中西部地区；钢铁、石化、建材等耗能型企业则多集中在东部地区；大量的进口油从东部上岸后往返运输于中西部进行加工；东部地区轻工、纺织等产业外向型特征明显；棉、毛、麻、丝等天然纤维原料需要从中、西部地区进行调运。产业布局与资源错配导致的大规模资源、产品跨区域流动加大了环境的承载压力。

其次，产业布局过度集中和雷同导致主要污染物排放总量超过了环境承载能力。长江沿岸布局了大量重化工企业，有五大钢铁基地、七大炼油厂以及上海、南京等大型国有化工基地，且众多产业项目和园区之间的上下游梯度产业链条不明显，存在雷同现象。同时，一些污染型企业距离居民区和江边过近，水源的安全保护距离很难得到保障，部分企业对环境风险认识不足，风险防范应急预案措施不具体，加大了突发环境污染事故的风险。

2. 东部：经济下行弱化企业节能减排意愿，企业污染治理投资不足

受国内外环境影响，目前长江经济带东部省市仍未完成产业结构的调整与转型，化学原料与化学品制造、纺织、黑色金属冶炼与压延加工业仍是部分省（直辖市）的支柱产业，进入经济新常态时期，经济下行压力加大，劳动力成本优势不断被削弱，企业盈利能力受到了很大影响。同时，部分工业行业产

---

① 湖南省社会科学院绿色发展研究团队.长江经济带绿色发展报告（2017）[M].北京：社会科学文献出版社，2018.

能过剩现象依然严重，特别是钢铁、建材、有色金属等行业尤为突出，制造业产品价格和行业利润普遍处于低位，利润不足、效益下滑导致企业节能减排的投入意愿不高，抉择和权衡产业绿色转型与保持经济稳定增长的关系成为重要挑战。

国际经验表明，当污染治理投资占国民生产总值的比例达到 1%~1.5% 时才能基本控制环境污染，提高到 2%~3% 时才能改善环境质量。近年来，随着污染物排放形势加剧和绿色发展理念的提升，长江经济带东部各省（直辖市）逐步加大了对污染治理的重视程度和投资力度，但仍显不足。2015 年，长江经济带东部地区环境污染治理投资占 GDP 的比重为 1.17%，低于全国平均水平 0.05 个百分点，低于长江经济带平均水平 0.11 个百分点；工业污染治理投资占工业增加值比重为 0.27%，低于全国平均水平 0.01 个百分点。东部 3 省（直辖市）中，仅有江苏省环境污染治理投资占 GDP 的比重超过了全国平均水平和长江经济带平均水平，且仅有 1.36%，低于 1.5% 的国际惯例。此外，治理固体废物、噪声和其他污染物投资强度均低于全国平均水平，显然较低的环保投资难以适应未来产业绿色转型发展的需要。

3. 中部：重化工业占主导，产业绿色转型压力大

由于历史发展原因，为了加速由农业大省向工业大省的发展，中部的湖南省、湖北省、江西省纷纷选择了加快发展重化工业，形成了重化工业占主导的产业体系。2016 年，湖南省六大高耗能行业（化学原料及化学制品制造业，非金属矿物制品业，黑色金属冶炼及压延加工业，有色金属冶炼及压延加工业，石油加工炼焦及核燃料加工业，电力、热力、水的生产和供应业）增加值占规模以上工业企业的比重为 30.6%，比 2015 年提高了 0.3 个百分点；江西省六大高耗能行业增加值占规模以上工业企业的 36.0%，比 2015 年下降了 1.8 个百分点。

重化工业的发展迅速提高了中部省份的工业化水平，但是也带来了资源环境的巨大压力。以江西省为例，"两高一资"行业产能的迅速扩张加大了江西省节能减排和工业污染治理的压力和难度，加大了环境污染风险。从 2010 年重点调查工业企业"三废"排放情况来看，13 个"两高一资"行业的工业废水、工业固废、工业废气、工业二氧化硫、工业烟尘和工业粉尘排放量分别占工业行业排放总量的 87.62%、94.94%、95.72%、95.83%、91.04% 和 97.96%。特别是非金属矿物制品业，黑色金属冶炼和压延加工业，有色金属矿采选业，有色金属冶炼和压延加工业，化学工业，电力、热力、水的生产和供应业这六大行业是江西省工业污染物排放的主要来源行业，应该作为江西省工业污染控制和绿色转型的重点行业。

4.西部：绿色制造技术装备和创新能力较弱，配套产业和服务体系发展滞后

首先，长江经济带西部4省（直辖市）产业层次依然偏低，以低端产业、低附加值产品、低技术装备为主的产业结构特征明显，以技术和品牌为主导的竞争优势还没有形成。特别是高消耗、高污染的低端技术装备和产品仍占据一定的比例，生产制造过程中的物耗、能耗和废弃物排放严重，主要行业能源资源利用效率与国际先进水平仍有差距，绿色制造技术、工艺和装备水平亟待提高。

其次，节能环保产业和服务体系不适应产业绿色转型升级需要。机械装备和产品的绿色设计能力及其软件支持工具薄弱，废旧家电、汽车、工程机械等产品和机械装备资源再利用率较低、附加值低、二次污染问题严重，难以满足日益快速增加的报废处理和资源循环再利用需求。相关节能环保企业规模普遍偏小，产业集中度低，龙头骨干企业带动作用有待进一步提升。节能环保服务体系仍不健全，节能环保产业公共服务平台建设亟待加强。

（三）长江经济带产业绿色发展的战略选择

产业是长江经济带建设的核心和灵魂。在对长江经济带产业发展的现状特征和绿色发展面临的主要挑战进行全面客观分析的基础上，探求"新常态"下中国经济"新支撑带"产业绿色转型发展之路，有利于长江经济带资源配置空间的拓展和产业竞争力的提升，有利于我国经济持续健康发展，实现更高水平的供需平衡。

1.强化创新驱动，促进产业绿色化

推进长江经济带重点制造企业开展生态设计、研发推广核心关键绿色工艺技术及装备、发展循环经济，加快形成绿色化的生产方式。强化企业的科技创新主体地位，引导创新资源向企业集聚，培育一批具有自主品牌、核心技术能力强的绿色领军企业。

加大沿江有色金属、化工、造纸、印染等排污企业的环境隐患排查和集中治理力度，全面推进钢铁、有色、化工、建材、轻工、印染等传统产业的绿色改造，有序推进城市钢铁、有色金属、化工企业的环保改造和环保搬迁。大力研发推广应用余热余压回收、水循环利用、轻量化、低功耗、易回收等绿色工艺技术装备，加大企业技术改造力度，扩大固定资产加速折旧实施的范围。全面推行清洁生产，提高资源利用效率，强化产品全生命周期绿色管理，鼓励企业进行工艺技术装备的清洁更新。推行企业循环式生产、产业循环式组合、园区循环式改造。

积极推进四川成都、重庆、武汉东湖、湖南长株潭、安徽合芜蚌、江苏苏南、浙江杭州、上海张江等国家自主创新示范区的建设，推进攀西战略资源的创新开发，发挥上述示范区的引领示范作用，提高产业的自主创新能力和绿色可持续发展能力。

2. 加快"两化"融合，促进产业高端化

推进长江经济带工业化和信息化深度融合，运用信息技术特别是新一代信息通信技术来改造传统产业、发展新兴产业，加快产业转型升级是实现长江经济带绿色化和现代化的必然选择。目前，上海、浙江、安徽、湖北、重庆、四川、云南等省（市）均已明确提出了传统产业的智能化转型思路，其中，上海市提出了"改造提升传统优势制造业，实施'互联网＋'行动，推动传统制造业拥抱互联网，实施设施装备智能化改造，加快生产方式向数字化、网络化、智能化、柔性化转变"。安徽省提出了"大力发展智能制造，推动生产方式向柔性、智能、精细转变，提高企业数字化、网络化、信息化水平，突破一批智能制造技术和关键产品，在劳动强度和安全风险大、作业环境恶劣、加工精度高等制造环节，组织实施'机器换人'计划，加快建设数字化车间，建设一批智能制造试点示范基地"。四川省提出"加快工业化与信息化深度融合，大力推进生产设备数字化自动化、制造过程智能化、制造体系网络化。推动个性化定制与规模化生产相结合，促进生产型制造向服务型制造转变"。

紧抓新兴绿色产业发展契机和产业结构调整机遇，以研发设计、公共服务、市场营销、金融物流等生产性服务为重点，推动产业发展向绿色产业链的高端攀升，向绿色产业服务化、高端化发展，是长江经济带产业绿色发展的战略重点。应根据绿色产业发展需要，建设一批绿色产业的科技研发机构、孵化器和区域性绿色产业综合服务平台，推动绿色科技研发服务业的发展，加快推进"数字绿色"工程，加大长江经济带经济监测与评估系统的建设力度。建立绿色产业空间基础地理信息系统，积极发展绿色产业工程维护、绿色产业综合调查与测绘、绿色产业教育、绿色产业科普与文化传播等新兴服务业。

3. 加快淘汰落后产能，培育新兴绿色产业

加快冶金、建材、化工、轻工、纺织、制药等传统产业的技术改造，淘汰落后产能，积极探索产能置换指标交易，按照企业主体、政府推动、市场引导、依法处置的办法，建立以能耗、环保、质量、安全等为约束条件的退出机制，积极稳妥地处置"僵尸企业"，按照限量、重组、转移、退出四种途径积极稳妥地化解过剩产能。

构筑长江经济带现代绿色产业体系就是要以开发新兴绿色产业技术为核心，以市场需求为导向，加快推动新兴绿色产业技术成果产业化，强化产品全

生命周期绿色管理，包括支持企业推行绿色设计、开发绿色产品、建设绿色工厂、发展绿色工业园区、打造绿色供应链等，显著提高长江经济带绿色产业发展的科技贡献率，逐步形成具有世界先进水平的技术创新体系和对长江经济带有重要支撑和带动作用的绿色产业新增长点。

长江经济带的各省（直辖市）都具有自己的特色和特点，都有自己的战略取向和行动计划以及生产基地等。江苏提出要"加快培育大数据、工业机器人等新增长点，建设一批战略性新兴产业集群"。湖北表示"要充分发挥长江经济带产业基金引导作用，支持武汉建设具有全球影响力的产业创新中心"。湖南提出"重点发展先进轨道交通装备、大功率半导体器件、先进硬质材料、航空动力、卫星导航、工程装备、电动汽车、海工装备等产业基地建设"。四川强调"启动实施制造业创新中心建设、高端装备创新研制及智能制造等一批重大工程，加快推进五大高端成长型产业发展"。

第六节　推进长江经济带产业绿色发展的政策建议

长江经济带作为一个整体，在推动产业绿色发展的机制上与单独的省份或者一个区域有所不同，在构建政策体系时，不光要立足于促进绿色创新发展、加大财税支持、完善市场环境等一系列政策的设计，更重要的是从整个经济带的角度出发，通过构建联动发展机制、发挥园区主阵地作用、加快补齐设施短板、加快提升信息化水平、强化生态法治保障这五个方面的政策，进一步完善促进长江经济带产业绿色发展的政策体系。

（一）构建联动协调发展机制

加快自然资源及其产品价格改革，按照"谁受益谁补偿"的原则，探索建立横向生态补偿试点，尤其是长江下游地区对长江中上游省份的生态补偿，激发保护生态环境的内生动力。加强生态保护区域合作，建设生态经济合作区，建立跨区域、跨流域的综合协调治理机制，建立统一高效、联防联控、严格问责、终身追责的生态环境监管机制。严控跨区域转移项目，对造纸、焦化、有色、印染、化学等产业的跨区域转移进行严格监督，对承接项目的备案或核准，实施最严格的环保、能耗、水耗、安全、用地等标准。发挥国家产业转移信息服务平台的作用，不断完善产业转移信息沟通渠道。认真落实长江经济带产业转移指南，依托国家级、省级开发区，有序建设沿江产业发展轴，合理开发沿海产业发展带，重点打造长江三角洲、长江中游、成渝、黔中和滇中五大城市群产业发展圈，大力培育电子信息产业、高端装备产业、汽车产业、家电产业和纺织服装产业这五大世界级产业集群，形成空间布局合理、区域分工协作、优势互补的产业发展新格局。

（二）发挥产业园区的主阵地作用

继续推进园区绿色化转型升级，推动沿江城市建成区内现有钢铁、有色金属、造纸、印染、电镀、化学原料制造、化工等污染较重的企业有序搬迁、改造或依法关闭。全面推进新建工业企业向园区集中，加大对造纸、食品、印染等涉水类园区循环化改造的力度，依法同步开展规划环评工作，适时开展跟踪评价，科学确定区域风险等级和风险容量，对化工企业聚集区及周边土壤和地下水定期进行监测和评估，对不符合规范要求的园区实行依法退出，建设专业化、清洁化的绿色园区，使其成为长江经济带产业绿色转型升级的主阵地。推动园区产业由制造业为主向制造业和服务业融合转变，依托制造业基础，加快推进研发设计、金融保险、现代物流等生产性服务业的发展，充分发挥生产性服务业对制造业发展的引领、支撑、带动作用，让产业园区成为推动制造业向服务型制造转变的主体。完善园区水处理基础设施建设，强化环境监管体系和环境风险管控，加强园区基础设施建设和服务功能完善，推动园区功能由生产功能向生产生活生态"三生协调"功能转变。

（三）加快补齐设施短板

抓紧推进已纳入各领域"十三五"专项规划和长江经济带发展的铁路、公路、机场、水利、能源等重大设施项目的建设，为产业绿色转型发展夯实基础。加快长江经济带高速铁路网的建设和既有铁路的扩能改造；研究建设新的特高压电力外送通道，支持多元化投资主体参与抽水蓄能电站建设；制定电力体制改革专项工作方案，切实降低企业用电成本；扩大电能替代试点范围，全面实施风电清洁供暖工程，在有条件的地区开展"光伏暖民"示范工程；支持湖北、湖南、江西、安徽等省份开展可再生能源就近消纳试点，加快全光纤网络城市建设和无线宽带网络建设；对老旧产区节能综合改造、重点城市"煤改气"和燃煤机组改造等给予倾斜支持，推动长江经济带煤炭消耗量大的城市实施煤炭清洁高效利用行动计划，以焦化、煤化工、工业锅炉、工业炉窑等领域为重点，提升技术装备水平、优化产品结构、加强产业融合，综合提升区域煤炭高效清洁利用水平，实现减煤、控煤、防治大气污染的目的；在钢铁和铝加工产业集聚区，推广电炉钢等短流程工艺和铝液直供工艺，积极推进利用钢铁、化工、有色、建材等行业企业的低品位余热向城镇居民供热转移，促进产城融合。

（四）加快提升智能化水平

推进石化、钢铁、有色、稀土、装备、危险化学品等重点行业的智能工厂、数字车间、数字矿山和智慧园区的改造，在有一定基础、地方政府积极性高的地区，探索建设智能制造示范区，鼓励中下游地区智能制造率先发展，重点支持中上游地区提升智能制造水平。在数控机床与机器人、增材制造、智能传感与控制、智能检测与装配、智能物流与仓储五大领域突破一批关键技术和核心装备，在流程制造、离散型制造、网络协同制造、大规模个性化定制、远程运维服务等方面开展试点示范项目建设，制（修）订一批智能制造标准。大力发展生产性服务业，引导制造业企业延伸服务链条，推动商业模式创新和业态创新。实施中小企业清洁生产水平提升计划，构建"互联网＋"清洁生产服务平台，鼓励各地政府购买清洁生产培训、咨询等相关服务，探索免费培训、义务诊断等服务模式，引导中小企业优先实施无费、低费方案，鼓励和支持实施技术改造方案。

（五）强化生态法治保障

发挥地方立法引领和保障作用，制定和完善与之相配套的地方性法规、单行条例和政府规章，为长江经济带生态保护和绿色发展提供法制保障。各级人大及其常委会要加强法律监督和工作监督，推动水污染防治、大气污染防治、土壤污染防治等法律法规的有效实施，倒逼传统产业和企业的绿色转型。各级行政机关和审判机关、检察机关要严格执法、公正司法，坚决查处和严厉打击企业生产过程中各类破坏生态环境的违法犯罪行为。加强环境保护执法队伍建设，完善环境保护执法体制机制，推进环境保护综合行政执法，建立环境保护行政执法与刑事司法衔接机制。加强环境保护公益诉讼，推进生态长江司法建设和司法协作，依法依规淘汰落后和化解过剩产能。结合长江经济带生态环境保护要求及产业发展情况，依据法律法规和环保、质量、安全、能效等综合性标准，淘汰落后产能，化解过剩产能。严禁钢铁、水泥、电解铝、船舶等产能严重过剩行业的扩能，不得以任何名义和任何方式来核准、备案新增产能项目，做好减量置换，为新兴产业腾出发展空间。

第五章
长江经济带绿色经济发展评价指标体系研究

第一节 引言

随着人口的增长和收入水平的提升，生态环境的可持续性在政策制定中的地位被不断地提高。如果放任不管，自然环境的破坏就会导致经济增长潜力的下降。空气污染、水污染、土壤退化、水资源匮乏、渔业资源枯竭、生物多样性丧失以及气候变化带来的一系列自然灾害频发和风险都会对经济的发展带来巨大的影响（Field，2014；Group，2014）。Steffen 等（2015）将人类生活的地球生态系统划分为九大领域，并定量地计算出每个领域可以承受的人类活动的上限。其中，在基因多样性和生物地球化学流量这两个领域，人类的活动已经超过了安全警戒的水平，从而面临极大的不可持续风险，土地利用和气候变化这两个领域虽然还没有达到警戒水平，但风险水平也较高。Kjellstrom 等（2016）的研究发现，如果没有适当的应对措施，到 21 世纪末气温会比工业革命之前上升 4℃。

绿色经济发展融合了经济增长、环境可持续以及社会包容性等多个维度的因素，旨在为这些风险和威胁提供一个解决方案。与绿色经济发展比较类似的概念有很多，如绿色增长（Lorek & Spangenberg，2014）、绿色经济（Pearce，Markandya & Barbier，2013）、新气候经济（New Climate Economy）（Dell，Jones & Olken，2014）、低碳发展（Low Carbon Development）（Mulugetta & Urban，2010）等。这些概念的区别主要在于对环境问题覆盖的范围不同，但是其核心的目标都是要求经济的发展要与环境的可持续相适应，且能够不断提高经济发展的包容性。

要制定出能够切实有效地推进长江经济带绿色经济发展的政策，首先需要对绿色经济发展的水平进行测量和追踪。通常经济的发展主要用 GDP 来衡量，主要关注的是经济的增长。GDP 衡量了总收入水平，但是并没有考虑对资源的利用和收入分配等问题。因此，要衡量绿色经济的发展水平需要构建新的测量方法和指标体系。

本章对构建衡量长江经济带绿色发展水平的方法进行了探讨。首先对综合指数的构建方法进行了简要的介绍；其次给出了绿色经济发展的定义，并对同类的研究进行了简要的评述，在此基础上从四个方面展开了绿色经济发展指标体系研究；最后对构建衡量绿色经济发展水平的综合指数中权重设计和加总方法的选择进行了介绍。

第二节　指数构建方法

跟踪绿色经济发展的情况需要对不同的主题和不同的部门进行测量。有关环境、经济和社会发展情况的指标多种多样。对于绿色经济发展来说，需要在众多的指标中进行选择，这些指标中的每一个均代表了绿色经济发展的某一个方面，当所用的指标较多时，仅仅观察这些指标的变化难以综合把握绿色经济的总体发展情况。因此，需要将这些多样化的指标综合成一个指标，从而向政策制定者和关心绿色经济发展的人士清晰地传达当前绿色经济发展情况的信息。

常用的将多个分指标进行综合的方法有四种，分别是仪表盘（Dashboards）方法、综合指数（Composite Index）、脚印（Footprints）和扩展的 GDP（如绿色 GDP）（GGKP，2016）。这四种方法的主要区别在于如何处理绿色发展指标的多样性。仪表盘法虽然给各项指标赋予了权重，但是并没有将各项指标进行加总，这样的处理方法具有很大的灵活性，可以根据各个地区不同的情况选择不同的指标，但根据这个方法所构建的绿色经济发展衡量方法缺乏地区之间的可比性。综合指数法和脚印法可以容纳多项指标，并且可以将多样化的指标根据所设定的权重和加总方法综合为一个指标。扩展 GDP 法所测量的结果容易解读，同时也可以表明当前自然、物质和人力资本的状况。后三种方法可以认为均属于"加总法"，这一类方法的缺点在于不能明确地表明导致绿色经济发展变化的主要因素是哪些。同时，对于综合指数法，指数的含义和解释并不直观，且所构建的指数的稳健性也存在问题（Ravallion，2010）。尽管如此，综合指数法仍然是被广泛采用的方法。例如，GGKP（2016）对 36 项与绿色发展相关研究进行了归纳，其中采用综合指数法的有 17 项，这也是本书所采用的方法。综合指数法通过给不同的指标打分并赋予相应的权重，将这些指标进行综合，形成一个指标。单一的指标清楚易懂，方便对不同国家之间的差异和时变规律进行描述。加权和加总这两种手段的应用表明不同的指标之间存在一定的关系（Nardo et al.，2005），例如综合指数的变化可能是由于其中某一项指标的增加而另一项指标的下降所导致的。这就表明，为了使综合指数向某一个方向变化，所有的指标可以不向同一个方向变化，彼此之间存在着替代关系。对于绿色经济发展指数来说，在一个指标恶化的同时可以通过提升另一些指标的表现使绿色经济发展指数仍是上升的。这与弱可持续性（Week Sustainability）比较相似（Neumayer，2003；Pearce & Atkinson，1993）。构建一个衡量绿色经济发展的综合指标需要遵循一定的步骤。Nardo 等（2005）建议建立一个综合指数的过程可以分为 10 个步骤［具体可以参考 Nardo 等（2005）中的表 1］。在本书中，将这十个步骤简化为五步，分别是：

第一步，搭建理论框架。理论框架的作用是为变量的选择提供依据，这样所构建的综合指标才有意义。这不仅可以让各指标的定义更加清晰，而且有助于增强指标的可读性。理论框架的搭建还有助于建立总指标和分指标之间的关系，并确定相应地选择各变量的标准。

第二步，收集数据。根据分析的可靠性、可观测性、相关性等条件选择相应的衡量指标，同时还需确定所选择的指标是否对所有的地区是通用的。当数据难以获得时，可以考虑采用代理变量对某个指标进行衡量。对于所收集的数据，检查数据质量、判断所选择指标的优缺点以及对数据进行描述分析都是必不可少的。

第三步，标准化。标准化的日的是使不同的变量具有可比较性。在选择合适的标准化方法时，需要同时考虑与理论框架和数据特征的一致性。同时，对话与数据中可能存在的异常值进行分析。必要时，还需要调整各变量的单位以及对变量进行适当的变换。

第四步，权重选择和加总。应根据所构建的理论框架和数据特点选择合适的权重和加总方法。同时，需要对指标之间可能存在的相关性进行说明，以及明确分项的指标之间是否允许存在互补关系。

第五步，原因分析。其目的是找出导致综合指标变化的主要变量是哪些。这对于后续深入的分析和政策建议都是十分必要的。对于各地区来说，通过分析各分指标的变化如何影响综合指数，可以识别出主要的影响因素并比较地区间的差异。如果条件允许，还可以识别变量之间的相关性或者因果关系。

Nardo 等（2005）的方法中未列出的步骤包括：处理缺失值、多元分析、与其他指标的关系、敏感性分析以及分析结果的可视化。虽然这些步骤并未在此列出，但是其内容会在分析的过程中体现，如对于缺失值的处理会合并在数据的收集过程中。

多元分析主要是用来研究变量结构和变量之间的关系。目前，各式各样的综合指数大量涌现。在本质上，对于一些指标的选择具有很大的随意性，而没有考虑变量之间可能存在的关系，由此所构建的综合指数可能是具有误导性的。因此，在构建综合指数之前，需要对变量之间的结构进行分析，做到对数据特点的全面把握。这不仅有助于判断变量和数据的选择是否合适，而且对于权重设计和加总方法的选择也有一定的指导价值。

进行多元分析的必要条件是需要确定所定义的衡量绿色经济发展的各个方面的选择要具有坚实的理论依据，并且所选择的各项指标能够充分地说明相关的绿色经济发展的维度。这些判断一方面依赖于现有的理论和专家的判断，另一方面也依赖于对数据结构的统计分析。比如，采用主成分分析法可以识别在所定义综合指数的各项指标中是否存在过度偏向某些指标的情况，如果存在指标之间关系的不平衡，则需要重新选择指标或者重新设定权重。通过主成分分析，可以明确不同变量的变化如何影响彼此，因为通过主成分分析法可以将相关的变量转化为一个新的综合变量，在转化的过程中需要用到协方差矩阵或者相关矩阵，而这些矩阵即表明了变量之间的关系。但如果样本量相对于变量个数很少，则不适宜采用主成分分析。对本书来说，就存在这种情况，即所构建的绿色经济发展的指标个数大于样本个数（因为样本仅为长江经济带中的省级行政单位）。因此，在本书的分析中，将多元分析这个步骤省略。

分析综合指数与其他指标的关系主要是通过回归建立一个综合指数和其他变量的回归方程，这一部分的分析可以和敏感性分析融合在一起，识别对综合指标的主要影响因素，其结果也可以用在对所评估的地区绿色经济发展水平的分析当中。

对于敏感性分析，研究中主要是针对两种不同的指标测算方法的结果进行对比，看地区绿色发展水平的排序结果是否受到不同测算方法的影响，并分析造成这种差异的原因是什么。

对于结果可视化的目的主要是增强结果的可读性，尽可能以简单明了的方式向读者传递信息，对于这个步骤也会添加到结果的分析当中。

第三节　绿色经济发展概念的界定

深入理解绿色发展的影响因素和各因素之间的关系对于制定促进绿色经济发展的政策至关重要。而理解绿色发展的基础在于信息，这些信息的获取就需要构建各类指标来衡量绿色经济的发展现状以及发展趋势。

要对不同地区的绿色经济发展水平进行衡量并比较，需要在可比较的数据基础上构建绿色经济发展指标。为此，首先需要构建一个绿色经济发展的理论框架，在此基础上选择适当的衡量指标。同时，所构建的绿色经济发展指标要能够被政府部门的决策者和大众所读懂。

测量绿色经济发展首先需要明确测量的目标，也就是首先要对什么是绿色经济发展做出界定。OECD（2011）将绿色发展定义为："在促进经济增长和发展的同时确保自然资产能够持续地提供人类赖以生存的资源和环境服务。"要实现绿色发展，不仅要实现可持续的增长，还要创造新的经济发展机会，而这些都需要投资和创新才可完成。从这一定义可以发现，绿色是一种促进经济增长的手段。通过重塑经济发展的制度环境、促进市场竞争并建立适当的规制措施，可以为整个经济实现对稀缺环境资源的替代、促进创新、提高人力资本和生产率提供有效的激励，从而实现绿色经济发展。

虽然国内目前也有大量关于绿色经济发展的研究，但是并没有明确地提出什么是绿色经济发展。例如胡鞍钢和周绍杰（2014）对绿色发展的内涵进行了阐述，但如果在没有清楚地界定什么是绿色发展之前就对绿色发展包括什么进行分析，就容易造成对绿色发展概念认识的混乱，也有可能导致选取不恰当的指标体系衡量绿色发展；李晓西等（2014）构建了一个"人类绿色发展指数"。由于缺乏绿色发展概念的界定，所以笔者借鉴了联合国的"人类发展指数"来界定"人类绿色发展指数"。这个指数不仅衡量了生态资源环境的可持续发展情况，也衡量了社会经济的可持续发展状况。联合国的人类发展指数更多的是关注人类的公平和生存发展，这些都是人类社会发展的重要议题，但是并不能表明在任何涉及经济和社会发展的指标中都必须加上人类的发展。如此容易导致对绿色发展理解的偏差，反而不利于真实地反映绿色经济发展的现状。

党的十八大以来，国家领导人的讲话和政策文件的出台促使绿色发展的理念深入人心，逐渐成为时代的潮流。例如"绿水青山就是金山银山"，对长江经济带"坚持共抓大保护、不搞大开发，加强改革创新、战略统筹、规划引导，以长江经济带发展推动经济高质量发展"[1]。由此可见，绿色发展是让"绿色"成为经济发展和增长的新动能，其关键在于推动经济结构的转型，由原来粗放式的发展模式逐渐过渡到集约型和可持续的发展模式。因此，相对来说OECD（2011）给出的绿色发展的定义更符合我国当前发展绿色经济的要求，绿色经济发展不仅是要"绿色"，更要发展。同时要在环境质量和物质生活质

---

[1] 参见：http：//www.xinhuanet.com/2018-04-26/c_1122749143.htm。

量两个方面同时提高人民的生活水平。

　　根据这一定义，可以从四个方面来评价绿色经济发展。分别是：衡量环境和资源生产率的指标；衡量自然资产基础的指标；衡量生活环境质量的指标；衡量政策响应和经济发展潜力的指标。以下分别对这四个方面指标选取的理论依据和指标的确定进行介绍。

第四节　相关研究论述

　　由于绿色经济发展的重要性，目前已有大量的研究对如何评价绿色经济发展情况进行了探索，研究的范围覆盖了地区、国家和国际的比较研究。

　　近年来，对中国绿色经济发展水平的研究日渐增多。2017年，国家统计局、发改委、环境保护部、中央组织部会同有关部门共同发布了我国各地区的绿色发展指数[①]，对2016年各省、自治区、直辖市的生态文明建设情况进行了评价和排名，评价是按照《绿色发展指标体系》来进行的，其中采用综合指数法测算了绿色发展指数。绿色发展指标体系包括环境治理、资源利用、生态保护、环境质量、绿色生活、增长质量和公众满意度这7个方面，共56项评价指标。其中，对公共满意程度结果进行单独的评价与分析，而前面6个方面的55项评价指标纳入绿色发展指数的计算。这次官方发布的《绿色发展指标体系》可以从国家发改委网站上获得[②]。在构建本书的绿色经济发展综合指数时，也会借鉴官方公布的《绿色发展指标体系》中所选择的指标。同时这个官方指标体系文件中还明确标注了哪些是《中华人民共和国国民经济和社会发展第十三个五年规划纲要》确定的资源环境约束性指标，哪些是《中华人民共和国国民经济和社会发展第十三个五年规划纲要》和《中共中央　国务院关于加快推进生态文明建设的意见》等提出的主要监测评价指标。为了反映政策的关注方向，在本书的指标体系构建中也会加入这些重要的方向性指标。

　　相对来说，官方公布的绿色发展指标体系更注重对环境和生态保护方面的评价，而对于经济增长和政策的相应关注并不够。关成华和韩晶（2019）的研究在一定程度上加强了对经济增长因素的关注，主要是添加了三次产业的

---

　　① 参见：http://www.stats.gov.cn/tjsj/zxfb/201712/t20171226_1566827.html。

　　② 参见：http://www.ndrc.gov.cn/gzdt/201612/t20161222_832304.html。

劳动生产率和产出等反映生产率水平的指标。所构建的绿色发展指标体系中则更多地关注了经济发展和增长的潜力，对于资源储备情况等自然条件的关注不够。

国外的相关研究也很丰富。新近兴起的一个概念是包容性绿色增长（Inclusive Green Growth）。包容性绿色增长是将包容性增长和绿色增长的概念相结合，强调应该系统性地解决国家所面临的经济增长、环境可持续性以及社会的包容性等方面的问题（GGKP，2016；Jha et al.，2018）。绿色增长或绿色经济在本质上要求经济发展（或增长）与环境的可持续性（也就是绿色）相匹配。同时，也需要注意到绿色发展不能破坏社会的公平，也就是要注意绿色经济发展的包容性。根据包容性绿色增长的概念，经济的发展应该由经济、社会和环境三个部分所组成。这一概念对于社会公平的强调理应引起人们的重视。

包容性衡量的是绿色经济发展的社会维度，主要关注环境政策的成本和收益是如何在不同的群体之间分配的。比如说家庭和群体对于舒适的生活环境的可获得性是否有区别？哪些群体更容易暴露于环境风险的伤害当中？以及不同群体在环境政策制定当中的话语权如何？绿色经济发展的包容性是维持其可持续发展的关键因素，然而目前的统计资料并不支持构建一个衡量中国绿色经济发展包容度的指标。因此，对于绿色经济发展包容性部分的衡量并不会出现在后续的研究当中。这主要是对于数据可获得性的妥协，而非表明包容性是一个不重要的概念。对于绿色经济发展包容性衡量的缺失也会导致任何试图衡量绿色经济发展水平的努力是不完整的。因此，相关统计部门有必要在今后的工作中加强相关数据的收集。

经济合作与发展组织（OECD）开展了大量的关于绿色经济发展的研究如OECD（2011，2015，2017）。OECD建立的绿色经济增长指标主要覆盖了环境、资源、生活质量以及经济发展潜力这四个方面，并没有加入包容性发展的部分。可能的原因在于OECD要构建的是一个可以被其成员国采用的绿色发展指标体系，因此在选择指标时要考虑到所需数据是否可以获得的问题，因为不同的国家有不同的统计体系。即使在那些声称要衡量包容性绿色发展的文献中，对包容性的衡量也仅是表面性的。

比如，GGKP（2016）选择了五个指标衡量绿色经济发展的包容性：是否可以获得清洁的水源、是否连接污水处理设施、是否可以获得清洁能源、空气PM2.5水平是否超过了世界卫生组织（WHO）推荐的水平以及女性是否拥有地权。对于前四个指标，其实也是包括在了中国官方所公布的绿色发展指标体系当中，如自来水普及率、污水处理率、卫生厕所普及率、PM2.5未达标地级及以上城市浓度下降指标等，只是并没有将其归类为包容性指标。另外，女性是否拥有地权是否可以用来表示环境政策的参与度也值得商榷，因为这取决于具体的应用环境。例如，中国城市地区的土地是由国家所有，农村地区的土地是由集体所有，农户拥有土地的承包权和使用权。在这样的制度下，土地的所有形式并不会对环境保护政策产生实质性的影响，也就是说农户很难通过所拥有的土地权利对环境政策施加影响。

第五节　衡量环境和资源生产率的指标

（一）理论框架

对于绿色经济发展的定义首先需要考虑将投入转变为产出的效率。投入要素的增长可以推动经济的增长。在索罗的增长模型中，资本和劳动力是影响总产出增长的重要因素（Solow，1957）。内生增长理论将人力资本和创新等知识因素列为经济增长的动力（Romer，1994）。同时，也有越来越多的研究者注意到自然资产提供的服务同样是经济增长不可或缺的组成部分（Costanza et al.，2014；Turner & Daily，2008）。一方面，自然资本可以为生产提供投入要素，例如生产中投入的一些不可再生资源（矿产）和可再生资源（海洋捕捞）；另一方面，自然资本还可以沉淀人类生产和生活中所排放的废水、废渣、废气等污染物。在传统的增长模型中，很少计入自然资产提供的服务所做的贡献。因此，在衡量绿色发展的过程中需要予以纠正，既要识别出自然资产提供的有价值的服务，又要尽可能地去衡量这些服务在经济增长中的贡献。

一些学者采用单要素生产率衡量投入要素对经济增长的贡献。例如，关成华和韩晶（2019）以及湖南省社会科学院绿色发展研究团队（2018）在构建绿色发展指标时即采用的劳动生产率，提高劳动生产率对于经济增长和人均收入的提升都是至关重要的。劳动生产率增长的原因可能有两个。第一，平均每个劳动所使用的其他要素数量增加，也就是存在一个其他要素可以对劳动力进行替代，比如用机器替代劳动力可以提高劳动生产率。第二，生产效率的提升，比如通过优化管理方式、改进生产工艺以及采用新的技术等，这不仅会提高劳动生产率，也会使全要素生产率（TFP）增长。

对于自然资产，同样可以构建一个单要素生产率指标。这首先需要计算出自然资产所提供的服务的数量，然后衡量每个单位的服务所能产出的价值。可以将这一指标定义为环境和资源生产率。显然，环境和资源生产率越高，绿色经济发展水平也就越高。环境和资源生产率的变化可能来自于要素的替代或者TFP的增长。比如说，低碳建筑可以实现节能和降低二氧化碳排放的目标（姜虹和李俊明，2010）。因此，低碳建筑的增加可以让环境固碳的需求下降。这个替代构成显然是符合绿色经济发展要求的，因为它同时包含了经济增长和环境效率的因素。

TFP是对生产中所有的要素综合生产率的衡量（Hulten，2001）。在长期的经济增长中，TFP增长是最主要的推动力，TFP的提升表示生产单位产出所需要的综合投入要素数量的下降[①]。如果没有TFP的增长，也就不能实现经济的可持续发展。影响TFP增长的因素有多种。首先，技术扩散会影响TFP的增长（Skinner & Staiger，2015；Xu，2000）。比如说低碳建筑对环境服务功能的替代取决于这项新的技术所采用的比例。其次，资源配置的效率是影响TFP增长的因素之一（Hsieh & Klenow，2009）。如果可以将生产要素从生产率较低的部门重新配置到生产率较高的部门，就可以在没有技术进步的情况下实现TFP的增长。影响TFP增长的第三个因素是创新（Scherer，1986）。创新将生产可能性前沿向外扩张，因此可以在经济体自投入要素使用数量不变的情况下增加产出的数量。同时创新还会带来新的技术或者新的产品，这都能提高TFP的增长。

通过以上的分析可以发现，对于绿色经济发展的衡量需要考虑生产率维度，不仅是传统要素的生产率水平，还需要对生产率中使用到的自然资产的生产率进行度量。然而，与测量传统的生产要素的生产率不同的是，自然资产的数量和种类在地区之间有显著的差异。因此，如果将所构建的环境生产率指标用来进行地区比较时，环境生产率的地区差异在一定程度上反映的是地区之间在产业结构和地理环境方面的差异。为了控制地区之间的产业结构差异，通常用到的做法是假设地区之间具有相同的产业结构（OECD，2011）。

另外需要注意的是，一些环境资产是由多个地区或者国家所共有。比如说气候变化，这已经超出了地区的概念，而是一个全球范围的环境资产。相对来说，水资源的共有范围则比较小。对于长江经济带来说，水资源是一种共有的自然资源和环境资产。虽然也存在南水北调这样的外溢因素，但是长江所提供的生态、环境和生产的服务主要被流域内的地区所使用。因此，在衡量长江经

---

① 可以认为综合投入要素是通过将生产中所有的投入要素进行加权平均之后所得到的一个用于衡量投入数量多少的指数，其中的权重可以用投入要素的产出弹性或者成本份额来表示，具体可以参见Hulten（2001）。

济带的绿色经济发展水平时，将所分析的自然资源和环境因素限定在长江经济带的地域范围以内，以增强不同地区之间绿色经济发展水平的可比较性。最后还需注意的一点是，环境和资源生产率的增长还可以表明这些投入要素的利用效率提高了，但是并不能表示总体环境压力的降低，也不能表明环境压力是否低于某一理想的临界值。因此，除了要衡量资源和环境的生产率之外，还需要额外补充一个衡量总体环境压力的指标（OECD，2008）。

（二）指标选择

绿色经济发展的核心是生产和消费的环境和资源效率。理解环境和资源效率随时间的推移和空间的变化以及在部门之间的差异及其影响因素对于制定促进绿色经济发展的政策是必不可少的。

对于环境和资源的利用效率，可以分为碳排放和能源生产率以及资源生产率两个部分。碳排放和能源生产率反映了经济发展与气候的相互作用，刻画了生产和消费中能源利用的环境和经济效率，并能够对促进低碳技术和清洁能源发展的政策效果做出反馈。资源生产率表示在生产和消费中所使用的自然资源和物质投入的环境和经济效率，能够反映旨在促进资源生产率和可持续利用的政策效果。相关的指标包括：

能源生产率（亿元／万吨）：每单位基础能源的产值，等于地区 GDP 除以基础能源消费总量。

行业能源强度（吨／亿元）：表示三次产业单位 GDP 的能耗，等于行业能源消费数量除以该行业的 GDP。

可再生能源份额（%）：表示可再生能源在总基础能源供给中所占的比例以及在总发电量中所占的比例。

水资源生产率（元／立方米）：消耗单位水资源所产出的增加值。

农田灌溉效率（%）：用节水灌溉面积占灌溉总面积的比例表示。

建设用地生产率（万元／公顷）：等于地区 GDP 除以建设用地面积。

碳排放生产率（亿元／万吨）：用单位二氧化碳排放产值表示，等于地区 GDP 水平除以二氧化碳排放总量。目前，并没有公开的各地区二氧化碳排放的数据。对此，根据此前计算的各地区标准煤消耗量乘以一个折算系数，计算出二氧化碳的排放量。对此，参照徐斌、陈宇芳、沈小波（2019）的研究，将吨标准煤的二氧化碳排放系数定为 2.7 吨。

一般工业固体废物综合利用率（%）：地区内一般工业固体废物处理及综合利用量占一般工业固体废物产生总量的比值。

第六节 自然资产基础

（一）理论框架

保持自然资源基础的完整度是实现可持续发展的关键。自然资产基础的下降会给未来的经济增长带来风险。资产基础包括生产出来的和天然的资产，尤其是环境资产和自然资源。对于绿色经济发展来说，重要的是经济和自然资产。保持资产基础的完整性主要是指这些资产的净投入为正，也就是通过投资和自然再生所增加的资产要超过由于折旧和消耗所导致下降的资产（Heal & Kriström，2007）。

在经济发展的过程中，不同时期对于不同的资产需求程度也会发生变化。这可以反映在不同资产之间的替代关系及其相对价格上。对于可持续的经济发展来说，当一种重要的资产数量下降时，需要用另外一种资产进行替代。而产生这种替代的关键就在于创新和技术进步。在一个完全竞争的市场经济中，要素之间的相对价格反映了它们的替代关系，因为相对价格反映了社会的偏好以及对于未来的预期。然而，对大多数资产尤其是自然资产来说，缺少这样的市场价格发现机制。因此，对于资产基础的衡量仍有赖于对这些资产数量的估算。

对于自然资产数量的衡量，除了估算其存量之外，还需要找到一个临界值，即当自然资产低于这个临界值时会使绿色经济发展变得不可实现或者发展模式不可持续。但是这种理论上的设想很难在实践当中实施。其中一个原因在于这个衡量自然资产可持续利用水平的临界值是因地而异的，因此一个地区的临界值可能对另一个地区并没有参考价值。另外，如何从科学的角度设定这样一个临界值也有很大的争议。此外，从绿色经济发展的角度来说，所构建的衡量自然资产基础的指标确实是和经济增长和发展密切相关的。

根据现有的研究（Gylfason，2001），一些自然资产对于经济的绿色发展是至关重要的，如稳定的气候、水资源、森林资源、渔业资源、矿产资源、土地资源、野生动物资源等。除此之外，绿色经济发展的资产基础中还应该包括经济资产。例如，人力资本是推动创新和生产率增长的关键资产，应该包括在衡量绿色经济发展的指标体系当中。

（二）指标选择

自然资源是经济活动和人类生活的基础，原材料、能源、水、空气、土地这些生产生活所必需的物品均来自于自然资源，同时还要提供必要的环境和社会服务。自然资源的开采和消耗不仅影响当代人的福利和生活质量，而且还影响子孙后代的福利水平。比如石油和天然气的开采和矿产、渔业和森林资源的开发等。

不同地区自然资源的种类、丰度以及价值都存在较大的差异。对这些自然资源的有效利用和可持续管理对于经济增长和环境质量的改善都有着重要的作用。对于绿色经济发展来说，重要的是将这些资源的价值最大化。这需要确保可再生和非可再生资源的充足供给，以确保经济活动的正常开展和经济增长的可持续进行；这需要有效的管理在自然资源的开采和处理过程中产生的环境影响，把对环境质量和人类健康的影响最小化；这需要防止自然资源的退化和衰竭；最后，还需要确保自然资源能够持续地提供没有排他性的环境服务。

自然资源作为绿色经济发展的基础，其条件的改善情况可以通过评估其存量的变化、所提供的环境服务数量的变化以及对自然资产数量、质量或价值保持的程度来了解。

综上所述，可以从以下两个方面衡量绿色经济发展的资源资产基础：

1. 自然资源的可获得性

人均水资源占有量（立方米／人）：地区水资源总量除以地区常住人口总量。

森林覆盖率（％）：地区森林面积占土地总面积的比率。

森林蓄积量（万立方米）：地区森林中林木材积的总量。

人均耕地面积（亩／人）：地区耕地面积除以地区常住人口总量。

2. 生态环境和生物多样性

陆地自然保护区占比（％）：保护区面积占辖区面积的比率。

湿地占比（％）：湿地总面积占辖区国土面积的比重。

第七节　生活质量的环境因素

（一）理论框架

资产基础的完整度和一个社会的福利水平息息相关。福利是一个多维度的概念，不仅包括物质生活水平，也包括生活质量，如健康、教育、治安状况等。绿色经济发展也和福利相关，尤其是生态环境对于人们生活质量的影响。

生态环境对于人们的健康水平和更广义的福利水平有着重要影响。收入的增长并不一定带来福利水平的提升。从概念上来讲，一个社会的效用水平不仅取决于消费可能性前沿的扩张，还取决于自然资产的状况，因为后者会对人们的广义福利水平产生影响。例如，空气污染的程度可能随着收入水平的提高而加重，这会对人们的健康状况产生负面的影响。收入水平的提升可能也会伴随着水资源紧缺状况的加剧。伴随着收入增长的温室气体排放量的增加导致全球变暖，造成作物减产和生物多样性消失，并进一步加剧了水资源的紧缺。

要衡量影响生活质量的环境因素，需从以下四个方面考虑：第一，污染物的排放水平以及相关的健康影响；第二，生态环境风险的发生率；第三，基础环境服务的可获得性，尤其是饮用水和污水处理设施；第四，人们对生态环境的主观评价。

（二）指标选择

环境质量在决定人们的健康状况和福利水平中起到了重要作用，因此如果随着收入水平的提高而环境质量却下降的话，总体的福利水平不一定会得到改善。环境质量的下降不仅是不可持续发展模式的结果，也会降低未来经济的可持续发展潜力。环境质量下降对于经济和社会的影响是巨大的，比如说对人体健康的损害、作物减产、生态环境功能的丧失以及较低的生活质量水平。

环境质量对于人们生活的影响是多方面的。比如空气污染、水污染、有毒物质、噪声等对于人体健康有着重大的伤害。其他诸如气候变化、生物多样性的丧失以及自然灾害也会破坏整个生态系统，对人们的生活造成影响。环境还可以为人类提供有价值的产品和服务，比如清洁的饮用水、自然景观等。对于绿色经济发展来说，比较重要的环境质量因素包括：

1. 环境污染和环境风险

化学需氧量排放总量减少（%）：各地区化学需氧量排放总量下降的百分比。

氨氮排放总量减少（%）：各地区氨氮排放总量下降的百分比。

二氧化硫排放总量减少（%）：各地区二氧化硫排放总量下降的百分比。

氮氧化物排放总量减少（%）：各地区氮氧化物排放总量下降的百分比。

地级及以上城市空气质量优良天数比率（%）：地级及以上城市空气质量达到良及以上水平的天数占全面总天数的百分比。

地表水达到或好于Ⅲ类水体比例（%）：各地区江河湖泊水库等地表水监测点中达到Ⅲ类水体以上的监测点的比例。

地表水劣V类水体比例：各地区江河湖泊水库等地表水监测点中为劣V类水体的监测点比例。

单位耕地面积化肥施用量（千克/亩）：各地区农用化肥施用总量除以耕地面积。

单位耕地面积农药使用量（千克/亩）：各地区农药使用总量除以耕地面积。

2.环境服务的可获得性

包括三个指标，分别是生活垃圾无害化处理率（%）：无害化处理的城市市区垃圾数量占市区生活垃圾产生总量的百分比。

污水集中处理率（%）：经过处理的生活污水、工业废水量占污水排放总量的百分比。

地级及以上城市集中式饮水水源水质达到或优于Ⅲ类比例（%）：集中式饮用水水源水质达标状况用水量达标率和水源达标率2项指标分别表示，其中水量达标率权重占0.7，水源达标率权重为0.3。水量达标率反映水源地总供水量中水质达到或优于Ⅲ类水质的百分比，水源达标率则反映了水质达到Ⅲ类或以上的水源地个数占总水源地个数的百分比。

第八节　经济发展潜力和政策响应

（一）理论框架

Xepapadeas（2005）、Brock 和 Taylor（2005）、Bartz 和 Kelly（2008）以及 Cherniwchan（2012）等的研究构建了一个经济发展和环境相耦合的增长模型。但这类模型主要的缺陷在于没有容纳创新活动，尤其绿色经济发展是对原有的发展模式的根本性变革，或者可以称之为一个"熊彼特主义"的创造性毁灭的过程（Guiltinan，2009）。因为绿色发展模式意味着原有的生产和消费方式的不适应，必须要由新的生产和消费方式所取代。在这个替代的过程中，必然会产生大量新的经济和发展机遇，也就是会有大量的创新活动出现。要促使这一转变过程的完成，需要有正确的激励，而正确的激励又取决于正确的政策和制度环境。其中，价格机制是一个重要的市场制度，它不仅指明了创新的方向，而且还对重要的自然资产的价值做出了评估。

可以认为，绿色产业、绿色产品或者与绿色产业相关的就业是绿色经济发展所带来的新机遇。但是从实际操作的角度来说，从这些角度衡量绿色经济发展所创造的新机遇并不容易,因为相关的统计数字难以获得,这也反映了相关统计工作的欠缺。统计数据对于支持绿色经济发展是非常重要的,相关的统计工作应该在以下这些方面加强。

1. 研发与创新

显然,创新在绿色经济发展中处于核心地位。创新可以提高全要素生产率,使产出的增加脱离要素投入增长的限制。同时,创新不仅是技术的改进,也包括新理念、新产品、新商业模式以及新消费模式。广义的创新不同于绿色创新,后者主要是与环境相关的研发与技术。对于绿色发展来说,应该关注绿色创新。但是在统计数据中,并没有将用于创新的研发活动按照所处的行业和目的进行分类,仅有各地区研发的支出总额和研究人员总数。因此,要衡量绿色经济发展在创新活动中的潜力,必须要做出权衡,用各地区广义的研发指数和人员相关数据代表绿色创新的发展程度。同时,在数据和资料允许的情况下,对各地区的绿色创新情况进行定性的描述分析。

2. 国际贸易

国际贸易的发展会带来新的机遇。同时,环境产品和服务的贸易对于绿色发展也起着关键作用(Kennet & Steenblik, 2005)。对进口国来说,降低环境产品和服务的贸易壁垒可以提高更有效率、更多样化和成本更低的环境产品和服务的可获得性。对于出口国而言,降低相关贸易壁垒可以开拓新的产品市场,刺激该产业在国际中的竞争力的提升,通过技术的研发和技术扩散提高全球的绿色经济发展水平。然而,对于指标的构建来说,相关的绿色产品和服务的进出口数据并不容易获得,主要是关于如何对绿色产品和服务进行分类没有统一的标准。

3. 外商直接投资(FDI)

FDI同样有助于国内发展绿色经济,例如FDI可以为绿色生产技术进行融资,或者促进绿色生产技术的引入。但是构建一个衡量FDI的"绿色"水平的指标面临现实障碍,主要是目前对于哪些FDI可以划分为绿色投资并不清楚,同时数据的可获得性也是问题。因此,需要进行识别和测量绿色FDI的相关工作。

4. 价格和税收

良好的价格形成机制和稳定的市场能够塑造有利于绿色经济发展的生产者和消费者行为。当生产者和消费者行为对环境产生负外部性时,设定正确的价格可以在一定程度上纠正这种负外部性。例如,政府可以通过征收环境税的方式来纠正市场失灵。但是直接采用所观察到的环境税收或者自然资产的价格并不能真实地反映绿色经济发展的情况。比如,如何将一种税收归结为环境税?

是按照征税的目标还是按照该税种的相关影响？燃油税可以被认为是环境税吗？对自然资产的定价也存在问题。比如水价，水价本身并不能告诉我们价格的形成是否正确，因为缺少一个相应的价格发现机制。但是可以从另外一个角度衡量水价的制定是否合理，比如根据当前所制定的用水价格结构，在多大程度上可以覆盖供水成本和污水处理成本，覆盖的程度越高，表明水价确定越合理。同样的道理，环境税在总体税收中所占份额越高，表明从政策层面对于环境保护问题越重视。另外，具有环保目标的补贴在构建绿色发展衡量指标时也应该考虑进来。根据数据的可获得性，将对上述指标进行取舍。

5. 规制和管理方式

规制对于降低经济发展对环境的负面影响也起到很大的作用。但是构建一个衡量规制水平的指标并不容易，因为关于规制的大多数信息都是定性的，而非定量的。例如，可以观察到是否对汽车的尾气排放标准有了新的规定，但是很难量化新的排放标准的环境效应。就绿色经济的管理方式而言，可以采用政府部门颁发的与绿色发展相关的证书的数量来表示，如绿色产品标签等。证书的数量表明了在生产中采用环境友好的生产管理方式的普遍性。

6. 培训和技能培养

教育、培训和技能培养与创新能力的发展息息相关。政府部门在实现与环境相关的教育普及中起到重要作用，尤其是在高等教育当中。

（二）指标选择

政府部门可以通过各类经济政策和规制手段刺激生产向绿色发展，从而促进绿色经济的增长。比如鼓励企业间的合作和共享，提高绿色生产技术的扩散速度；鼓励新技术的发明、创造和推广；增强政策之间的协调性等。政府部门所出台的保护环境的政策不仅能够切实起到环境保护的效果，还能促进经济的增长、国际竞争力的提升和就业条件的改善等。就经济的发展机遇和政策来说，可以从以下三个方面衡量绿色经济发展潜力：

1. 经济的发展和创新

主要指标包括：

战略性新兴产业增加值占 GDP 比重（%）：即新一代信息技术产业、高端装备制造产业、新材料产业、生物产业、新能源汽车产业、新能源产业、节能环保产业、数字创意产业、相关服务业等行业的增加值占地区国内生产总值（GDP）的百分比。

第三产业增加值占 GDP 比重（%）：用第三产业的增加值占地区 GDP 的百分比表示。

研究与试验发展经费投入强度（%）：地区用于基础研究、应用研究和试验发展的经费支出占地区 GDP 的百分比。

居民人均可支配收入（元）：居民可用于最终消费支出和储蓄的总收入。

人均 GDP 增长率（%）：末期人均 GDP 相对于基期人均 GDP 的增长率。

文盲率（%）：15 岁以上不识字人口占总人口的百分比。

人均预期寿命（岁）：自出生起算一个人存活的平均年限。

2. 环境产品和服务的生产

主要指标包括：

新能源汽车保有量增长率（%）：末期新能源汽车保有量与基期相比的增长率。

城镇每万人口公共交通客运量（万人次 / 万人）：每年每万人乘坐公共汽车和轨道交通的客运量。

城市建成区绿地率（%）：建成区内各类城市绿地面积之和占建成区面积的百分比。

环境污染治理投资占 GDP 比重（%）：即城镇环境基础设施建设投入、工业污染源治理投资，以及当年完成环保验收项目环保投资占地区 GDP 的百分比。

农村卫生厕所普及率（%）：年末符合国家农村厕所卫生标准的累计卫生厕所户数占农村总户数的百分比。

3. 对外合作潜力

主要指标包括：

对外贸易依存度（%）：用地区进出口总额占 GDP 的比重表示。

FDI 占地区增加值比重（%）：表示为当年外商直接投资额占 GDP 的百分比。

第九节 权重设计和加总方法

（一）权重设计

权重的选择对于综合指数的影响很大，不仅会影响一个地区绿色经济发展水平的得分，而且会影响地区之间的相对排名。在综合指数法中，设定权重的方法很多。大致可以将这些方法划分为统计方法和主观设定法。就统计方法而言，常用的有因子分析、数据包络分析（DEA）、结构方程模型、联合分析、层次分析法等。主观设定法则是由研究人员判断不同因素之间的相对重要性，同时结合专家的意见，以更好地反映政策优先关注的领域或更好地贴合经济理论（如湖南省社会科学院绿色发展研究团队（2018）通过德尔菲法将专家意见转化为不同指标的权重）。不管采用哪种方法，权重的选择本质上都是一种价值判断。大多数的综合指数法采用等权重的方法，即给予每个变量相同的权重（如关成华和韩晶（2019）是在一级指标下采用等权重的方法设置三级指标的权重）。这表明所有的变量对于综合指数来说都是同等重要的。如果对于变量之间的因果关系不是很明确，或者对于权重的设定争议很大，可能设置相当的权重是合适的。在设定权重时，也可以参考数据的质量，对于统计上可靠的数据设定较高的权重，但是这样也会导致所构建的综合指数向某些指标倾斜。

当采用相等的权重时，有可能会导致双重计算的问题。也就是当变量之间高度相关时，加权其实是将类似的变量进行了重复的计算。对此，可以通过计算 Pearson 相关系数的方法进行检验。根据计算的结果，可以只保留相关度比较低的变量，或者调整权重的设置，比如说给予相关度较高的指标较低的权重。同时，减少综合指数中包括的变量个数也会使指数更加简洁易懂。

不同的权重设计方法也有各自的缺陷。比如，采用主成分分析和因子分析可以根据变量之间的相关性对变量进行分类。但是如果变量之间缺少相关性，则无法使用这些方法。主观设定权重的方法可以综合专家、公众和政策决策者的意见设定权重。当有明确的政策导向时，采用主观权重设定法较为合适；但是如果进行地区之间的比较，根据主观权重计算的综合指数是否合适是值得商榷的。因为还需要考虑到不同地区之间的政策优先次序是否相同，也就是不同地区所面临的生态环境压力的类型可能是不同的。

在本书的研究中，采用了等权重方法和专家打分法相结合的权重设定方式。没有采用主成分分析或因子分析的方法主要是因为样本量太小，而变量个数太多，这会影响相关统计分析的精确性。为了确保所计算的绿色经济发展指数在地区之间和不同时间的可比性，令所设定的权重不随时间和地区而变化。对于衡量绿色经济发展的四个一级指标设定相等的权重，即四个一级指标各占 25% 的权重。这样的设定假设对于绿色经济发展来说，资源和环境生产率、自然资源基础、生活环境质量、经济发展潜力和政策具有相同的重要性。资源和环境生产率的二级指标资源生产率占 70% 的权重，环境生产率占 30% 的权重，这种设定体现了对由于碳排放所导致的全球变暖的重视；对于自然资源基础的二级指标，设定相等的权重；生活环境质量的二级指标环境污染和环境风险占 70% 的权重，环境服务的可获得性占 30% 的权重；经济发展潜力和政策相应的二级指标中，经济发展和创新占 60% 的权重，环境产品和服务的生产占 30% 的权重，对外合作潜力占 10% 的权重。三级指标再平均分配二级指标的权重。根据以上方法所得到的各指标的权重见表 5-1。

表 5-1 绿色经济发展指标体系的权重设定

一级指标	二级指标	序号	三级指标	权重
资源和环境生产率	资源生产率	111	能源生产率	0.0175
		112	第一产业能源强度	0.0175
		113	第二产业能源强度	0.0175
		114	第三产业能源强度	0.0175
		115	可再生能源份额	0.0175
		116	水资源生产率	0.0175
		117	节水灌溉面积占灌溉总面积的比例	0.0175
		118	建设用地生产率	0.0175
		119	一般工业固体废物综合利用率	0.0175
	环境生产率	121	碳排放生产率	0.075
自然资源基础	自然资源可获得性	211	人均水资源占有量	0.04167
		212	森林覆盖率	0.04167
		213	森林蓄积量	0.04167
		214	人均耕地面积	0.04167
		215	陆地自然保护区面积占比	0.04166
		216	湿地面积占比	0.04166
生活质量的环境因素	环境污染和环境风险	311	化学需氧量排放总量减少	0.01944
		312	氨氮排放总量减少	0.01944
		313	二氧化硫排放总量减少	0.01944
		314	氮氧化物排放总量减少	0.01944
		315	地级及以上城市空气质量优良天数比率	0.01944
		316	地表水达到或好于Ⅲ类水体比例	0.01944
		317	地表水劣Ⅴ类水体比例	0.01944
		318	单位耕地面积化肥施用量	0.01944
		319	单位耕地面积农药使用量	0.01944

续表

一级指标	二级指标	序号	三级指标	权重
生活质量的环境因素	环境服务的可获得性	321	城市地区生活垃圾无害化处理率	0.025
		322	污水集中处理率	0.025
		323	地级及以上城市集中式饮水水源水质达到或优于Ⅲ类比例	0.025
经济发展潜力和政策响应	经济的发展和创新	411	战略性新兴产业增加值占 GDP 比重	0.02143
		412	第三产业增加值占 GDP 比重	0.02143
		413	R&D 经费投入强度	0.02143
		414	居民人均可支配收入	0.02143
		415	人均 GDP 增长率	0.02143
		416	文盲率	0.02143
		417	人均预期寿命	0.02143
	环境产品和服务的生产	421	新能源汽车保有量增长率	0.015
		422	城镇每万人口公共交通客运量	0.015
		423	城市建成区绿地率	0.015
		424	环境污染治理投资占 GDP 比重	0.015
		425	农村卫生厕所普及率	0.015
	对外合作潜力	431	对外贸易依存度	0.0125
		432	FDI 占地区增加值比重	0.0125

（二）加总方法

在综合指数的计算中，有多种加总的方法可以选择，比如线性加总。当所有的指标具有相同的测量单位时，可以采用线性加总方法。如果要对指标之间的替代关系施加约束，则可以采用几何加总法。

不管是线性加总还是几何加总，都表示不同的指标之间可以相互替代。也就是说，某一个方面的缺陷可以由另一些指标来弥补。但这就与权重设定的初衷是相悖的，因为权重的目的就是为了表示哪些指标是重要的，哪些是不重要的。在线性加总中，指标之间的替代关系是固定的；而在几何加总中，当综合指数的值较低时，指标之间的替代性也较弱。

如果政策的制定可以允许不同指标之间的替代关系，则用线性加总容易得出更高的综合指数得分。因为在几何加总中，如果一个指标的得分较低，则需要极大地提高另外一些指标的分数，才能使综合指数得分上升。但是，当原先得分较低的指标有了改善时，几何加总也会给出比线性加总更高的综合指数得分的增长。因此，如果一个地区关注自己的绿色经济发展水平的排名，则会优先考虑改善原先得分较低的领域，因为这会快速地提高总分数。

要使权重能够保持其本来的作用，就需要对指标之间的替代性进行限制，也就需要相应地调整加总的方法。同时，如果在综合指数中所包含的指标有明显的差异，也需要对指标之间的替代性进行限制。在绿色经济发展的指数中，包括了经济效率、资源状况、环境质量、增长潜力等方面的指标，每个方面之间的替代关系应该是有限的，这也是绿色经济发展概念的本质：经济的增长不能以牺牲生态环境质量为代价，否则就不能称之为绿色发展[1]。因此，不管是线性加总还是几何加总，对于绿色发展的概念来说都是不合适的。

对此，可以采用的加总方法是多标准方法（Multi-criteria Approach，MCA）。MCA 可以在同时考虑多个目标时，对不同目标之间的替代性予以限制。MCA 受到异常值的影响也很小，因为 MCA 只考虑变量大小的排序关系。MCA 的缺点在于当所包含的地区数量较多时，会产生很大的计算量（Munda & Nardo, 2009）。但是对于本书来说，长江经济带中仅包含 10 个省级行政单位，在应用 MCA 时所产生的计算量是可控的。因此本书采用 MCA 方法对绿色经济发展的各指标进行加总。但同时也会加上线性加总和几何加总的计算结果，一方面可以得到不同的加总方法的计算结果的差异，另一方面可以检验计算结果是否对加总方法稳健。

（三）MCA 方法

MCA 是一种非线性的加总方法。如果构建的综合指数中的权重表示各项指标的重要性强弱，则需要使用非替代性的加总方法（Bouyssou & Vansnick, 1986）。这就需要在使用 MCA 方法时，将各项指标的数值转化为一个排序变量（Munda & Nardo, 2009），如 Arrow 和 Raynaud（1986）指出，这样的转化并不会造成信息的损失。同时，考虑到很多变量的测量存在的偏误，将这些指标转化为排序变量也可以降低测量误差对综合指数的影响。

对于所计算的绿色经济发展综合指数，不仅需要它可以用来比较两个不同

---

[1] 官方公布的绿色发展指数采用的是线性加总的方法，因此暗含的假设是不同的指标之间是可以相互替代的。

地区的发展水平，还要能够对所有的地区绿色经济发展水平进行比较。这就需要 MCA 满足以下三条公理（Arrow & Raynaud，1986）：

多样化：对所研究的地区，每个指标对各个地区均可以完全排序。

对称性：各指标的取值和排序一一对应。

单调性：对某一个指标来说，偏好水平随着排名的提高而提升、随着权重的增加而提升。

令 $G=\{g_n\}$（$n=1$，…，N）表示指标集合，每个指标 g_n 都是按照大小顺序排列的，$A=\{a_m\}$（$m=1$，…，M）表示地区集合。令 P 和 I 表示两种偏好关系，其中 P 表示优于，I 表示无差异，可表示为式（5-1）和式（5-2）：

$$a_j p a_k \Leftrightarrow g_n(a_j) > g_n(a_k) \tag{5-1}$$

$$a_j I a_k \Leftrightarrow g_n(a_j) = g_n(a_k) \tag{5-2}$$

其中，$j \neq k$；j，$k=1$，…，M。在 MCA 的分析框架中，对于所有地区的排名之前要先建立两两地区之间的比较。由此，可以构建一个 $M \times M$ 维的排序矩阵 E。令 $e_{jk}(j \neq k)$ 表示排序矩阵 E 中的元素，代表地区 j 与地区 k 根据所有的 N 个指标进行比较的结果。e_{jk} 的可表达为式（5-3）：

$$e_{jk} = \sum_{n=1}^{N} \left(w_n(P_{jk}) + \frac{1}{2} w_n(I_{jk}) \right) \tag{5-3}$$

其中，$w_n(P_{jk})$ 和 $w_n(I_{jk})$ 分别为两个示性函数。对于第 n 个指标，当 $a_j p a_k$ 成立时，$w_n(P_{jk})$ 等于这个指标的权重，而 $w_n(I_{jk})$ 等于 0；当 $a_j I a_k$ 成立时，$w_n(P_{jk})$ 等于 0，$w_n(I_{jk})$ 等于这个指标的权重；当 $a_j P a_k$ 和 $a_j I a_k$ 均不成立时，$w_n(P_{jk})$ 和 $w_n(I_{jk})$ 都等于 0。由此，可以很容易证明出式（5-4）：

$$e_{jk}+e_{kj}=1 \tag{5-4}$$

根据式（5-4），可以将排序矩阵 E 视为一个投票矩阵（Voting Matrix）（Munda & Nardo，2009）。其意义在于，当式（5-4）成立时，根据 MCA 所构建的地区之间的排序关系是满足以上三条公理的（Arrow & Raynaud，1986）。

对于 M 个国家，可能存在的排序关系共有 M! 个。令 R 表示所有可能的排序集合，$R=\{r_s\}$，$s=1$，…，$M!$，其中 r_s 表示某一个可能的排序。对于每一个 r_s，从中选出两个地区进行排序，共有 K 种结果，其中 $K=\dfrac{N!}{(N-2)!}$。对于这 K 个两两比较的结果，可以式（5-3）计算得到 K 个 e_{jk}，将这 K 个 e_{jk} 相加，可以得到一个排序得分 φ_s，即式（5-5）：

$$\varphi_s = \sum e_{jk}；\quad j \neq k；\quad s=1，…，M!；\quad e_{jk} \in r_s \tag{5-5}$$

根据式（5-5）可以计算得到 M！个排序得分，最终的排序是得分最高的那个排序。

显然这个排序的方法要比线性加总和几何加总更复杂一些，而且 MCA 的方法会产生非常大的计算量。假设 M=10，则可能的排序有 10!=3628800 种可能，要计算所有的可能性需要较长的时间才能完成。当所比较的地区更多时，所产生的计算量更是难以想象。因此，在有效的算法发展出来以前，MCA 的应用进展很慢。

本书旨在对长江经济带的省份的绿色经济发展水平进行排序，而长江经济带中的省份个数有 11 个。因此，对这 11 个省份进行排序比较需要产生大量的计算时间。为了降低计算量，将长江经济带划分为上游地区、中游地区和下游地区，其中上游地区有 4 个省（直辖市）、中游地区有 3 个省、下游地区有 4 个省（直辖市）。经过划分之后，所需的计算量大幅度降低。因此，对于上中下游三个地区的省（直辖市）的绿色经济发展水平的排序就采用 MCA 方法进行，同时加入线性加总和几何加总的排序结果进行比较。对长江经济带所有省级行政单位和主要城市进行排序时，由于涉及的单位较多，因此仅采用线性加总和几何加总两种方法计算绿色经济发展指数并进行排序。

（四）其他加总方法

1. 线性加总

令 LI 表示经过线性加总的综合指数，则 LI 可以表示为式（5-6）：

$$LI = \sum_{i=1}^{N} w_i x_i \qquad (5-6)$$

其中，x_i（i=1，…，N）表示经过标准化之后的单项指标（其中 N 为指标个数），w_i 表示各项指标的权重，且有 $\sum_{i=1}^{N} w_i = 1$，$0 \leq w_i \leq 1$。

2. 几何加总

令 GI 表示经过几何加总的综合指数，则 GI 可以表示为式（5-7）：

$$GI = \prod_{i=1}^{N} x_i^{w_i} \qquad (5-7)$$

第六章
长江经济带主要省份绿色发展评价

第一节　引言

　　党的十九大报告指出，我国经济已由高速增长阶段转向高质量发展阶段，正处在转变发展方式、优化经济结构、转换增长动力的攻关期，由此带来的重大转变是由于"新时代下中国社会主要矛盾已经从落后的社会生产和人民日益增长的物质文化需求之间的矛盾转为人民日益增长的美好生活需要和不平衡不充分的发展之间的矛盾"。这一矛盾意味着仅仅以经济增长为衡量发展的主要标准已经不能适应目前社会发展的需求。绿色发展结合了经济社会发展和资源环境保护等方面，全方位衡量发展进度，以实现经济的可持续发展。

　　长江经济带作为中国新一轮改革开放转型实施新区域开放开发战略的地带，是具有全球影响力的内核经济带、东中西互动合作的协调发展带、沿海沿江沿边全面推进对内对外的开放带，更是生态文明建设的先行示范带，其相关规划、政策和方案的提出和实施有助于长江经济带充分发挥区位优势，以生态和绿色发展为引领，推动区域协调发展和高质量发展。

　　本章依据上一章所确定的长江经济带绿色发展评价指标，通过来自《中国统计年鉴》《中国能源统计年鉴》《中国环境统计年鉴》《中国水利统计年鉴》《中国农村统计年鉴》《中国城市建设统计年鉴》等各统计年鉴中 2016 年的数据，利用线性加总和 MCA 两种评价方法对长江经济带中 11 个省市进行绿色发展评价，分别是：上海市、浙江省、四川省、重庆市、江西省、云南省、湖北省、江苏省、安徽省、湖南省、贵州省。我们又将长江经济带中的 11 个省市分为长江下游、长江中游、长江上游三个区域，其中长江下游地区包括上海市、浙江省、江苏省和安徽省 4 个省（直辖市）；长江中游地区包括湖南省、湖北省和江西省 3 个省；长江上游地区包括四川省、重庆市、云南省和贵州省 4 个省（直辖市），并分别对各区域进行绿色经济发展评估。

考虑到线性加总方法能够充分利用原始数据进行评价，且其他研究也多采用线性加总的方法，为了加强不同研究之间的可比性，最后的评价结果以线性加总为主、MCA 为辅，将两种方法的评价结果进行对比，得到更科学、更客观的评价结果。

本章第一部分为引言；第二部分介绍了在评价过程中所运用的数据来源和采用的数据标准化的方法；第三部分为我们对 11 个省市的绿色发展评价结果进行总体分析，并对其进行分指标、分区域的对比；第四部分、第五部分和第六部分分别分析了长江下游地区、长江中游地区和长江上游地区的绿色发展评价情况，同样在分析的过程中先对三个区域的评价结果进行总体分析，然后再分指标、分区域进行对比；第七部分为小结，根据评价和分析的结果，针对部分较为特殊的情况提出相应的、具有针对性的建议。

第二节 数据来源和标准化方法

一、数据来源

构建衡量长江经济带绿色经济发展水平的综合指数涉及多个指标，覆盖范围广泛，数据来自各级、各地区、各部分的统计年鉴和统计公报。由于目前仅能获得 2017 年的《中国能源统计年鉴》，因此将本书研究的时间定为 2016 年。具体数据来源请参见附录。需要注意的是，在附录中仅列出了计算各指标的主要数据来源，如在计算能源生产率时，除了需要能源的消耗量以外，还需要地区增加值的数据。对于地区的增加值这类常见数据的来源并没有列出，而仅列出地区能源消耗总量的数据。

二、数据的标准化

由于各指标的单位和取值均值有较大的差异，因此在加总之前需要对数据进行标准化处理。常用的标准化方法有：

（一）排序法

排序法即是对某一个指标数值的大小对地区进行排序，用序号作为标准化的结果，这种方法不受异常值的影响。随着时间推移，一个地区排名的变化反映了该地区在这个指标上的进展情况。

（二）最小最大值法

令 $x_{j,i}$ 表示第 j 个地区的第 i 个指标，则最小最大值法的表达式可以表示为式（6-1）：

$$I_{j,i} = \frac{x_{j,i} - \min_j(x_i)}{\max_j(x_i) - \min_j(x_i)} \qquad (6-1)$$

其中，$I_{j,i}$ 表示标准化之后的数值，$\max_j(x_i)$ 和 $\min_j(x_i)$ 分别表示所有 M 个地区中指标 x_i 的最大值和最小值。

该方法可以将指标的取值区间转换为同样的 ［0，1］ 范围之内。关成华和韩晶（2019）以及湖南省社会科学院绿色发展研究团队（2018）均采用了最小最大值法对各指标进行标准化。这种方法也容易受到异常值的影响。另外，最小最大值法可以将原本变化范围很小的变量的取值范围扩大（如原先变量的变化范围小于 1，经过标准化之后变化范围变为 1）。

（三）其他标准化方法

Z 值法。Z 值法是将指标转换为一个零均值，标准差为 1 的变量，从而所有的指标均具有相同的单位。

令 y_{ij}（i=1，…，N；j=1，…，M）表示未经过标准化的指标，$\bar{y}_i$ 表示第 i 个指标的平均值，σ_i 表示第 i 个指标的样本标准差。则 Z 值法的标准化表达式为式（6-2）：

$$x_{ij} = \frac{y_{ij} - \bar{y}_i}{\sigma_i} \qquad (6-2)$$

由此可以发现，经过 Z 值标准化之后，所有指标的分散程度都比较相似。如果比较不同时期指标的变化，需要固定指标的均值和标准差取值，通常是选择第一个时期各指标的均值和标准差。需要注意的是，Z 值法易受到异常值的影响，较大的异常值对综合指数的结果有较大的影响。

参考值法。也就是为一个指标的取值选定一个参考值，然后衡量每个地区相对于这个参考点的位置。如果某个指标有明确的发展目标，则可以用参考点法对数据进行标准化，所选择的参考点可以是一个其他地区的参考值。也可以采用数值排名位于中间的地区的取值作为参考值，并将这个地区的取值重新设定为 1，其他地区的得分取决于和参考点的距离。如果标准化分数大于 1，则表明该地区的表现在平均水平以上；如果标准化分数小于 1，则表明该地区的表现在平均水平以下。另外，也可以将各指标取值最大的地区设置为1，其他地区的标准化取值为各地区指标占最大值的百分比。

如果单独对一些环境指标进行标准化，则参考点法比较适合。如单位GDP能耗、单位GDP二氧化碳排放量等属于《中华人民共和国国民经济和社会发展第十三个五年规划纲要》确定的资源环境约束性指标。因此，可以将《中华人民共和国国民经济和社会发展第十三个五年规划纲要》确定的目标设定为参考值，然后计算各指标的观察值与参考值的比值，作为标准化的结果。

（四）标准化方法的选择

不同的方法有不同的适用范围和缺陷。对本书来说，由于分别采用了线性加总、几何加总和MCA的方法来计算绿色经济发展综合指数，因此也需要为每个方法选择适当的标准化方法。

在采用MCA计算绿色经济发展综合指数时采用排序法对各指标进行标准化；采用线性加总和几何加总等方法时，采用Z值法对各指标进行标准化。虽然也可以采用参考值法对数据进行标准化，但是不同指标的参考值选择标准并不统一。因此，在实际分析时并未采用这种方法。

第三节 长江经济带绿色经济发展指数
测算结果及分析

在长江经济带绿色经济发展指标体系，以及收集到的相关统计年鉴的数据基础上，我们测算了2016长江经济带各省（直辖市）绿色经济发展指数。其中值得说明的是，本书所指的长江经济带区域包括了上海市、江苏省、浙江省、安徽省、江西省、湖北省、湖南省、重庆市、四川省、贵州省和云南省共11个省（直辖市）。其中，上海市、江苏省、浙江省和安徽省4个省（直辖市）代表长江经济带下游地区，江西省、湖北省、湖南省3个省代表长江经济带中游地区，而重庆市、四川省、贵州省和云南省4个省（直辖市）代表长江经济带上游地区。

一、长江经济带绿色发展总指数测算结果及分析

以下是我们对长江经济带11个省（直辖市）按照前文的指标、数据及线

性加总的方法所测算的绿色经济发展指数的结果，并在此基础上进行了相应的分析。结果如表 6-1 所示：

表 6-1　2016 年长江经济带绿色发展指数及排名

地区	绿色发展指数	排名
上海	0.567	1
浙江	0.489	2
四川	0.483	3
重庆	0.461	4
江西	0.427	5
云南	0.426	6
湖北	0.421	7
江苏	0.417	8
安徽	0.396	9
湖南	0.381	10
贵州	0.327	11

从表 6-1 中可以看到，2016 年长江经济带绿色发展指数排序依次是：上海、浙江、四川、重庆、江西、云南、湖北、江苏、安徽、湖南、贵州。总的来看，位于长江下游的上海、浙江 2 个省（直辖市）具有绝对优势，排名分别为第一和第二；位于长江上游的四川、重庆 2 个省（直辖市）同样表现不错，排名分别为第三和第四。比较让人意外的是江苏的绿色经济发展指数仅排在第八位，低于江西、云南和湖北 3 省，这与江苏经济强省的地位似乎不相匹配。这可能与绿色经济发展指数的构造方法有关，因为在绿色经济指数的指标中，不仅包含了经济发展的指标，而且还包括了环境、自然资源等方面的指标。虽然线性加总的方法假设不同的指标之间是可以相互替代的，但是如果在其他指标上得分过低，仅靠较高的经济增长指标也无法得到较高的绿色经济发展得分。

二、长江经济带绿色发展一级指标测算结果及分析

表 6-2 为长江经济带 11 个省（直辖市）绿色发展一级指标的测算结果。

表6-2　长江经济带绿色发展一级指标指数

地区	总指标	一级指标			
		资源和环境生产率	自然资源基础	生活环境质量	经济发展潜力
上海	0.567	0.182	0.051	0.161	0.173
浙江	0.489	0.151	0.080	0.141	0.117
四川	0.483	0.108	0.159	0.127	0.089
重庆	0.461	0.116	0.079	0.157	0.109
江西	0.427	0.083	0.129	0.135	0.079
云南	0.426	0.104	0.169	0.102	0.050
湖北	0.421	0.097	0.082	0.165	0.078
江苏	0.417	0.131	0.037	0.120	0.129
安徽	0.396	0.090	0.054	0.159	0.094
湖南	0.381	0.039	0.096	0.174	0.072
贵州	0.327	0.056	0.089	0.105	0.077

　　从表6-2中可以看到，在长江经济带11个省（直辖市）中，上海市的绿色发展总指标排名为第一，其资源和环境生产率、生活环境质量和经济发展潜力3个一级指标都名列前茅，但是其自然资源基础这一指标受到限制，表现不太理想。这可能是由于上海作为直辖市，其土地面积本身受到限制，自然资源不太丰富。

　　从表6-2中还可以看到，贵州省虽然作为长江经济带绿色发展总指标的最后一名，但其自然资源基础却表现不错，甚至超过了排名第一、第二和第四的上海、浙江和重庆，除去上海和重庆两个直辖市，其自然资源基础仍然超过了排名第二的浙江省。因此可以看到，贵州省虽然其资源和环境生产率、生活环境质量和经济发展潜力三方面都表现不佳，但其自然资源基础在整个长江经济带绿色发展中起着非常重要的作用。

　　另外，我们还可以通过4个一级指标对整个长江经济带11个省（直辖市）的绿色经济发展情况进行排序。首先，在资源和环境生产率方面，上海以0.182的评分排名第一位，浙江以0.151的评分排名第二位，江苏以0.131的评分排名第三位。而江西、贵州、湖南分别以0.083、0.056和0.039的评分排在11个省（市）的最后三位。其次，在自然资源基础方面，云南以0.169的评分排名第一，四川以0.159的评分排名第二，江西以0.129的评分排名第三。而安徽、上海和江苏分别以 0.054、0.051 和 0.037 的评分排名最后。再次，在生活环境质量方面，湖南以 0.174 的评分排名第一，湖北以 0.165 的评分排名第二，上海以 0.161 的评分排名第三。而江苏、贵州、云南分别以 0.120、0.105 和 0.102 的评分排名最后。最后，在经济发展潜力方面，上海、江苏和浙江分别以 0.173、0.129 和 0.117 排名前三名，贵州、湖南和云南分别以 0.077、0.072 和 0.050 排在最后三位。

三、长江经济带绿色发展分区域比较

我们除了测算长江经济带绿色发展的总指数，还对长江经济带上游、中游、下游三个区域进行了比较。表 6-3 是 2016 年长江经济带上中下游三个区域总的绿色发展指数测算结果。

表 6-3　2016 年长江经济带上中下游绿色发展指数

区域	总得分	资源和环境生产率	自然资源基础	生活环境质量	经济发展潜力
下游	0.545	0.179	0.042	0.108	0.216
上游	0.457	0.082	0.186	0.137	0.051
中游	0.411	0.041	0.132	0.150	0.088

从表 6-3 中可以看到，对比长江经济带上中下游的情况，下游地区的绿色发展指数最高，为 0.545；上游地区的绿色发展指数次之，为 0.457；中游地区的绿色发展指数最后，为 0.411。除了展示长江经济带上中下游的绿色发展总指数外，还展示出了 3 个区域资源和环境生产率、自然资源基础、生活环境质量和经济发展潜力 4 个一级指标的得分情况。可以看到：

在资源和环境生产率方面，长江下游的得分最高，为 0.179；长江上游的得分次之，为 0.082；长江中游的得分最低，为 0.041。这与三个区域的总体得分情况排名一致。

在自然资源基础方面，长江上游的得分最高，为 0.186；长江中游的得分次之，为 0.132；而总指标排名第一的下游地区，其自然资源基础得分最低，为 0.042。

在生活环境质量方面，长江中游区域的得分最高，为 0.150；长江上游区域的得分次之，为 0.137；而长江下游区域的得分最低，为 0.108。在生活环境质量这一一级指标的排名与三个区域的总指标得分情况排名完全相反，根据我们的指标体系，生活环境质量这一一级指标下的二级指标有两个：环境污染和环境风险、环境服务的可获得性。这充分说明了：第一，长江下游区域虽然绿色经济发展总指标在三个区域中排名第一，但其生活环境质量这一一级指标排名最后，说明长江下游区域对环境污染的控制和治理效果不佳；第二，长江中游区域虽然绿色经济发展总指标在三个区域中得分最低，但其生活环境质量这一一级指标的得分情况相对较好，在三个区域中得分最高，这说明相对来看，长江中游区域对环境污染的控制和治理取得一定的效果；第三，总体比较来看，三个区域在生活环境质量这一指标的得分相差不大，而且得分都较低，这说明整体上三个区域在生活环境质量这一方面的表现都不太好。

在经济发展潜力方面，长江下游的得分最好，为 0.216；长江中游的得分次之，为 0.088；长江上游的得分最低，为 0.051。

第四节　长江经济带下游地区绿色经济发展评价

长江经济带下游地区包括上海、江苏、浙江和安徽 4 个省（直辖市）。其中上海、江苏、浙江 3 个省（直辖市）属于全经济带社会经济最为发达的区域。本节对下游地区的 4 个省（直辖市）的绿色发展总体情况进行评价，得到了 4 个省（直辖市）的绿色经济发展总指数。在评价过程中，我们筛选了 4 个一级指标、9 个二级指标，以及 42 个三级指标进行评价，利用上海、江苏、浙江和安徽 4 个省（直辖市）来自《中国统计年鉴》《中国能源统计年鉴》《中国环境统计年鉴》《中国水利统计年鉴》《中国农村统计年鉴》《中国城市建设统计年鉴》等各统计年鉴中 2016 年的面板数据，利用线性加总和 MCA 两种评价方法对其进行绿色发展评价。考虑到线性加总方法能够充分利用原始数据进行评价，且其他研究也多采用线性加总的方法，为了加强不同研究之间的可比性，最后的评价结果以线性加总为主，MCA 为辅，将两种方法的评价结果进行对比，得到更科学、更客观的评价结果。

本小节除了对长江经济带下游地区 4 个省（直辖市）的绿色发展指数进行总体评价，还对 4 个省（直辖市）进行分指标、分地区不同维度的比较。最后，本小节根据评价结果提出了现阶段长江经济带下游地区绿色发展面临的问题与挑战。

一、长江经济带下游地区绿色发展总体评价

表 6-4 是利用线性加总和 MCA 方法对长江经济带下游地区的 4 个省（直

辖市）绿色发展情况进行评价的结果。

表6-4　长江经济带下游地区绿色发展评价结果

地区	线性加总得分	MCA 排序
上海	0.57	1
浙江	0.49	2
江苏	0.42	3
安徽	0.40	4

从评价结果可以看出，根据线性加总方法得到的评价结果是：上海市的绿色发展指数得分最高，为 0.57 分；排在第二名的是浙江省，得分为 0.49 分；第三名为江苏省，得分 0.42；第四名为安徽省，得分为 0.40。而从表中可以看到，线性加总得分的排序情况跟 MCA 方法的排序结果是一样的。因此我们可以得出长江经济带下游地区的 4 个省（直辖市）中，上海市的绿色经济发展相对较好，浙江省次之，江苏省第三，安徽省相对落后。

二、长江经济带下游地区绿色发展分指标评价分析

本部分主要对长江经济带下游的 4 个省（直辖市），根据 4 个一级指标，即资源和环境生产率、自然资源基础、生活环境质量和经济发展潜力 4 个方面进行具体分析，并根据分析结果提出相应的建议。

图 6-1 表示了整个长江经济带下游绿色发展在 4 个一级指标上的表现情况。从图中可以看到，在 4 个一级指标中，经济发展潜力的贡献率最高，占了整个绿色发展总指标的 39%；资源和环境生产率的贡献率第二，占整个绿色发展总指标的 33%；生活环境质量的贡献率第三，占整个绿色发展总指标的 20%；自然资源基础的贡献率最小，占整个绿色发展总指标的 8%。这说明对于长江经济带下游的 4 个省（直辖市）来说，经济发展潜力是长江经济带下游地区绿色发展的主要驱动力，而自然资源基础成为长江经济带下游地区绿色发展的短板，而且与其他 3 个一级指标相比，自然资源基础的贡献率远远落后。因此，在发展过程中，长江经济带下游应该对自然资源基础的发展加以重视，虽然某些衡量自然资源基础的指标不容易改变，如人均水资源占有量和人均耕地面积（该地区可能由于持续的人口增长进一步加剧水资源和耕地资源的紧缺），但可以在其他方面进行加强，如增加森林覆盖率和森林蓄积量、增加陆地自然保护区面积占比、增加湿地面积占比等措施。

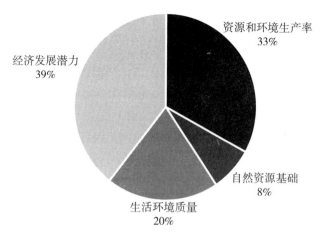

图 6-1　长江经济带下游地区一级指标

表 6-5 为长江经济带下游 4 个省（直辖市）在资源和环境生产率这一一级指标上的得分情况和 MCA 排序结果。总体上，用线性加总得分和 MCA 排序的结果相差不大。除了浙江的得分为 0.151，江苏的得分为 0.131，说明浙江在资源和环境生产率的表现比江苏要好，但是用 MCA 方法排序江苏却比浙江靠前。这是因为资源和环境生产率这一一级指标下面有 2 个二级指标，包括资源生产率和环境生产率。其中资源生产率包括了 9 个三级指标，分别是：能源生产率、第一产业能源强度、第二产业能源强度、第三产业能源强度、可再生能源份额、水资源生产率、节水灌溉面积占灌溉总面积的比例、建设用地生产率和一般工业固体废物综合利用率。而其中环境生产率包括了 1 个三级指标，为碳排放生产率。因此在资源和环境生产率这一一级指标下，一共包含了 10 个三级指标。在测算绿色发展指数的过程中，线性加总的过程是把 10 个三级指标下的数据按照设定的权重加权平均，其得到的结果也就是我们得到的线性加总得分。如果线性加总的总分比较高，例如浙江省的得分（0.151）比江苏省的得分（0.131）高，只能说明对于浙江省来说，在 10 个指标上的平均分比较高。造成这种结果的原因有两种极端的可能：一是浙江在资源和环境生产率下的每个三级指标的得分都比较相近，而且分数都较高，因此最后的得分也高；二是浙江的 10 个三级指标中，某些项或者大多数指标的得分较高，但少数指标的得分较低。这种情况并不会影响浙江在资源和环境生产率这一一级指标的总得分。但是如果我们用 MCA 方法进行排序，如果浙江的 10 个指标数据属于第二种极端情况，即 10 个指标中，某些指标的得分较高，但某些指标的得分较低，这就会对浙江的整体排名造成很大的影响，从而使得排序结果在江苏之后。

从表 6-5 中可以看到，在长江经济带下游地区的 4 个省（直辖市）中，上海的资源和环境生产率得分最高，为 0.182；其次是浙江，得分为 0.151；排名第三为江苏，得分 0.131；排名最后的是安徽，得分为 0.090。

表 6-5　长江经济带下游地区资源和环境生产率指数

	地区	线性加总指数得分	MCA 排序
资源和环境生产率	上海	0.182	1
	浙江	0.151	3
	江苏	0.131	2
	安徽	0.090	4

表 6-6 为长江经济带下游 4 个省（直辖市）在自然资源基础这一一级指标上的得分情况和 MCA 排序结果。可以看到，在长江经济带下游地区的 4 个省（直辖市）中，浙江的自然资源基础得分最高，为 0.080；其次是安徽，得分 0.054；排名第三为上海，得分 0.051；排名最后为江苏，得分 0.037。但是对比其他一级指标，4 个省在自然资源基础这一一级指标的得分都不算高。因此可以看出自然资源基础是长江经济带下游 4 个省（直辖市）的绿色发展中比较突出的短板。

表 6-6　长江经济带下游地区自然资源基础指数

	地区	线性加总指数得分	MCA 排序
自然资源基础	浙江	0.080	1
	安徽	0.054	2
	上海	0.051	4
	江苏	0.037	3

表 6-7 为长江经济带下游 4 个省（直辖市）在生活环境质量这一一级指标上的得分情况和 MCA 排序结果。可以看到，在长江经济带下游地区的 4 个省（直辖市）中，上海的生活环境质量得分最高，为 0.161；其次是安徽，得分 0.159；排名第三的是浙江，得分 0.141；排名最后的是江苏，得分 0.120。

表6-7 长江经济带下游地区生活环境质量指数

	地区	线性加总指数得分	MCA 排序
生活环境质量	上海	0.161	1
	安徽	0.159	3
	浙江	0.141	2
	江苏	0.120	4

表6-8 为长江经济带下游 4 个省（直辖市）在经济发展潜力这一一级指标上的得分情况和 MCA 排序结果。可以看到，在长江经济带下游地区的 4 个省（直辖市）中，上海市的经济发展潜力得分同样在 4 个省（直辖市）中排名第一，得分 0.173；其次是江苏，得分 0.129；排名第三的是浙江，得分 0.117；排名最后的是安徽，得分 0.094。

表6-8 长江经济带下游地区经济发展潜力指数

	地区	线性加总指数得分	MCA 排序
经济发展潜力	上海	0.173	1
	江苏	0.129	3
	浙江	0.117	2
	安徽	0.094	4

三、长江经济带下游地区绿色发展分地区的评价分析

本部分为长江经济带下游地区 4 个主要省（直辖市）的绿色发展分地区的评价情况。

图6-2 为上海市的情况。从图中可以看到，在上海市的绿色发展总体评价中，资源和环境生产率占比为 32%，在 4 个一级指标中最高，说明资源和环境生产率在上海市绿色发展过程中贡献最大。接下来是经济发展潜力和生活环境质量，分别占 30% 和 29%，跟资源和环境生产率相差不大。而 4 个一级指标中贡献率最小的是自然资源基础，占 9%。

图6-3 为浙江省绿色发展一级指标的贡献情况。可以看到，作为长江经济带下游绿色经济发展情况的第二名，浙江的资源和环境生产率这一一级指标在绿色发展中贡献最大，占所有比例的 31%。往后依次是生活环境指标，占比 29%；经济发展潜力，占比 24%；自然资源基础，占比 16%。

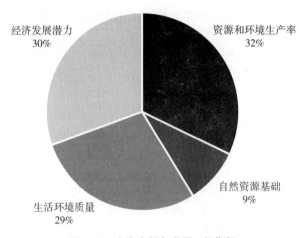

图 6-2　上海市绿色发展一级指标

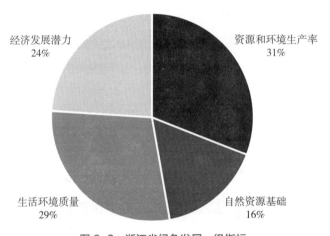

图 6-3　浙江省绿色发展一级指标

图 6-4 为江苏绿色发展的一级指标情况。可以看到，在 4 个一级指标中，江苏的资源和环境生产率、经济发展潜力的贡献率是一样的，占比均为 31%；而生活环境质量贡献率占比 29%；与上海绿色发展一级指标类似，自然资源基础为贡献率最小的一个指标，占比 9%。

图 6-5 为安徽绿色发展各一级指标的贡献情况。可以看到，安徽的绿色发展一级指标中，生活环境指标贡献率最大，占所有比例的 40%。接下来是经济发展潜力、资源和环境生产率，分别占 24% 和 23%，两者相差不大。占比最小的一级指标是自然资源基础，占总体的 13%。

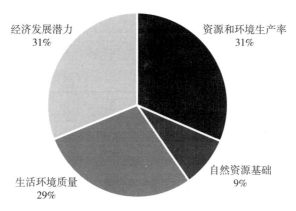

图6-4 江苏省绿色发展一级指标

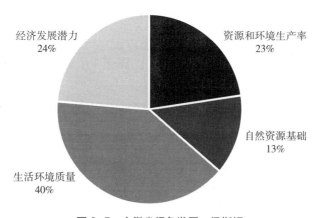

图6-5 安徽省绿色发展一级指标

第五节 长江经济带中游地区绿色经济发展评价

长江经济带中游地区包括湖北、湖南和江西3个省。在本节同样先对长江经济带中游地区3个省的整体情况进行评价，然后我们再分别分指标、分地区对3个省的绿色经济发展在4个一级指标上的表现进行不同维度的评价。

一、长江经济带中游地区绿色发展总体评价

表6-9是利用线性加总和MCA方法对长江经济带中游地区的3个省的绿色发展情况进行评价的结果。

表6-9　长江经济带中游地区绿色发展评价结果

地区	线性加总得分	MCA 排序
江西	0.427	2
湖北	0.421	1
湖南	0.381	3

从评价结果可以看出，根据线性加总的方法得到在长江经济带中游地区的3个省中，江西省的绿色发展指数得分最高，为0.427；湖北省次之，得分0.421；湖南省排名第三，得分0.381。

二、长江经济带中游地区绿色发展分指标评价分析

本小节主要分析长江经济带中游的3个省在4个一级指标上的评价情况。

图6-6表示了整个长江经济带中游地区绿色发展在4个一级指标上的表现。可以看到，在4个一级指标中，生活环境质量的贡献率最高，占比达到37%，这说明对于长江经济带的中游地区来说，生活环境质量是这3个省的优势，在发展绿色经济的过程中应该充分利用这一优势。同样，我们仍然可以看到，长江中游地区3个省的自然资源基础贡献率也不低，占比为32%，仅次于生活环境质量，所以自然资源基础同样是江西、湖北和湖南这3个省的优势，应该充分发挥这一长处。4个指标中贡献率排名第三的是经济发展潜力，占比为21%，

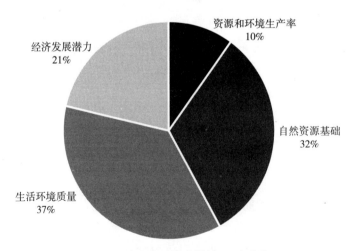

图6-6　长江经济带中游地区一级指标

这说明长江经济带中游地区在经济发展潜力这一方面有待加强。在 4 个一级指标中，贡献率最小的是资源和环境生产率，占比仅为 10%，这说明长江经济带中游地区的资源和环境生产率是其绿色经济发展过程中的一个明显短板。在发展绿色经济的过程中，长江经济带中游地区可以通过提高能源生产率、增加可再生能源的发电量、增加节水灌溉面积、提高工业废物的利用率等方法来改善其资源和环境生产率的情况，改善其整体的绿色经济发展情况。

表 6-10 为长江经济带中游 3 个省在资源和环境生产率这一一级指标上的得分情况和 MCA 排序结果。可以看到，在长江经济带中游地区的 3 个省中，湖北省的资源和环境生产率得分最高，为 0.097；其次是江西，得分为 0.083；排名最后的是湖南，得分为 0.039。整体来看，3 个省在资源和环境生产率这一方面的得分都偏低。

表6-10 长江经济带中游地区资源和环境生产率指数

	地区	线性加总指数得分	MCA 排序
资源和环境生产率	湖北	0.097	2
	江西	0.083	1
	湖南	0.039	3

表 6-11 为长江经济带中游 3 个省在自然资源基础这一一级指标上的得分情况和 MCA 排序结果。可以看到，长江经济带中游地区的 3 个省中，江西省的自然资源基础得分最高，为 0.129；其次是湖南，得分为 0.096；排名最后的是湖北，得分 0.082。

表6-11 长江经济带中游地区自然资源基础指数

	地区	线性加总指数得分	MCA 排序
自然资源基础	江西	0.129	1
	湖南	0.096	2
	湖北	0.082	3

表 6-12 为长江经济带中游地区 3 个省在生活环境质量这一一级指标上的得分情况和 MCA 排序结果。可以看到，中游地区的 3 个省中，湖南排名第一，得分最高，为 0.174；湖北排名第二，得分为 0.165；江西最后，得分为 0.135。

表6-12　长江经济带中游地区生活环境质量指数

	地区	线性加总指数得分	MCA 排序
生活环境质量	湖南	0.174	1
	湖北	0.165	2
	江西	0.135	3

表 6-13 为长江经济带中游地区 3 个省在经济发展潜力这一一级指标上的得分情况和 MCA 排序结果。可以看到，中游地区的 3 个省中，江西的经济发展潜力得分最高，为 0.079 分；其次是湖北，为 0.078 分；第三是湖南，为 0.072 分。从 MCA 方法排序结果来看，得分情况的排名与 MCA 排序结果是一致的，3 个省在经济发展潜力这一指标上的得分都相差不大，且都不高，这就说明中游地区在经济发展潜力方面普遍都有待提升。

表6-13　长江经济带中游地区经济发展潜力指数

	地区	线性加总指数得分	MCA 排序
经济发展潜力	江西	0.079	1
	湖北	0.078	2
	湖南	0.072	3

三、长江经济带中游地区绿色发展分地区的评价分析

本小节主要分析长江经济带中游地区中分地区的绿色经济发展评价情况。

图 6-7 为江西省 4 个一级指标的评价情况。可以看到，在江西省的绿色发展总体评价中，生活环境质量和自然资源基础的占比都比较高，分别是 32% 和 30%，而经济发展潜力、资源和环境生产率占比较低，两者占比均为 19%。

图 6-8 为湖北省 4 个一级指标的情况。可以看到，湖北省的生活环境指标对其绿色经济发展贡献最大，占比达到 39%；其次是资源和环境生产率，占比为 23%；经济发展潜力和自然资源基础占比均为 19%，占比较低。

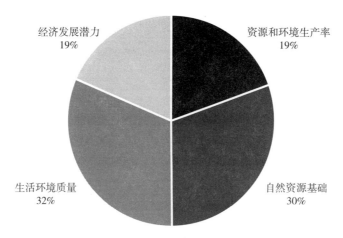

图6-7 江西省绿色发展一级指标

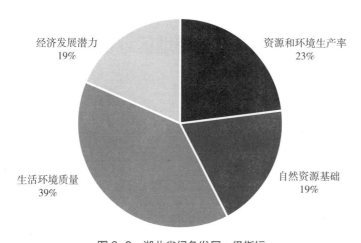

图6-8 湖北省绿色发展一级指标

图6-9为湖南省4个一级指标的评价情况。可以看到，对湖南绿色发展贡献最大的一级指标是生活环境质量，占比达到46%，具有绝对优势。因此可以说，生活环境质量这一指标是湖南省绿色发展的主要驱动力；自然资源基础和经济发展潜力两个指标对湖南省绿色发展贡献相差不大，分别是25%和19%；资源和环境生产率的贡献率仅为10%，因此要提高湖南省绿色发展指数，应该从资源和环境生产率这一方面考虑，从各个方面提高其资源和环境生产率，如通过产业结构调整和升级、降低三次产业的能源强度、提高能源生产率、提高可再生能源在能源消费中所占的比重、提高建设用地的集约利用率等。

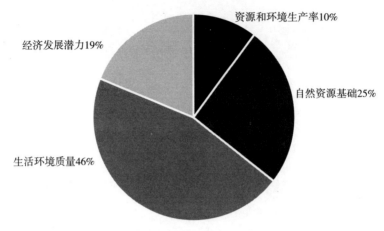

图6-9　湖南省绿色发展一级指标

第六节　长江经济带上游地区绿色经济发展评价

长江经济带上游地区包括重庆、四川、贵州和云南4个省（直辖市）。在本节同样首先对长江经济带上游地区的4个省（直辖市）的整体情况进行评价，然后再分别分指标、分地区对4个省（直辖市）在4个一级指标上进行不同维度的评价。

一、长江经济带上游地区绿色发展总体评价

表6-14是利用线性加总和MCA排序方法对长江经济带上游地区4个省（直辖市）绿色发展情况进行评价的结果。

表6-14　长江经济带上游地区绿色发展评价结果

地区	线性加总得分	MCA 排序
四川	0.483	2
重庆	0.461	1
云南	0.426	3
贵州	0.327	4

从评价的结果中可以看出，根据线性加总的方法得到，在长江经济带上

游地区的 4 个省（直辖市）中，四川的绿色发展指数得分最高，为 0.483；重庆的绿色发展指数得分第二，为 0.461；云南的绿色发展指数得分第三，为 0.426；贵州的绿色发展指数得分最后，为 0.327。但是根据 MCA 排序的结果，重庆的绿色发展排名第一，而四川排名第二，第三名和第四名分别是云南和贵州，这一结果跟线性加总的方法得到的结果是一样的。这表明四川在各绿色发展指标下的数据相差较大，某些指标数据表现较好，而某些指标数据表现欠佳；重庆在各绿色发展指标下的数据相差不大，比较平均。因此重庆的 MCA 排序情况较好，而四川 MCA 排序情况在重庆之后。

二、长江经济带上游地区绿色发展分指标评价分析

本小节主要分析长江经济带上游 4 个省（直辖市）在 4 个一级指标上的绿色经济发展评价结果。

图 6-10 表示整个长江经济带上游地区绿色发展在 4 个一级指标上的表现。可以看到，在 4 个一级指标中，自然资源基础对长江经济带上游地区的绿色经济发展起着重要的作用，自然资源基础的贡献率占所有指标的 41%。说明长江经济带上游地区的 4 个省市的自然资源基础丰富，为其绿色经济发展奠定了深厚的基础。四川、重庆、云南和贵州 4 个省市在发展绿色经济的过程中，应该加强自然资源的可持续利用，避免破坏式的利用方式，以此形成具有区域特色的绿色经济发展模式。在 4 个一级指标中，贡献率排名第二的是生活环境质量，占总指标的 30%，这一比例也不算低，说明上游地区的生活环境方面为绿色经济发展同样做出了很大的贡献。资源和环境生产率、经济发展潜力这两个方面都表现欠佳，其贡献率分别为 18% 和 11%。这说明上游地区的 4 个指标发展并不平衡，其绿色经济发展的短板较多，包括资源和环境生产率以及经济发展潜力两个方面。因此，对于上游地区来说，发展绿色经济过程中，一方面应该充分利用其地理优势，保持较高的生活环境质量；另一方面应该补充其短板，通过提高能源生产率、增加可再生能源的发电量、增加节水灌溉面积、提高工业废物的利用率等方法来改善其资源和环境生产率的情况。另外，上游地区还应该提高战略性新兴产业、努力发展第三产业、增加 R&D 经费的投入、提高居民的人均可支配收入、降低文盲率、鼓励发展新能源汽车产业、增加城市建成区绿地率、提高农村卫生厕所普及率等，来改善上游地区的经济发展潜力，以达到改善其整体的绿色经济发展情况的目的。

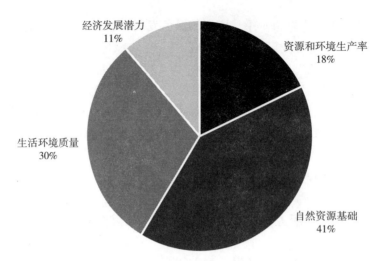

图 6-10　长江经济带上游地区一级指标

表 6-15 为长江经济带上游地区 4 个省（直辖市）在资源和环境生产率这一一级指标上的得分情况和 MCA 排序结果。可以看到，重庆的资源和环境生产率得分最高，为 0.116；四川的资源和环境生产率得分次之，为 0.108；云南资源和环境生产率这一指标得分为 0.104，排名第三；贵州的资源和环境生产率的得分为 0.056，排名第四。这 4 个省（直辖市）的得分情况与 MCA 排序情况是一致的。

表 6-15　长江经济带上游地区资源和环境生产率指数

	地区	线性加总指数得分	MCA 排序
资源和环境生产率	重庆	0.116	1
	四川	0.108	2
	云南	0.104	3
	贵州	0.056	4

表 6-16 为长江经济带上游地区 4 个省（直辖市）在自然资源基础这一一级指标上的得分情况和 MCA 排序结果。可以看到，云南的自然资源基础得分最高，为 0.169；四川次之，为 0.159；第三是贵州，得分 0.089；最后是重庆，得分 0.079。得分情况与 MCA 方法的排序结果一致。

表6-16 长江经济带上游地区自然资源基础指数

	地区	线性加总指数得分	MCA 排序
自然资源基础	云南	0.169	1
	四川	0.159	2
	贵州	0.089	3
	重庆	0.079	4

表6-17 为长江经济带上游地区 4 个省（直辖市）在生活环境质量方面的得分情况和 MCA 排序。可以看到，重庆的生活环境质量得分最高，为 0.157；四川排名第二，得分为 0.127；贵州排名第三，得分为 0.105；排名最后的是云南，得分为 0.102。同样这样的得分情况与 MCA 排序结果一致。

表6-17 长江经济带上游地区生活环境质量指数

	地区	线性加总指数得分	MCA 排序
生活环境质量	重庆	0.157	1
	四川	0.127	2
	贵州	0.105	3
	云南	0.102	4

表6-18 为长江经济带上游地区 4 个省（直辖市）在经济发展潜力方面的得分情况和 MCA 排序。可以看到，重庆的经济发展潜力得分最高，为 0.109；排名第二的是四川，得分为 0.089；排名第三的是贵州，得分为 0.077；排名最后是云南，得分为 0.050。

表6-18 长江经济带上游地区经济发展潜力指数

	地区	线性加总指数得分	MCA 排序
经济发展潜力	重庆	0.109	1
	四川	0.089	2
	贵州	0.077	4
	云南	0.050	3

三、长江经济带上游地区绿色发展分地区的评价分析

本部分为长江经济带上游地区4个主要省（直辖市）的绿色发展分地区的评价情况。

其中图6-11为四川绿色发展4个一级指标的贡献情况。可以看到，四川省的自然资源基础对其绿色发展贡献最大，占比达到33%；其次是生活环境质量、资源和环境生产率，分别占26%和23%；而占比最低的是经济发展潜力，占比为18%。总的来说，四川省的4个一级指标占比相差不大，因此其绿色发展过程中各个方面比较均衡。

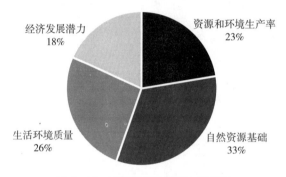

图6-11 四川省绿色发展一级指标

图6-12为重庆绿色发展4个一级指标的评价情况。可以看到，重庆的生活环境质量占比最大，达到34%；其次是资源和环境生产率、经济发展潜力两个指标，分别占25%和24%，两者相差不大；而自然资源基础占比最低，仅占17%。但是同样，重庆的4个一级指标对绿色经济发展的贡献与四川类似，都相差不大，发展较为均衡。

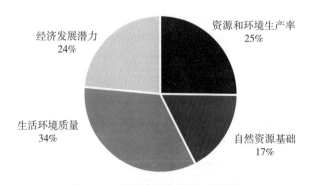

图6-12 重庆市绿色发展一级指标

图 6-13 为云南绿色发展 4 个一级指标的评价情况。可以看到,云南的自然资源基础占比最高,达到 40%。因此云南在绿色经济发展过程中,其自然资源基础占据绝对优势。而生活环境质量、资源和环境生产率占比相同,两者都占 24%。占比最低的一个指标是经济发展潜力,仅占 12%。因此从评价结果中可以看出,云南在发展绿色经济过程中应该重视经济发展潜力方面的问题。

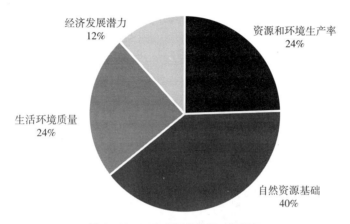

图 6-13 云南省绿色发展一级指标

图 6-14 为贵州 4 个一级指标的评价情况。可以看出,贵州 4 个一级指标的占比都相差不大,发展较为均衡。具体为:占比最大的是生活环境质量,达到 32%;占比第二的是自然资源基础,为 27%;占比第三的是经济发展潜力,为 24%;资源和环境生产率占比最小,为 17%。

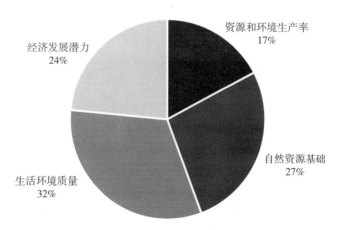

图 6-14 贵州省绿色发展一级指标

第七章

长江经济带绿色金融服务绿色经济的现状与潜力

第一节　绿色金融界定

绿色金融发源于 20 世纪 70 年代的西方发达经济体，是随着人类探索未来经济、社会和环境可持续发展等问题而产生的。1974 年，联邦德国便以"生态银行"命名成立了第一家政策性环保银行，专门负责为一般银行不愿接受的环境项目提供优惠贷款；1991 年，波兰也设立了环保银行，重点支持促进环保的项目。

2002 年，世界银行下属的国际金融公司联合荷兰银行等几家知名银行召开了会议，提出了关于企业社会和环境责任的基本原则。2003 年，花旗银行等 10 家国际性银行共同创立了"赤道原则"。赤道原则要求金融机构在投资项目时要综合评估该项目对环境和社会所产生的影响，鼓励金融机构利用金融工具推动环境保护及社会协调发展，强调环境、社会与企业发展目标的统一。

一、绿色金融定义

目前，绿色金融在国际范围内缺乏权威的定义和统一的认定标准。关于绿色金融，可能已经有上百种不同又有重叠的定义。从国际来看，学者和国际机构以及政府对绿色金融进行了多种诠释。Salazar（1998）认为，绿色金融连接了金融和环境两大产业，是开展环境保护必要的金融创新。Cowan（1999）认为，绿色金融是经济与金融学的交叉学科，其主要目的是研究发展绿色经济的资金融通问题。Labatt 和 White（2002）认为，绿色金融是对专业环境风险工具的研究。Jeucken（2006）主要从金融机构的视角出发，认为应该从金融业绿色发展的角度理解绿色金融的内涵。2012 年国际发展融资俱乐部提出，绿色金融是指资金流入有利于实现可持续发展的项目倡议、环保产品以及政策。德国发展研究所2016年的报告认为，绿色金融包括所有考虑到对环境的影响以及有利于促进环境可持续发展的投资和信贷。2016年《G20绿色金融综合报告》指出，绿色金融是指可以产生环境效益以促进可持续发展的投融资活动。

我国专家学者从绿色金融的手段与工具、目标与原则、必要性和意义等不同的方面对绿色金融的定义进行了探讨，得出了许多有建设性的成果。高建良（1998）首次论述了绿色金融的概念，认为绿色金融就是通过发展金融业务达到促进环境保护与经济协调发展的目的。安伟（2008）认为，绿色金融是一种以促进节能减排和资源经济环境协调发展的宏观调控政策。李晓西和夏光（2014）对我国现有的绿色金融活动进行了系统性的研究认为，一方面，绿色金融有益于传统产业的绿色改造和现代绿色产业间的关系；另一方面，绿色金融是经济可持续发展的重要融资途径，中国金融业应树立服务绿色经济的发展理念，支持绿色产业发展。代玉簪等（2015）认为绿色金融的核心要点是通过金融机构的管理政策与业务运作实现环境保护和金融机构的可持续发展，进而实现经济的可持续发展。然而，这些研究都是基于不同的视角提出的，还没有达成统一共识。2016年8月31日，中国人民银行等七部委发布的《关于构建绿色金融体系的指导意见》中指出："绿色金融是指为支持环境改善、应对气候变化和资源节约高效利用的经济活动，即对环保、节能、清洁能源、绿色交通、绿色建筑等领域的项目投融资、项目运营、风险管理等所提供的金融服务。"这是我国首次就绿色金融给出的官方定义，也是国内迄今为止最完备的绿色金融定义。

尽管国内外学者及各国际组织、各国政府对绿色金融的认识不尽相同，但是对绿色金融的目标基本能达成共识。绿色金融的目标可以归纳为两个方面：一是金融机构通过环境风险与机遇管理实现自身的可持续经营；二是将社会资金引向污染治理和节能减排等绿色产业，促进产业结构调整，最终实现经济的可持续发展。

二、绿色金融的特点

与传统金融相比，绿色金融最突出的特点就是：它更强调人类社会的生存环境利益，它将对环境保护和对资源的有效利用程度作为计量其活动成效的标准之一，通过自身活动引导各经济主体注重自然生态平衡。它讲求金融活动与环境保护、生态平衡的协调发展，最终实现经济社会的可持续发展。

传统金融与绿色金融的比较如表 7-1 所示。

表 7-1　传统金融与绿色金融的比较

	传统金融	绿色金融
经营目标	或者以利润最大化为目标，或者以完成政策任务为职责	管理环境风险与机遇，保护和改善自然环境，服务于经济可持续发展
政策支持	市场需要政府监管规范，其中政策性金融需要政策支持	环境污染问题是市场失灵的表现，绿色金融需要政策引导
金融产品	信贷、债券、股票、基金、保险、期货、期权等	基本金融产品与传统金融相同，但内容是绿色的。例如绿色债券是将所得资金专款专用，用于资助符合规定条件的绿色项目或为这些项目进行再融资的工具

三、我国主要绿色金融工具

（一）绿色信贷

绿色信贷常被称为可持续融资或环境融资。绿色信贷就是银行向符合环保要求的可持续项目提供贷款，在这一过程中以收费服务的形式形成一定的影响力，通过引导贷款的流向控制资金在行业和企业中进行分配，从而促进可持续发展。绿色信贷是目前我国绿色金融体系中起步最早、规模最大、发展最成熟的部分。截至 2017 年 6 月，我国 21 家主要银行绿色信贷余额为 8.22 万亿元。其中，节能环保项目和服务贷款余额占比 79.4%。

（二）绿色债券

绿色债券主要是由政府或政策性金融机构发行的，是为环境保护、可持续发展等绿色项目的建设和发展提供融资的一种债务工具。2014 年中广核风电有限公司发行 10 亿元附加碳收益中票，这是我国第一单绿色债券，此后我国绿色债券市场蓬勃发展，到 2016 年我国成为全球第一大绿色债券市场。中国发行的绿色债券包括在中国境内发行的绿色债券、中国境外发行的绿色债券、绿色资产支持证券三大类。2017 年中国境内发行的绿色债券金额为 1898.75 亿元；中国境外发行的绿色债券金额为 442 亿元；绿色资产支持证券发行金额为 146.047 亿元。

（三）绿色基金

绿色基金是指专门针对节能减排战略，低碳经济发展，环境优化改造项目而建立的专项投资基金，其目的旨在通过资本投入促进节能减排事业发展。绿色基金的资金来源十分广泛，投向领域广，在绿色金融体系中有重要的作用。近年来我国绿色基金发展迅速，2017 年底全国已备案登记的绿色基金有 474只，仅 2017 年就新增绿色基金 209 只。此外，PPP 与绿色市场具有天然的关联，中央与各地方政府都在基金设立 PPP 引导基金。截至 2017 年 3 月，全国 PPP项目库入库项目已达 12287 个，总投资额达到 14.6 万亿元。

（四）绿色保险

绿色保险又叫生态保险，是在市场经济条件下进行环境风险管理的一项基本手段。其中，由保险公司对污染受害者进行赔偿的环境污染责任保险最具代表性的又称环境污染责任保险，是以企业发生污染事故对第三者造成的损害依法应承担的赔偿责任为标的的保险。目前全国大部分省份都开展了环境污染责任保险，覆盖范围涉及重金属、石化、危险化学品、危险废物处置等行业，2017 年我国环境责任保险年度保费收入已突破 3 亿元。除了环境污染责任险之外，我国目前在试点推行的绿色保险还有气候保险、农业大灾保险、森林保险等。

（五）碳金融与其他环境权益产品

所谓碳金融，是指由《京都议定书》而兴起的低碳经济投融资活动，或称碳融资和碳物质的买卖。即服务于限制温室气体排放等技术和项目的直接投融资、碳权交易和银行贷款等金融活动。我国现有的碳金融产品和服务可以大体上分为三类：第一类是碳交易工具，包括碳排放权配额和项目减排量两类碳现货市场以及以此为基础衍生出的碳期货、碳期权等衍生品交易；第二类是涉碳投融资工具，包括碳信贷、碳基金、碳债券、碳指标质押融资、碳中和等；第三类是碳支持工具，包括碳指数、碳保险等。2017 年 12 月 19 日，国家发展改革委正式宣布启动全国统一的碳市场。除了碳排放权之外，我国还有排污权、用能权和水权几种主要的环境权益。

第二节　绿色金融的发展背景与发展历程

近年来，环境污染、自然资源消耗以及气候变化产生的负面效应，正在给我国经济增长造成巨大的压力和成本。根据预测，为了实现绿色经济与生态文明制度体系建设的发展目标，2015~2020 年我国每年需要 3 万 ~4 万亿元的绿色投资。作为推动经济绿色化转型与弥补绿色融资缺口的金融解决方案，绿色金融将被赋予更多的责任和使命。

一、我国绿色金融发展背景

（一）国际背景：保护环境促进经济可持续发展已成全球共识

当前，资源与环境问题已对全球经济的发展和安全造成了严重的威胁，环境保护问题已经成为世界关注的重要议题之一。1972年6月，联合国人类环境会议于斯德哥尔摩通过。该宣言是这次会议的主要成果，阐明了与会国和国际组织所取得的7点共同看法和26项原则，以鼓舞和指导世界各国人民保护和改善人类环境。1992年6月在里约热内卢召开的环发大会上通过了《21世纪议程》，倡导鼓励发展的同时要保护环境的全球可持续发展。2014年首届联合国环境大会在内罗毕召开，主题为"可持续发展目标和2015年后发展议程，包括可持续消费和生产"，旨在商讨和确定一系列目标和指标，推动联合国千年发展目标的成功实现。2016年第二届联合国环境大会在肯尼亚首都内罗毕的联合国环境规划署总部开幕，来自全球173个国家的部长或高级代表、联合国机构及非政府组织代表共议全球环境治理和可持续发展。大会以"落实《2030年可持续发展议程》中的环境目标"为主题，通过了一系列决议，并号召各国采取共同行动应对当今世界所面临的环境挑战。2003年6月由荷兰银行、花旗银行等10家银行正式达成一致推动"赤道原则"（它是一套非强制的自愿性准则，用以决定、衡量以及管理社会及环境风险，以进行专案融资或信用紧缩的管理）。2006年7月，根据国际金融公司修订后的《绩效标准》对赤道原则进行了修正并重新发布，使之从行业方法上升为行业标准。2014年赤道原则第三次改版，截至2017年底，全球有来自37个国家的92家金融机构宣布采纳赤道原则，项目融资额约占全球融资总额的85%。

总的来说，在国际范围内，环境保护和经济社会可持续发展的进程沿着风险降低和收益扩大两个方向推进。风险降低包括降低面临的环境风险以及由此导致的社会风险；收益扩大主要是以培养新的发展方式为主，例如经济的可持续发展模式。这已经成为全球绿色发展的重要趋势。

（二）国内背景：实现绿色发展，推动经济转型升级已刻不容缓

改革开放以来，我国经济快速发展，综合国力不断增强，取得了举世瞩目的成就，但与此同时也出现了许多问题。我国现阶段的整体生产力水平还不高，经济增长的主要方式仍为粗放型增长，长期发展过程中所形成的结构性

矛盾也尚未得到根本性转变，以破坏环境为代价发展经济的现象屡有出现，导致我国经济发展与环境保护之间出现越来越严重的冲突。具体表现在以下几个方面：一是能源消费量大，二氧化碳排放量高。中国是全球能源消费和二氧化碳排放大国。2018年，我国能源消费总量达46.4亿吨标准煤，占全球总量的24.3%；二氧化碳排放量为100亿吨，占全球二氧化碳排放总量的30.2%。二是能源利用效率低。我国单位GDP能耗是世界平均水平的2.5倍，美国的3.3倍，日本的7倍，同时高于印度、巴西等发展中国家。三是环境污染十分严重。2018年，全国338个地级及以上城市中，121个城市环境空气质量达标，仅占全部城市数的35.8%。其中雾霾已经成为中国环境污染的突出问题，2018年PM2.5浓度为39微克/立方米，超过世界卫生组织第二阶段标准（25微克/立方米）。水污染状况也不容乐观，2018年471个监测降水的市（区、县）中，酸雨频率平均为10.5%。其中，酸雨城市比例达到18.9%，而较重酸雨和重酸雨城市比例分别为4.9%和0.4%。

应当看到，资源与环境对中国经济社会发展的双重约束十分突出，以资源消耗和牺牲环境来换取经济发展的粗放型增长方式已经难以为继。如果我国继续延续旧的发展模式，只会出现"越发展，越污染"的局面。中国急需从资源消耗型经济转变为资源节约型和环境友好型经济。只有推动经济发展方式向绿色发展转型，才能破除资源环境的约束。

（三）政策背景：绿色发展已提升至国家战略高度，相关法律法规政策正在加快出台

随着人类的发展和进步，步入21世纪后，绿色发展逐渐成为人类发展的主要核心。中国作为资源与人口大国，必须要把发展之路转向绿色发展。而且绿色发展作为一种新型发展模式也必将使中国当前生态环境与经济发展相矛盾的局面得以缓解。为了满足资源环境与经济的和谐快速发展，走绿色发展道路已经刻不容缓。党的十八大把生态文明建设纳入建设中国社会主义"五位一体"的总体布局，着力推进绿色发展、循环发展、低碳发展，建设"美丽中国"。党的十八届三中全会提出了关于生态文明建设总体指导思想，生态文明被提升到国家战略的高度。党的十八届五中全会提出了贯彻"创新、协调、绿色、开放、共享"的发展理念，绿色发展理念被列为中国五大发展理念之一。党的十九大提出要用绿色发展来解决中国突出的环境问题。自此，全国各地竞相实施绿色发展战略，开展绿色发展探索。

为了推动绿色经济发展、保护环境，我国出台了一系列的相关法律法规及政策。具体表现在三个方面：一是加强法律建设。2014年4月十二届全国人民

代表大会常务委员会第八次会议修订通过《中华人民共和国环境保护法》，自2015年1月1日起正式施行。该法的立法目的是"为保护和改善环境，防治污染和其他公害，保障公众健康，推进生态文明建设，促进经济社会可持续发展"。二是环保标准不断提高，环保政策快速出台。2013年9月，国务院印发《大气污染防治行动计划》，自2013年9月10日起实施；2015年2月，中央政治局常务委员会会议审议通过《水污染防治行动计划》，并在2015年4月2日成文并实施；2016年5月，《土壤污染防治行动计划》由国务院印发，自2016年5月28日起实施。自此我国大气、水、土壤等污染防治标准全面出台。三是环境执法力度不断加强。2015~2017年，全国立案查处环境违法案件数分别为9.7万、13.78万和23.3万件，年增长幅度为33%、42%和69%；处罚金额由42.5亿元增长到115.8亿元。其中，2017年全国实施停产限产、按日计罚、查封扣押、移送拘留、移送涉嫌环境污染犯罪五类案件总数为3.96万件，同比增长74%。

（四）市场背景：绿色经济发展需要金融的支持，构建绿色金融体系势在必行

绿色经济的发展需要大量的资金投入，这离不开绿色金融的帮助。未来几年随着中国经济增速的放缓，财政收入增速也会相应降低，财政资金直接支持绿色投资的占比将会进一步下降。在此情况下，十分需要绿色金融的介入，以债券、股票、信贷、保险、基金等形式将社会资金引向绿色产业，解决融资缺口。除了融资支持外，绿色金融体系还能为绿色投资提供综合化的金融服务。

二、我国绿色金融发展历程

20世纪以来，我国绿色金融发展经历了萌芽、起步、深化和全面推进发展四个阶段。

1. 萌芽阶段（20世纪80年代至2007年）

此阶段主要是明确了对金融与环保的重要意义。1981年，国务院出台《国务院关于在国民经济调整时期加强环境保护工作的决定》，其中规定了"利用经济杠杆"保护环境的政策。1984年，国家再次明确提出环境保护资金来源的八条渠道。1995年中国人民银行颁布了《关于贯彻信贷政策和加强环境保护工作有关问题的通知》，规定"各级金融部门在信贷工作中要重视自然资源和环境的保护，把支持国民经济的发展和环境资源的保护、改善生态环境结合起来，要把支持生态资源的保护和污染的防治作为银行贷款考虑的因素之一，以促进经济建设和环境保护事业的协调发展"。1997年8月，财政部发布了《全

球环境基金项目管理暂行规定》，目的是规范和加强全球环境基金赠款项目管理，以确保我国实施的全球环境基金赠款项目符合国民经济和社会发展战略，实现国家和全球的可持续发展目标。1998 年，在四川成都召开的"面向 21 世纪全球金融发展国际研讨会"上，首先提出了"金融可持续发展"的概念，以金融的可持续促进经济社会的可持续发展。

2. 起步阶段（2007~2010 年）

此阶段主要是推动我国绿色金融市场的发展，期间推动绿色信贷、绿色证券和绿色保险的若干具体措施相继出台。2007 年 7 月，原国家环保总局、央行、银监会联合发布了《关于落实环境保护政策法规防范信贷风险的意见》，首次提出了绿色信贷，要求金融机构根据国家环保部门的通报情况和国家产业的政策进行贷款的审批与发放。同年 12 月，原国家环保总局、保监会联合发布了《关于环境责任保险工作的指导意见》，要求开展环境污染责任保险试点工作。2008 年 1 月证监会发出通知，要求从事重污染行业生产经营活动的企业如首次申请发行股票，需要在申请文件中提供环保总局的核查意见。2008 年 2 月原国家环保总局发布了《关于加强上市公司环境保护监督管理工作的指导意见》，规定公司申请首次上市或再融资时，需要强制开展环保核查。

3. 深化阶段（2011~2014 年）

此阶段各项绿色金融政策继续延续，并得以进一步深化。主要表现在碳排放交易试点、绿色信贷指引和绿色信贷统计体系的建立，以及环境污染责任险试点的进一步推进。2011 年 10 月，国家发改委发布了《关于开展碳排放权交易试点工作的通知》，批准北京、天津、上海、重庆、广东、湖北、深圳 7 省市 2013 年开展碳排放权交易试点。2012 年 2 月银监会发布的《绿色信贷指引》明确了银行业金融机构绿色信贷的支持方向和重点领域。2013 年 1 月环保部和原保监会发布通知，要求进一步推进环境污染强制责任保险试点。2013 年 6 月深圳碳排放权交易所率先去掉碳交易。2014 年 9 月，兴业银行发行国内首单绿色金融信贷资产支持证券。

4. 全面推进发展阶段（2015 年至今）

此阶段绿色金融上升为国家战略，相关组织机构相继设立并进行了大量绿色金融产品的创新。2015 年 9 月国务院发布的《生态文明提质改革总体方案》明确提出要建立我国的绿色金融体系并规划了发展绿色金融的顶层设计。2016 年 8 月中国人民银行等七部委联合发布《关于构建绿色金融体系的指导意见》，标志着构建绿色金融体系在金融市场和各级地方政府的全面落实和正式启动。该意见的发布标志着我国成为全球第一个具有明确政府政策支持的、全面构建绿色金融体系的国家。2016 年 3 月和 4 月绿色公司债券相继进入了上海证券交易所和深圳证券交易所，债市通道正式开启。2017年12月国家发改委正式宣布启动全国统一碳市场。2018年3月国务院发布的《国务院机构改革方案》宣布了要组建生态环境部。

第三节　绿色金融服务长江经济带绿色经济发展现状

推动长江经济带发展是国家的重大决策，是关系国家发展全局的重大战略。以习近平同志为核心的党中央高度重视长江经济带发展，明确提出长江经济带必须坚持"生态优先，走绿色发展之路"。在"创新、协调、绿色、开放、共享"的新发展理念中，绿色是一切工作的底色。长江经济带的绿色发展之路离不开绿色金融的支持。一方面，绿色金融能为绿色经济发展提供巨大的资金支持；另一方面，绿色金融的发展还能加速产业结构、能源结构和交通运输结构的绿色转型，提升经济的技术含量，并且还能缓解环境问题对财政的压力。近年来长江经济带绿色金融的快速发展对绿色经济的发展起到了很好的促进作用。

一、长江经济带各省市绿色金融政策措施概况

2017年6月，国务院决定在浙江、广东、新疆、贵州、江西五省（自治区）建设绿色金融改革创新试验区，标志着我国开始从地方层面全面推进绿色金融的发展。长江经济带各省市积极响应国家号召，全力推动绿色金融政策落地，为落实绿色发展理念做出了很多实际工作。以下主要介绍2017~2018年长江经济带各省市在绿色金融政策措施建设方面的具体情况，内容主要包括各省市相关的政府政策推动、提出或引入的激励约束政策、提供便利市场主体措施、推进能力建设[①]等（见表7-2）。

---

① 政府政策推动指省级及所辖市县发布的综合性及专项性指导文件；提出或引入的激励约束政策指是否引入贷款或证券贴息、绿色信贷是否纳入MPA考核等；提供便利市场主体措施指是否建设绿色配套设施、绿色项目信息共享平台等；推进能力建设指是否建立地方绿色金融专业协会、举办绿色金融相关培训活动等。

表7-2 长江经济带各省（直辖市）2017~2018年绿色金融相关政策措施

	政策措施	激励约束政策	便利市场主体政策措施	推进能力建设
上海	基本与2016年度保持一致	有待加强	已将环境违法纳入社会征信系统；公开举办了多场绿色金融学术或市场活动	成立了陆家嘴金融城理事会绿色金融专业委员会
江苏	市县综合性文件：《关于加快绿色金融发展支持南通生态文明建设的实施意见》《关于构建绿色金融体系指导意见的实施细则》《泰兴市发展绿色金融工作实施方案》等；省级专项指导文件：《江苏省网络借贷信息中介机构打造绿色金融管理指引》；市县专项指导文件：《关于推进无锡市绿色信贷工作的指导意见》《泰州市绿色金融共享信息绩效评估暂行办法》《苏州市银行业金融机构绿色金融绩效评估实行暂行办法》等	市县层面：南通市引入债券贴息政策，提出建立专业绿色担保机制；泰兴市通过风险补偿、信用担保、绿色发展基金建立促进绿色金融发展的长效机制；扬州市提出用再贷款、再贴现定向精准支持绿色产业发展	建立了四个市企业级环境信息共享平台；张家港市已建立污染源基础信息数据库和环保信用信息评价平台；苏州市将企业环保信用评价结果纳入社会信用体系	建立三家绿色金融研究机构
浙江	省级综合性文件：《关于推进全省绿色金融发展的实施意见》；市县综合性文件：《浙江省湖州市绿色金融改革创新试验区综合试验区总体方案》《衢州市绿色金融改革创新试验区建设的若干意见》等；省级专项指导文件：《浙江银监局关于银行业金融机构加强绿色信贷工作的指导意见》《关于推进绿色信贷工作的指导意见》《浙江银行业金融机构绿色信贷指导意见》等；市县专项指导文件：《湖州绿色金融项目评价标准》《湖州绿色金融2017升级版实施方案》《湖州绿色金融专营机构建设规范》等	省级层面：提出在满足再贷款、再贴现要求的条件下，优先支持绿色项目；对绿色金融改革创新试验区给予再贷款、再贴现的倾斜；在全省开展存款类金融机构纳入宏观审慎评估体系（简称MPA）考核；市县层面：湖州市提出引入贷款贴息，将绿色信贷实施情况与MPA考核挂钩并建立绿色信贷风险补偿机制；衢州市提出建立绿色信贷风险补偿机制并对在绿色信贷方面表现优异的金融机构给予一定的政策倾斜	湖州市已建立绿色金融小镇；浙江已建立省级绿色项目信息共享平台；衢州两个绿色项目市绿色项目及湖州市绿色项目信息共享平台；已将企业环保信息纳入银行征信系统	成立了省级地方绿色金融委员会；湖州、衢州两个试验区成立了绿色金融专业委员会；多次举办相关培训活动

续表

	政策措施	激励约束政策	便利市场主体政策措施	推进能力建设
安徽	市县综合性金融文件：《滁州市绿色金融体系实施方案》《六安市绿色金融体系实施方案》；市县专项指导文件：《马鞍山市法人农村中小金融机构绿色信贷指导意见》	马鞍山市鼓励"保险＋银行"等信贷风险分担补偿机制	已将企业环保违法违规等信息纳入企业联合征信系统	有待加强
江西	省级综合文件：《关于加快绿色金融发展的实施意见》《"十三五"建设绿色金融体系规划》等	省级层面：提出再贷款定向支持绿色项目，绿色信贷业绩纳入 MPA 考核；市县层面：赣江新区、萍乡市分别引入绿色贷款和债券贴息，提出再贷款定向支持绿色项目；赣江新区、萍乡市、九江市、宜春市开展风险担保或补偿基金工作	建立了绿色金融示范街，已建成省级企业环境信息共享平台	成立了省级地方绿色金融专业委员会
湖北	市县专项指导文件：《银行业"践行绿色信贷实现绿色发展"专项活动实施意见》	有待加强	建成了省级企业环境信息共享平台；荆门市建立了市级环境信息共享平台	有待加强
湖南	省级综合文件：《关于促进绿色金融发展的实施意见》；市县专项指导文件：《湘潭市绿色信贷工作指引》《打造绿色信贷、助推"两型社会"的实施意见》《株洲市绿色信贷工作管理办法》	省级层面：已经建立了省级贷款或债券贴息机制以及省级风险担保机制	已开展省级企业环境信息公示工作；岳阳市建成市级绿色项目信息共享平台	已建成一个绿色金融研究中心
重庆	省级综合性文件：《重庆市绿色金融发展规划（2017—2020）》《加快推进重庆市绿色金融发展计划（2017—2018）》；市县综合性文件：《万州区绿色金融发展试点工作方案》《巫溪县绿色金融工作实施方案》；市县专项指导文件：《中国人民银行开县支行关于 2017 年开州区绿色信贷工作指导意见》	万州区和巫溪县分别提出贷款贴息政策、万州区还提出运用再贷款、再贴息加大对绿色信贷表现优异的金融机构的支持力度；建立绿色项目投资风险补偿制度	建成企业环境信用评价基础信息综合管理及公示平台	有待加强

续表

	政策措施	激励约束政策	便利市场主体政策措施	推进能力建设
四川	省级综合性文件:《四川省人民政府办公厅关于印发四川省绿色金融发展规划的通知》市县综合性文件:《德阳市加快推进绿色金融发展实施意见》《广元市推进绿色金融发展实施意见》《内江市绿色金融发展规划》《巴中市人民政府办公厅关于扎实推进绿色金融发展的通知》等	省级层面:提出绿色债券贴息,对提供绿色信贷的银行业金融机构优先给予再贷款支持、建立风险分担和补偿机制、建立绿色信贷风险补偿基金等政策 市县层面:德阳市、巴中市、内江市和广元市提出实行绿色信贷贴息政策	建设绿色金融聚集区,将企业绿色信息纳入征信系统	设有省级地方绿色金融专业委员会
云南	有待加强	有待加强	举办了经济技术开发区绿色金融对接交流会	有待加强
贵州	省级综合性文件:《关于加快推进绿色金融发展的实施意见》市县综合性文件:《贵安新区建设绿色金融改革创新试验区总体方案》省级专项指导文件:《贵州省关于开展环境污染强制责任保险试点工作方案》《关于支持绿色信贷产品和抵质押品创新的指导意见》	省级层面:提出利用再贷款政策加大对绿色企业和绿色项目的绿色信贷支持;设立绿色项目风险补偿基金 市县层面:贵安新区提出加大对绿色信贷方面表现优异的金融机构的支持力度	建成省级大型绿色金融街;建成省级绿色金融项目信息共享平台;贵安新区建成了新区绿色金融项目信息共享平台	有待加强

资料来源:根据地方绿色金融发展指数与评估报告整理得来。

从表 7-2 可以看出浙江省在推动绿色金融政策措施落地方面表现最好；云南省表现最差，有待进一步加强。从激励约束政策来看浙江省和江西省表现突出，不仅优先支持绿色项目、对绿色金融给予再贷款、再贴现的倾斜，还在全省开展存款类金融机构绿色信贷业绩评价，并将评价结果纳入宏观审慎评估体系考核；云南、湖北和上海三省（直辖市）表现欠佳，未来需要进一步努力。在便利市场主体政策措施方面浙江和贵州两省表现突出，都建立了省级绿色项目信息共享平台，其他各省市也正在向此方向努力。在推进能力建设方面，浙江、江西、四川和上海四省（直辖市）表现较好，设立了专门的地方绿色金融专业委员会。

二、长江经济带各省（直辖市）绿色金融产品及市场发展概况

在目前的金融市场及监管框架下，典型的绿色金融市场机制和框架体系包括五个部分：绿色银行、绿色证券、绿色基金与 PPP、绿色保险、环境权益。2017 年以来，长江经济带各省市积极利用各种绿色金融产品为绿色产业融资，推动了绿色经济的快速发展。以下主要介绍 2017~2018 年长江经济带各省市在绿色金融产品及市场发展的具体情况，将从绿色银行、绿色证券、绿色基金与 PPP 方面、绿色保险、环境权益几个方面展开[①]。具体见表 7-3。

表 7-3　长江经济带各省（直辖市）2017~2018 年绿色金融产品及市场发展情况

地区	绿色银行	绿色证券	绿色基金与 PPP	绿色保险	环境权益
上海	有待加强	发行绿色债券 5 只，发行绿色 ABS2 只，已有 4 家上市环保企业，披露社会责任报告的公司有 309 家	新增 26 只私募基金管理人绿色基金产品	已上市船舶污染责任险、油污责任险、危化品的安全责任保险、耕地地力指数保险和气象指数保险共 5 种绿色保险	发布多个碳市场相关建设文件，已建立上海环境能源交易所开展碳交易

---

① 绿色银行主要说明已有绿色分支行数量；绿色证券主要说明发行绿色债券情况、已上市环保企业数量及披露社会责任报告数量；绿色基金与 PPP 主要说明绿色基金数量、私募绿色基金数量及入库绿色 PPP 项目数量；绿色保险主要说明已上市的绿色保险情况；环境权益主要说明碳配额、水权、用能权和排污权市场交易情况以及是否有碳市场、水权、用能权和排污权市场的相关建设文件等。

续表

地区	绿色银行	绿色证券	绿色基金与PPP	绿色保险	环境权益
江苏	已有2家绿色分支行	发行绿色债券17只，发行绿色ABS 3只，已有8家上市环保企业，披露社会责任报告的公司有32家	新增3只政府引导绿色基金，新增19只私募基金管理人绿色基金产品，入库绿色PPP项目3个	已上市环境污染责任险、农业大灾险和船舶污染责任险共3种绿色保险	发布了碳市场相关文件，已建立碳交易机构但未开始交易；发布了排污权的相关文件；苏州环境能源交易所已开放
浙江	已有7家绿色分支行	发行绿色证券10只，已有9家上市环保企业，披露社会责任报告公司有26家	新增31只私募基金管理人基金产品，入库绿色PPP项目9个	已上市生猪保险、安全生产和环境污染总责任险、巨灾保险、森林保险和气象指数保险共6种绿色保险	排污权市场建设有所推进，出台了2项相关政策措施，并进行了排污权交易，5年排污权交易金融总计25亿元
安徽	已有1家绿色分支行	发行绿色债券4只，发行绿色ABS 2只，已有3家上市环保企业，披露社会责任报告的公司有24家	新增2只私募基金管理人基金产品，入库绿色PPP项目13个	已上市环境污染责任险、农业大灾保险、森林保险和水稻气象指数保险共4种绿色保险	有待加强
江西	已有8家绿色分支行	绿色债券发行1只，上市环保企业1家，披露社会责任报告公司6家	绿色私募基金管理人基金产品3只，入库绿色PPP项目10个	有待加强	发布了碳市场相关文件并开始碳交易；发布了排污权、水权及用能权的相关文件，但均未开始交易
湖北	有待加强	发行绿色债券4只，绿色ABS 2只，披露社会责任报告公司7家	私募基金管理人绿色基金产品7只，入库绿色PPP项目11个	已上市环境污染总责任险、农业大灾保险、森林保险和气象指数保险共4种绿色保险	发布了碳市场相关文件，成立碳排放交易所并开始碳交易；发布了排污权市场建设相关文件，并已开始排污权交易

续表

地区	绿色银行	绿色证券	绿色基金与PPP	绿色保险	环境权益
湖南	已有1家绿色分支行	发行绿色债券4只，已上市环保企业1家，披露社会责任报告公司9家	私募基金管理人绿色基金产品2只，入库绿色PPP项目3个	已上市环境污染责任险、农业大灾险、大鲵保险、公益林保险、森林保险和光伏财产保险共6种绿色保险	发布了排污权市场建设相关文件，建立了排污权交易中心并开始交易
重庆	有待加强	已上市环保企业1家，披露社会责任报告公司5家	私募基金管理人绿色基金产品2只	已上市环境污染责任险、生猪保险和森林保险共3种绿色保险	发布了碳市场相关文件，成立碳排放交易所并开始碳交易；发布了排污权市场建设相关文件，并已开始排污权交易
四川	有待加强	发行绿色债券4只，已上市环保企业4家，披露社会责任报告公司10家	私募基金管理人绿色基金产品1只，入库绿色PPP项目3个	已上市环境污染责任险、农业大灾险、养殖保险与病死畜禽无害化处理联动机制、森林保险和气象指数保险共5种绿色保险	发布了碳市场相关文件，成立了四川联合环境交易所并开始碳交易
云南	有待加强	发行2只绿色债券、1支绿色ABS，披露社会责任报告公司10家	私募基金管理人绿色基金产品2只，入库绿色PPP项目13个	已上市环境污染责任险和森林保险共2种绿色保险	发布了3条排污权市场相关建设文件，环保处罚事件较少，绿色金融相关新闻报道2条
贵州	已有6家绿色分支行	有待加强	私募基金管理人绿色基金产品5只，入库绿色PPP项目16个	已上市环境污染责任险、气象指数险和森林保险共3种绿色保险	发布排污权市场相关建设文件，已开始进行排污权交易和碳交易

资料来源：根据地方绿色金融发展指数与评估报告整理得来。

从表7-3可以看出，江西省和浙江省拥有较多的绿色分支行，而重庆、四川等省（直辖市）在此方面表现欠佳；证券方面表现较好的是江苏省和上海市，而贵州省需要进一步加强；基金与PPP方面表现较好的是江苏与浙江两省，而重庆与四川两省（直辖市）需要进一步努力；从保险方面看表现最好的是湖南与浙江两省，而江西省在此方面表现欠佳；环境权益方面湖北与重庆两省（直辖市）表现较好，而安徽省有待进一步加强。

第四节 绿色金融服务长江经济带绿色经济发展的问题与挑战

从上一节的分析可以看到，2017年以来长江经济带绿色金融发展迅速，各省市纷纷出台了一系列相关政策措施，并推出了数量繁多的绿色金融产品，为长江经济带绿色经济发展提供了强大的助力。但是由于绿色发展项目普遍存在前期投入大、收益期长、现金流覆盖能力低、收益不确定、风险高的特点，影响了金融机构参与的积极性，而以政府政策推动为主要动力的绿色金融在发展过程中也存在一系列的问题与挑战。

一、经济发展不平衡导致各省（直辖市）绿色金融发展程度差异巨大

长江经济带各省（直辖市）绿色金融建设差异十分巨大，根据《2018年地方绿色金融发展指数与评估报告》分析，2017~2018年度浙江省绿色金融发展指数排名全国第一，而长江经济带的云南省则排名第29名，仅高于西藏和吉林。从地域来看，东部地区（浙江、江苏、安徽）绿色金融发展较好，这与东部地区的金融高速发展分不开；中部地区（江西、安徽、湖南、湖北）绿色金融发展总体来看好于西部地区，特别是江西省近年来绿色金融发展十分迅速，2017~2018年度绿色金融发展指数得分居于全国第四，值得中部地区其他省份借鉴；西部地区（四川、重庆、贵州、云南）总体发展落后于东部和中部地区，但是近年来，西部地区的贵州省绿色金融发展势头强劲，2017~2018年度绿色金融发展指数得分居于全国第九，大有后来居上之势。西部地区整体绿色金融发展程度不高的主要原因可能是经济和金融发展相对滞后，在今后的发展中重点应该放在绿色经济与绿色金融协调发展上。

二、绿色金融发展的基础较为薄弱

这个问题不仅仅是长江经济带的问题，也是一个全国性的问题。我国绿色金融发展相配套的法制建设、市场建设、系统建设、信息披露建设等方面与发达国家尚存在较大差距。以法律法规为例，自 20 世纪 90 年代以来我国出台了多部规章和规范性文件来完善绿色金融相关建设，但迄今为止还没有由全国人大及其常委会制定的效力层级最高的绿色金融法律，这给绿色金融的发展带来了很大的制约。

长江经济带绿色金融发展走在全国的前列，但是依然存在很多的问题，主要缺陷包括：第一，法制建设不完善，立法层次低。从表 7-2 可以看出现有的绿色金融规范性法律文件大部分出自省辖的市县，目前还有 4 个省没有本省省级层面的绿色金融规范性文件出台。第二，激励约束机制不到位，政策可操作性不强。现阶段长江经济带出台的绿色金融相关法规政策多是建议性的声明要求，落到实处的激励与约束较少。虽然一些省市提出在满足再贷款、再贴现要求的条件下，优先支持绿色项目；对绿色金融改革创新试验区给予再贷款、再贴现的倾斜；在全省开展存款类金融机构绿色信贷业绩评价，并将评价结果纳入 MPA 考核。但是对没有完成的或是完成不好的如何惩罚、怎么追责并没有具体说明，这就造成了规定无法落实，实际执行困难等问题。第三，信息披露滞后，大部分省市没有设立专门的机构对绿色金融进行指导。从表 7-2 可以看出，目前长江经济带仅有浙江和贵州两省建立了省级绿色项目信息共享平台。市级绿色项目信息共享平台也仅有浙江湖州、湖南岳阳和贵州贵安新区三地建成。长江经济带目前仅有浙江、四川、江西三个省设有省级绿色金融指导委员会；上海陆家嘴和浙江湖州、衢州设有市级绿色金融委员会。第四，绿色金融市场建设不完善，绿色金融产品和服务不丰富。长江经济带绿色金融产品种类不丰富，绿色金融产品创新远远滞后于金融市场整体创新水平。从表 7-3 可以看出长江经济带绿色金融产品主要为绿色信贷、绿色债券、基金及绿色保险等产品，而绿色租赁、绿色信托等业务基本没有涉及。另外从绿色金融服务对象上可以看到其主要是针对企业或项目的需求，少有针对个人客户消费需求的绿色金融产品与服务。第五，碳金融发展需要进一步推进。从表 7-3 可以看出长江经济带各省市都十分重视碳交易、排污权交易及用能交易等环节权益相关产品的交易，大部分省市都出台了相关政策并纷纷建立交易所进行区域交易。但是目前已经开展相关交易的省市并不多，交易量也不理想。

三、缺乏跨省域顶层设计，各省市之间协调合作不够

绿色金融既是金融问题，也是生态保护问题，是涉及整个长江经济带的系统工程。因此，加强跨省顶层设计，建立多省市协作机制十分必要。但是目前来看还没有长江经济带省域之间关于绿色金融合作的相关政策出台，这在一定程度上制约了长江经济带绿色经济的协调发展。

四、绿色金融市场服务中介体系发展滞后

绿色金融业务涉及环境风险评估、绿色债券信用评级、碳交易等，十分复杂。且不得发展更新的专业技术，对金融机构的风险评估和管理工作提出了更高的要求，需要专业性的服务机构为金融机构开展的绿色金融业务提供一系列配套服务。但是目前我国与长江经济带尚未有专门的绿色金融配套服务机构，现有的信用评级机构、资产评估机构、会计师事务所、咨询公司等基本都还未涉足绿色金融领域，而开展绿色金融必备的环境损害鉴定评估机构、环境风险评估机构、数据服务公司等也正在建设当中。专业性中介服务体系的缺位和滞后成为制约绿色金融快速发展的关键因素之一。

第五节　绿色金融服务长江经济带绿色经济的发展潜力

在党的十九大报告中，习近平总书记再次强调长江经济带应该走出一条生态优先、绿色发展的新路子。生态优先、绿色发展的新路离不开绿色金融的支持，因此长江经济带绿色金融的发展潜力是巨大的。通过前面的分析可以看到长江经济带绿色金融发展虽然存在一些问题，但是成绩也是有目共睹的，各省市政府、各金融机构也都认识到了绿色金融发展的重要性，纷纷出台一系列政策措施来促使绿色金融的进一步发展。未来长江经济带绿色金融发展的方向应该是：一方面采取各种可能的措施促进绿色金融总量的提升与结构优化，从而满足绿色经济发展的资金缺口；另一方面绿色金融应与产业政策相结合，促进产业结构优化调整、环境治理与生态平衡，从而推动长江经济带经济社会的可持续发展。

一、多方合力促进绿色金融总量增加

绿色项目存在正外部性，从短期来看成本高、风险大、收益低，仅仅依靠市场的力量是不能够解决资金短缺问题，因此政府需要介入进来，通过各种法律法规与政策来纠正市场失灵，引导市场资金更多地流向绿色项目，从而增加绿色金融的有效供给，促进其总量增加。长江经济带各省市要积极响应国家号召，完善绿色金融相关政策支持体系，支持绿色金融发展以服务绿色经济发展。

（一）做好区域规划，加强省域之间的合作

长江经济带各省市政府要根据地区资源与生态条件和经济发展情况，做好本地区在长江经济带发展战略中的区域规划。经济基础薄弱的地区在对外开放和产业结构调整过程中要以生态环保为基础，绝不能再走"先污染、后治理"的老路，要发挥绿色金融的作用，大力发展文化旅游和清洁能源等绿色产业；经济较为发达的地区资源环境承载能力基本已达到饱和，要重点发展环境污染较低的高端制造业和服务业，同时贯彻国家绿色金融战略，将社会资金引向环境治理、资源循环利用和清洁交通等项目。

长江经济带是中国新时期的"三大支撑带战略"之一，是一项系统而复杂的工程，各省市地方政府要加强交流与合作，共同发力建设长江经济带。各省市可以尝试进行区域绿色项目信息共享，建立区域绿色金融指导委员会等，加强各省市的绿色金融合作。

（二）完善相关激励与约束制度促使绿色金融进一步发展

对于积极开展绿色金融业务的金融机构应该给予一定的政策倾斜，例如建立绿色信贷风险补偿机制、开展存款类金融机构绿色信贷业绩评价，并将评价结果纳入MPA考核等。鼓励金融机构和企业探索利用绿色债券、绿色基金、绿色保险等金融产品为绿色项目融资，对这方面的项目信用评级机构可以给予较高的信用评级，可以适当降低审核与备案要求，给予相应的政策优惠。对于"两高一剩"企业，环保部门应定期监督，加大惩罚力度，金融机构应严格限制其贷款额度并采用惩罚性的高利率。

（三）制定财政支持政策，提升财政资金杠杆效应

长江经济带各省市政府可以从财政收入和支出两方面加强对绿色金融的政策支持，将环境外部性内部化。财政收入方面可以对绿色金融采取适当的税收

减免优惠手段，例如对金融机构和投资者参与绿色金融投融资获得的收入给予一定的税收优惠；财政支出方面可以使用贴息或担保等手段促进绿色信贷、绿色债券的发展，发挥政府资金的引领示范作用，撬动更多的社会资金参与到绿色事业中来。

（四）加强绿色金融服务创新，完善绿色金融服务体系

绿色金融的发展依赖于专业服务机构提供绿色评级、认证、咨询、监督资金用途等一系列服务。目前，长江经济带绿色金融服务体系发展滞后，不能满足绿色金融发展的需要。因此，为了促进绿色金融的发展，需要在发挥现有中介服务机构的作用并借鉴其经验教训的基础上，充分利用新技术为绿色企业提供各类专项统计、信用咨询、财务顾问、评级授信、风险定价、融资租赁和碳排放质押等个性化创新服务，从而降低绿色金融的利息成本、经营成本和风险成本，有效引导金融资源进入到绿色行业中来。

二、创新金融工具，促进绿色金融结构优化

长江经济带绿色项目建设普遍具有资金需求量大、融资渠道窄、建设周期长、不确定因素多等特征，这需要各级政府及金融机构集思广益，创新金融工具，发展多种金融产品为绿色项目服务。

（一）开发针对性强、品种丰富的绿色金融产品，形成多元化的绿色金融产品体系

长江经济带绿色金融产品以绿色信贷和绿色债券为主，产品种类较为有限，覆盖范围较窄。而以绿色信贷和债券为主的产品结构存在一些问题：一是绿色项目期限长的特点与商业银行负债端资金期限偏短相悖，会使商业银行陷入较高的期限错配风险中；二是绿色债券评级标准不完善，难以保证债券发行的质量和效益，无法做到真正将节能减排、绿色发展作为债券发行的目的；三是由于银行的贷款条件相对较高，一些能为社会带来巨大效益的绿色项目很难通过贷款，造成绿色项目融资难、融资贵的问题。因此，需要开放创新针对性强、品种丰富的绿色金融产品，鼓励推出绿色信托、绿色租赁、绿色信贷资产证券化等产品，鼓励绿色期权、期货、股票指数等绿色金融衍生工具的创新，形成多元化的绿色金融产品体系。

（二）发挥政策性金融的导向作用，推广绿色投资基金、绿色PPP的应用。

对于纯公共产品和准公共产品，财政资金应该介入；对于有一定商业运作可行性和投资回报的短期项目可以利用财政贴息等方式以商业信贷资金为主要支撑；对于期限较长且现金相对稳定的项目，可以发行绿色债券、政府引导绿色基金或项目收益资产证券化产品来融资；对于风险较高但成长性好的项目，可以通过绿色PPP项目或是私募股权基金的方式进行融资。

三、通过绿色金融促进产业结构调整和经济可持续发展

金融是市场经济的核心和实体经济的血脉，金融资源的倾斜方向一定程度上决定着产业和经济的发展方向。绿色金融能够通过各种金融手段给可持续发展提供支撑，促进产业结构调整升级。

（一）利用绿色金融促进供给结构转型，推动产业结构升级

绿色金融可以从多个途径促进供给结构转型。首先，绿色金融能扩大资金总量，拓展融资渠道。通过对资源征税、对环境污染征税或是处罚不仅可以使外部效应内部化，还能增加社会可用资金总量。其次，绿色金融可以优化资金流向，引导资金由传统领域向绿色新兴领域流动。长江经济带各省市可以通过差别化产业信贷政策、惩罚性产业政策等手段，一方面减少高耗能高污染行业的可用资金量，另一方面增加绿色项目可用资金量，从而实现产业结构的优化调整。最后，绿色金融能缓释清洁技术和清洁项目的投资风险。利用绿色贷款、绿色债券、财政贴息、担保等手段可以从不同的角度降低清洁项目研发的融资成本和项目的风险，提高这类项目的投资回报率。

（二）利用绿色金融促进经济动能转换，实现经济的可持续发展

进入21世纪，经济增长的动力由投资刺激转变为需求拉动，由要素投入转向创新驱动。随着创新驱动发展战略的实施，传统金融已经越来越难以满足创新型科技企业的融资需求，而绿色金融的出现能够很好地满足这样的要求。首先，绿色金融可以给创新活动提供有力的资金支持。绿色基金、绿色股票及绿色债券可以给被传统金融排斥在外的新技术、新业态提供资金支持。这种支持可以从两方面体现：一是政府对这些领域的投资进行补贴，二是通过绿色基金等方式引导私人资金进行投资。其次，绿色金融能够促进新业态、新模式的

发展。作为第三产业的平台经济、体验经济虽发展蓬勃，但是这些新产业新模式缺乏抵押品且收益不确定，所以通过传统金融融资比较困难。绿色银行、绿色基金的发展可以有效解决这一问题，并且在满足其融资需求的同时还能降低行业的竞争程度，控制风险。最后，绿色金融能够提高投资转化效率。绿色金融的发展可以提高金融机构产品、服务的多元化程度，从而为资金拥有者和资金筹集者提供更多的选择，提高资金的流动速度和效率，减少中介成本，优化资源配置。

第八章
长江经济带绿色经济协同发展的机遇与挑战

第一节　长江经济带绿色协同发展的界定

　　长江经济带作为我国生态文明建设的先行示范带、创新驱动带、内河经济带与协调发展带，是我国国土空间开发最重要的东西线主轴，历经30年发展最终上升为国家重大战略，成为新时期支撑我国经济增长的"三大支撑带战略"之一。2017年长江经济带地区生产总值之和占到全国的45.2%。

　　党的十八大以来，习近平总书记围绕推动长江经济带发展做出了一系列重要讲话。2016年1月，习近平总书记视察重庆时特别强调："新的发展理念就是指挥棒，要坚决贯彻。当前和今后相当长一个时期，要把修复长江生态环境摆在压倒性位置，共抓大保护，不搞大开发。"在推动长江经济带发展座谈会上，习近平同志指出："促进长江经济带实现上中下游协同发展，东中西部互动合作，把长江经济带建设成为我国生态文明建设的先行示范带、创新驱动带、协调发展带。"2016年3月，全国人大通过的《中华人民共和国国民经济和社会发展第十三个五年规划纲要》指出："推进长江经济带发展，必须坚持生态优先、绿色发展的战略定位，把修复长江生态环境放在首要位置，把长江经济带建设成为我国生态文明建设的先行示范带、创新驱动带、协调发展带。"2016年9月，中共中央办公厅正式印发的《长江经济带发展规划纲要》明确提出："长江经济带发展必须围绕生态优先、绿色发展的理念，把长江经济带建设成为生态文明建设的先行示范带、引领全国转型发展的创新驱动带、具有全球影响力的内河经济带、东中西互动合作的协调发展带。"2018年，习近平总书记进一步指出，长江经济带"生态环境形势依然严峻，生态环境协同保护体制机制亟待建立健全"。构建长江经济带的生态环境协同保护机制，必须明确各省市的环境污染是否存在空间关联，各省市在关联中处于何种地位，这既是划分治污责任的重要依据，也是构建协同保护机制的理论基础。从《长江经济带生态环境保护规划》中可以看到，"五项生态环境保护主要指标"分别是：合理利用水资源、保育恢复生态系统、维护清洁水环境、改善城乡环境、管控环境风险；"两项工作"是指水资源保护和空气质量治理。换言之，长江经济带环境污染的治理是水资源和空气质量的综合治理。

在探寻推动经济增长的源泉方面，经济学家们展开了一系列的研究，相关的理论也在不断完善和发展中，先后经历了古典经济学、新古典经济学、内生经济增长理论等发展进程。增长极限理论首先看到了自然资源、生态环境对经济增长的制约。增长极限理论又称"零增长理论"，最早由梅多斯在《增长的极限》一书中提出，该理论将人口增长、粮食供应、资本投资、环境污染和资源消耗这五个因素视为经济增长的主要因素，由于世界范围内粮食的短缺、自然资源的不断耗竭和环境污染的加重，世界人口和工业生产能力将会发生突然的崩溃。虽然这一理论太过悲观，但是看到了自然资源、生态环境对经济增长的制约性，启发了人们在追求经济增长过程中，对人口、资源、环境和生态问题的思考。

"绿色经济"一词最早出现在皮尔斯（1989）的《绿色经济蓝皮书》中，其定义为"一种能够实现可持续发展的经济形势"。绿色增长的概念最早由默盖（Murgai，2001）提出，2005 年联合国亚洲及太平洋社会委员会将保持环境可持续性前提下的经济进步和增长视为绿色经济增长；2011 年 OECD 将经济增长中自然资源的稀缺性考虑在内，认为经济增长不能再以资源消耗为代价，而要提高资源的利用效率，否则自然资源的极限将会制约地区经济的增长。

归纳主要的经济增长理论可见，古典经济学家们将经济增长的动因归因于：资本、技术、土地、分工，虽然没有明确指出自然资源，但是对于以土地为代表的朴素的自然资源的论述，也说明了古典经济学家注意到了自然资源在增长中的特殊性，注意到了自然资源在经济增长中的重要作用。特别是古典对外贸易理论中，自然资源禀赋的差异成为国际分工的基础，其重要作用不言而喻。总的来看，虽然古典经济学家没有直接分析自然资源与经济增长的关系，但是他们将资源因素的分析包含在土地或自然之中，认识到自然资源对于经济发展的重要作用，并发现资源可能是决定经济发展的一个关键要素，也有可能是制约经济发展的一个重要约束条件。而新古典经济学和内生经济增长理论对于自然资源在经济发展中的作用逐渐弱化，他们认为自然资源并不是影响经济增长的主要因素，甚至在某些程度上，资本、劳动力和技术等可以替代自然资源的影响。但是他们也并不是完全否认自然资源对经济增长的作用，而是在分析中将自然资源作为一种生产成本，而不是经济增长方程中的一个关键变量。

他们认为资源能够被资本和劳动所替代，因而资源并非关键性的生产要素，随着技术的发展，资源对于经济发展的边际作用在降低。增长极限理论和绿色经济增长理论将经济增长中自然资源的稀缺性考虑在内，认为经济增长不能再以资源消耗为代价，而要提高资源的利用效率，否则自然资源的极限将会制约地区经济的增长。

绿色发展强调经济发展与资源环境的"协调共赢"，其核心是追求经济增长的质量与效益、资源节约、环境友好型发展。绿色发展既涉及长江经济带不同空间（省域、城市、开发区等）层次的绿色发展，也涉及不同产业（工业、服务业、农业）层面的绿色发展。长江经济带绿色经济协同发展的内涵界定基于长江经济带与绿色经济两个概念。具体而言，指的是长江经济带覆盖的所有省市均致力于绿色产业发展，协调共商共建共享绿色经济发展机制，发展方式由粗放式转为集约型，提高资源利用效率，减少环境污染，从而实现长江经济带的可持续发展。绿色经济发展离不开绿色产业的支持与贡献。国家大力倡导绿色产业的发展，发布的《绿色产业指导目录》（2019年版）中节能环保、清洁生产、清洁能源、生态环境产业、基础设施绿色升级和绿色服务这六大类是国家重点发展的一级绿色产业。就节能环保产业而言，我国节能环保产业发展势头强劲，产值由2010年的2万亿元增长到2017年的5.8万亿元，且在之后的五年里其年均增长率将达到13%；2017年环保产业的营业收入为1.35万亿元，较上年也有17.4%的增长。作为我国战略性新兴产业，节能环保产业的发展可以为国民经济可持续发展节约资源能源，为保护生态环境提供物质基础、技术保障和服务。

国内学术界对绿色经济发展水平评价的研究相对较多，但构建评价指标体系的侧重不同，其中以北京师范大学经济与资源管理研究院、西南财经大学发展研究院、国家统计局中国经济景气监测中心等机构对绿色发展指数的研究最具代表性，且每年均出版一本《中国绿色发展指数报告》。其他学者则从不同角度建立不同的指标体系。如向书坚等（2013）从绿色生产指数、绿色消费指数、生态健康指数这三个层面构建中国绿色发展指数指标体系；朱海玲等（2011）从经济发展、社会进步、资源节约、环境友好这四个层面构建绿色GDP评价指标体系；赵彦云等（2011）的绿色经济评价指标体系则包括低碳效率、低碳创新、低碳引导、低碳社会、和谐社会这五个层面。不同评价指标体系各有优缺点，但一般都包括经济增长质量、资源环境质量、绿色城市建设、可持续发展能力这四个层面。

第二节 长江经济带协同发展存在的问题与挑战

长江经济带的绿色发展对落实五大发展理念特别是绿色发展理念具有重大的实践意义，但仍面临着水生态环境恶化趋势严重、产业结构重化工化、协同发展机制不健全、沿江港口岸线开发无序、法律法规制度体系不完善、绿色政绩考评体系乏力等难题。为进一步推进长江经济带绿色发展进程，必须要加快建设绿色基础设施，发展壮大绿色产业，保护改善水环境，修复涵养水生态，高效利用水资源，大力建设绿色城市群、绿色城镇和美丽乡村，积极探索践行绿色新政。

第一，长江经济带绿色经济发展缺乏区域间的协同机制。长江经济带绿色经济发展的空间关联显著，说明长江经济带的绿色经济必须协同发展才能取得成效。长江经济带是一个整体，不是独立单元，无论是经济发展还是环境污染，省市之间都是相互影响、空间关联的。因此，"要树立一盘棋思想，全面协调协作"，建立长江经济带生态环境协同治理机制。目前，长江经济带的绿色经济协同发展仍然存在困难和挑战，区域间的有效协同机制仍未完全建立。目前，跨省级协调管理长江经济带发展的政府职能部门仅有 1988 年成立的长江水利委员会与 2002 年成立的长江航务管理局。前者是水利部的派出机构，主要负责长江流域水资源管理；后者为交通部的派出机构，主要负责长江流域的航运管理。行政级别分别为副部级和厅局级，两者都设立于武汉市，均为单一要素职能管理机构，难以肩负起推进整个长江经济带上中下游地区协调合作与发展一体化的重任。而 2014 年成立的长江经济带发展领导小组由中央政治局常委领导，理论上拥有强大的组织动员能力，但由于它不是一个正式的政府职能部门，中央决策意志必须通过政府职能实现，类似于一个临时的协调机构，只能起到协调管理长江经济带建设中的临时突发问题，同时组长只是由中央政治局常委兼任，而非专职应对处理长江经济带建设与发展的事务，尽管领导小组有着高效的组织动员能力，但综合治理能力有限。此外，虽然长江经济带整体及上中下游均建立了常态的对话沟通平台，如长江沿岸中心城市经济协调会、长江上游地区省际协商合作联席会、长江中游城市群省会城市会商会和长江三角洲城市经济协调会，并发表了加快绿色发展与加强生态保护合作的《武汉共识》《长沙宣言》《合肥纲要》《南昌行动》《淮南宣言》等集体倡议，但相关合作平台和协议约束力不够，难以对长江经济带一体化绿色发展产生持续性实质影响。部门之间缺乏协调，导致了众多的标准、程序、专项规划和治理政策相互矛盾甚至冲突，特别是上中下游地区难以就生态补偿的形式与标准达成一致的意见，造成诸如项目审批效率低下、地区间行政壁垒巨大等难题，加剧了绿色发展的困境。

同时，长江经济带绿色经济发展区域不平衡。从整体来看，长江经济带城市绿色发展效率呈现出明显的两极分化特征。目前长江经济带的城市有两类，一类是以上海、苏州为代表的经济较为发达的城市；另一类是以常德、怀化为代表的经济相对不发达的城市。长江经济带城市绿色经济发展基本呈现增长态势，但大部分城市绿色经济尚未得到足够发展，长江经济带绿色经济发展的规模效应仍没有得到充分发挥。从上游、中游、下游来看，长江经济带城市绿色经济发展程度呈梯度分布。长江经济带下游地区城市绿色经济发展最高，中游地区城市次之，上游地区城市最低，下游、中游、上游城市绿色经济发展之间的差异先递增后递减。分省份来看，长江经济带城市绿色经济发展分布不均。长江经济带 11 个省（直辖市）中仅上海市绿色经济发展水平较高，重庆、安徽、湖北、贵州重工业较为集中，绿色发展效率处于相对较低水平。长江经济带各省（直辖市）绿色发展效率整体呈现上升态势，重庆和贵州等部分省（直辖市）绿色发展效率有所下滑。长江经济带各省（直辖市）绿色发展规模效率普遍高于纯技术效率，各省（直辖市）规模效率和纯技术效率的变动方向有所分化。

各省（直辖市）在环境污染空间关联中的不同地位，决定了在整体协同治理的基础上还必须需求重点突破。流域的生态环境治理是整体工程，也是系统工程。9 省 2 市中每个区域都是流域治理的重要一环，都会影响治理效果，因此，在长江经济带环境污染治理工作中，必须坚持整体推进。长江经济带环境污染的空间关联网络研究表明，各省市在网络中的地位不尽相同，攀枝花和宜昌在整个网络中的关联作用最明显。本着"抓住主要矛盾和矛盾主要方面"的哲学思想，应该集中力量解决环境治理中的突出矛盾、突出问题，牢牢抓住这两个城市及其所在省份进行重点突破，实现全局和局部相协调、渐进和突破相衔接。

第二，长江经济带水生态环境严峻。长江经济带是我国一条巨型流域经济带，依托长江黄金水道连接上下游、东西部、左右岸，水生态环境是维系其赖以存在发展的重要基础，关系着产业的持续发展与居民的身心健康。然而，长江经济带水生态环境发展不容乐观，水污染严重，上游地区水土流失加剧，中下游地区湖泊、湿地生态功能退化。特别是沿江大型湖泊蓄水滞洪功能削弱，枯水期延长，水体富营养化导致水质下降，部分河段饱受重金属污染。沿江工业及生活废水排放、农业生产污染以及船舶运输流动污染为主要的污染来源。该地区总体仍处于工业化中期，沿江地区成为沿江省市推进农业现代化、工业化和城镇化的主战场，产业耗水总量与强度、产业废水排放总量与强度均处于高位水平，使得长江经济带特别是经济欠发达的中上游地区面临持续加大的水生态环境压力。

根据《中国统计年鉴 2016》公布的数据，截至 2015 年底，长江经济带用水总量高达 2622.7 亿立方米，占全国比重的 42.97%，特别是工业用水量达 830.2 亿立方米，占全国比重的 62.20%，万元国内生产总值用水量为 85.93 立方米，高于全国平均水平的 84.44 立方米，万元工业增加值用水量为 72.32 立方米，远高于全国平均水平的 48.51 立方米。长江经济带的经济社会发展消耗了全国大部分水资源，用水强度在高位区间运行。同样，废水排放总量与排放强度也保持在高位水平，成为全国排放废水中有毒有害物质的主要承载区。截至 2015 年底，长江经济带废水排放量高达 318.86 亿吨，占全国比重的 43.36%，其中废水中的主要毒害物质氨氮、铅、镉、铬、砷含量分别高达 99.84 万吨、43.91 吨、9.12 吨、14.44 吨、66.60 吨，占全国的比重分别为 43.42%、55.28%、57.67%、61.18%、59.41%。长江经济带既是一条繁荣的产业密集带，同时也是一条黄色的污染容纳带，面临着巨大的水生态环境退化、治理与修复压力，成为绿色发展的痛点与难点。

第三，长江经济带城乡绿色经济发展不协调。对于长江经济带来说，城市的发展是经济带发展的重要组成部分和载体，同样也是长江经济带实现绿色发展的关键点。城市发展历经不同的周期，发展初期以粗放式发展为主，经济发展的可能会忽略生态环境的影响，但在城市发展的中后期生态环境的重要性逐步提高，忽视环境问题极有可能会制约城市发展的质量和趋势，因此生态环境正在日益成为城市发展中的决定性要素。城市的绿色发展是将资源环境与经济社会的可持续发展落实到城市社会经济生产、流通、交换和消费等各个环节中，重点包括绿色城市建设、绿色生产方式和绿色环保技术这三部分内容。

人口密度会对长江经济带城市绿色经济发展关联产生影响，这对各省市控制人口密度和城市化速度提出了要求。随着城市化进程的加快，许多城市都无一例外地出现了交通拥挤、空气污染等城市病。过大的人流量、过高的人口密度，在生产和生活中无疑会带来过多的废水、废气和固体废弃物，城市的生态环境质量就会受到影响。这在一定程度上印证了环境库兹涅茨曲线提及的"经济增长会增加资源使用，从而影响环境质量"。鉴于长江经济带在我国发展格局中具有举足轻重的作用，2017 年 9 省 2 市的地区生产总值之和达到全国的 45% 以上，因此在长江经济带环境污染的协同治理中，各省市要尤为注意人口密度和城市化速度的控制，处理好经济发展与环境保护的关系，践行《生态优先、绿色发展》。和城市相比，长江经济带乡村绿色经济发展落后。乡村发展绿色产业具有自然资源的优势，但是目前长江经济带乡村绿色产业发展仍主要停留在初级阶段，环境污染严重。

第四，长江经济带产业结构亟须优化升级。长江经济带特别是中上游地区长期是我国传统制造业的重要基地，沿线布局了四大钢铁公司和七大炼油厂等诸多大型重化工业生产基地，正处于全面加速推进工业化时期，船舶、造纸、钢铁、电力、化工、食品加工、采矿、有色金属、建材等高污染、高能耗的资源性行业与产能过剩行业是长江经济带的重要支柱产业。特别是伴随着下游长三角与东部沿海发达地区的产业转型升级，产业结构逐步迈向智能化、绿色化、高端化、服务化，中上游地区依托劳动力、资源成本比较优势积极承接下游地区资源密集型与劳动密集型非环境友好型产业，这可能会导致未来经济社会发展的战略性新兴产业的发展空间受到挤压。中上游地区产业结构进一步重化工业化，造成了巨大的生态环境压力，通过流域生态系统的联动性，最终将中上游地区严重的生态环境压力传导至各个地区。重化工化的产业结构与长江经济带强大的制造能力匹配，使得部分重化工产品产量庞大，在全国占据着绝对的支配地位。长江经济带尚未摆脱高能耗、高投入、高排放的粗放扩张型发展模式，仍旧延续着重化工型产业化趋势，存在着绿色发展与经济稳定增长的两难取舍，构成绿色发展短期难以逾越的褐色门槛。

不同的产业结构决定了资源耗费和环境污染程度的不同。长江经济带具有第二产业比重高的产业结构特点。与其他产业相比，第二产业排放的废水、废气和固体废弃物数量更大，对环境的破坏更明显。粗放式经济发展方式可能从短期来看能够为经济增长带来贡献，但是长期来看，以环境污染为代价的发展方式并不能持续。

第五，长江经济带绿色经济发展缺乏专门的法律法规规制。长江经济带虽为支撑国家经济发展最重要的东西轴线，然而至今尚未出台一部规范长江流域绿色开发的综合性法律法规，涉及长江流域管理的法律法规主要为《中华人民共和国水法》《中华人民共和国环境保护法》《中华人民共和国港口法》《中华人民共和国航道法》等全国性水利、环保、港口、岸线、航道治理的专项法规。这些法律法规虽然都在一定程度上规范了长江流域的开发，但实际上相互之间存在着交叉与矛盾，特别是对涉及长江流域综合性绿色开发事务上的操作性较差，长江经济带绿色发展尚处于没有健全流域综合开发法制保障的自发探索阶段，在一定程度上诱导了长江经济带开发的自发性与盲目性。特别是中上游地区仍处于全面推进的工业化时期，经济发展基础较为薄弱，提升经济社会发展水平与满足居民物质文化需求成为地方政府的主要任务，致使当前实际执行的政绩考评体系仍以 GDP 为导向，更加让中上游地区地方政府在生态保护与经济发展之间难以取舍，地方政府竞相降低招商引资中的环境准入门槛，大力发展建材、石化、冶金、钢铁、能源等快速拉动 GDP 的高能耗、高污染、过剩产能型产业。绿色 GDP 导向的政绩考评体系约束力不足、长江流域综合性绿色开发管理的法律法规缺失以及沿江岸线开发无序是制约长江经济带绿色发展进程的重要因素。

第三节　长江经济带协同发展的潜力与方向

"五大发展理念"与"共抓大保护，不搞大开发"是习近平总书记对长江经济带发展方向的重要指示，绿色发展是新时期长江经济带发展的必然选择。围绕着长江经济带绿色发展的重难点，应当从绿色基础设施、绿色产业、水资源生态环境保护、绿色城镇、绿色乡村、绿色政治等方面着手加速推进长江经济带绿色发展进程，以充分发挥长江经济带发展的巨大生态效益、经济效益、社会效益。

长江经济带城市发展应坚持"保护"与"开发"并重。长江经济带绿色经济的可持续发展需要在考虑资源禀赋和发展目标的前提下，建立经济增长与资源环境相协调的长效协同机制，更加注重经济发展和环境保护的统一，更加严格落实绿色发展理念的相关要求。

第一，要实现绿色经济的协同发展。地区绿色经济增长具有显著的空间溢出效应，而环境污染同样具有显著的负外部性，要提高长江经济带绿色经济增长，就不能仅仅寄希望于各个城市"单打独斗"，而是要加强区域内部和区域之间的交流与合作，通过相互学习和借鉴先进的经验，引进先进的生产技术，才能共同提高绿色经济增长水平，共同遏制生态环境恶化的趋势，特别是中西部地区要加强与东部地区的交流与合作，积极承接东部的产业转移。目前，长江经济带绿色经济协同发展的首要任务是建立跨流域的绿色经济协同发展平台。平台主体的指导机构是中央政府，成员包括长江经济带 9 省 2 市的地方政府，平台内部建立常态化的联席会议机制，坚持绿色经济发展的共建共享原则。

坚持共建共享，广泛开展生态文明宣传教育和绿色生活行动，强化全社会生态文明意识，形成自觉保护生态环境的良好风尚，提升公众满意度，加快构建政府企业公众共治的绿色行动体系。全面实施生态文明意识提升工程，进一步强化环保为民的理念，增强生态环保道德意识、法治意识，积极回应人民群众的关切。推进人大代表、政协委员依法开展监督，开展绿色生态公益活动。完善生态环保信访投诉办理制度，推进有奖举报制度。在车站、广场、商圈等人群集中地加大宣传力度，开展绿色生活、公共场所禁烟、反对奢侈浪费和不合理消费等行动，推动全民在衣、食、住、行、游等方面加快向勤俭节约、绿色低碳、文明健康的方式转变。全面实施公共节能工程。大力推进新增公共建筑绿色改造，逐步提高城镇绿色建筑比重。加快新能源公交汽车的推广应用，不断优化调整公交线路，倡导绿色出行。开展节约型公共机构建设，大力推动政府机关等公共机构节能工作，全面推进公共机构带头绿色办公、绿色采购，执行节能环保产品的优先采购和强制采购制度。

第二，实施生态保护红线管控工程改善水生态环境。把生态保护红线作为编制空间规划的基础，严格强化用途管制。对自然保护区、饮用水源地保护区、自然湿地、风景名胜区等重要生态功能区域以及石漠化敏感区、水土流失敏感区、库区消落带等生态环境敏感脆弱的区域实施强制性严格保护。开展生态保护红线勘界定标和监管平台试点建设，探索建立生态保护红线监测网络，开展生态保护红线范围内的遥感监测和实地核查。建立健全生态保护红线管控绩效评价制度，评价结果要作为优化生态保护红线布局、争取生态保护补偿资金和重点生态功能区转移支付、对领导干部进行生态环境损害责任追究的重要依据。

全面实施长江两岸绿化提升工程。鼓励在背水侧护堤地外通过土地流转租用等方式造林。对非法码头、采石塘口、船厂以及废弃厂矿和堆积地等侵占的岸线，要采取客土整地等措施，进行乔、灌、草多层次栽植复绿。深化集体林权制度改革，积极稳妥地推进资源变资产、资金变股金、农民变股东这农村"三变"的改革试点，放活林地经营权，促进林业投资多元化、社会化、市场化。积极利用国内政策性、开发性金融贷款，鼓励和支持利用国外金融组织和政府贷款，以及引导社会资本投入造林绿化。配合开展国有森林资源有偿使用制度建设，探索在生态区位重要、脆弱敏感地区开展非国有林赎买机制试点。争取生态类地票试点，将地票功能拓展到生态保护领域，利用市场化机制激励复垦复绿，筹集资金助力深度贫困村的精准扶贫工作。

积极申报山水林田湖草生态保护修复工程试点，争取国家资金的支持。从生态系统整体性和长江流域系统性着眼，健全耕地森林河流休养生息制度，深入实施"山水林田湖草"一体化生态保护修复工程。加快山体修复，推进受损山体恢复自然形态，加强城市山体自然风貌的保护。加大矿山生态治理力度，形成覆盖全县重点矿区的矿山地质环境监测网络。开展江河、湿地等水体生态修复、综合整治城市黑臭水体。推进土地整治，修复利用矿山废弃地和污染土地。加强水土保持小流域综合治理和区域坡耕地水土流失综合治理，推进重要水源保护区生态清洁小流域建设。加强岩溶地区石漠化综合治理，通过合理应用林草植被保护恢复、草食畜牧业发展、水土资源综合保护等措施，构建稳定的岩溶生态系统。以实施三峡后续规划为契机，策划申报一批优质项目。加大自然保护区、森林公园、自然湿地和重点湖库等重要生态系统的保护力度。完善自然保护区基础管护设施、管理机构，提高自然保护区监管能力，开展自然保护区生态环境监督检查专项行动，严肃查处涉及自然保护区的违法违规行为。推进水生生物保护区捕捞渔民退捕转产工作，自然保护区矿产资源开发项目全部退出。

第三，协调长江经济带绿色经济城乡一体化发展。长江经济带城市绿色发展存在溢出效应，城市绿色经济发展水平越高，对周边乡村越有积极的带动作用和示范作用。经济发展水平、人口密度、政府支持、科技投入、工业发展水平也存在显著的空间溢出效应。因此，长江经济带绿色经济发展应首先集中发展城市绿色产业。逐步淘汰城市落后高污染产业，培育绿色产业，发展低碳经济和循环经济；加大对三废排放的监督力度和治理力度，设立生态红线，从严治理超标排放和不合规企业；引进产业转移不能一味追求量，还有追求质，要综合考虑短期利益和长期利益；加强城市排污管道建设，提高绿化面积，创新生活垃圾处理技术，加强对居民绿色生活理念的普及教育，全面提升绿色城市建设水平。同时，推进城市绿化提升，实现城市里的山头、坡面、空地的全部绿化、美化，依托山城特色，构建"一步一景、人移景换"的城市立体绿化系统和立体画卷，把城市绿化"立起来"。均衡布局公园绿地，城区裸露土地全部覆绿，推进工地绿化，城市建设规划预留绿化空间，加强城市屋顶绿化，持续打造城市公园。对长江大桥桥头绿化进行提升，增加开花植物，营造迎面绿化景观效果。对城市重要干道绿化进行提升，升级道路中分带、两侧绿化和道路节点的景观绿化。

在城市和乡村建立统一的规划实施评估与城市运行监测系统。发挥好规划管控引领作用，以城乡规划、国土规划、生态环保规划为基础推进"多规合一"，形成永久基本农田、城镇开发边界、生态保护红线三位一体的"空间规划一张图"，构建农业生产空间、城镇建设空间、生态保护空间协调统一的空间规划管控体系。坚持"建、治、改、管"并举，以解决大气、水、土壤污染等突出问题为重点，促进城乡环境质量进一步改善，为创造高品质生活提供良好的生态环境基础。严格工业污染防治，对于历史形成的环境风险隐患企业，加快实施环保搬迁，全面整治散乱污企业。以持续改善"一江五河"水质为中心，扎实推进水污染治理、水生态修复和水资源保护"三水共治"，强化土壤污染管控和修复，加强农村面源污染治理，加大城乡环境综合整治力度，坚持"零容忍、出重拳"，严厉打击各类环境违法犯罪行为，加快构建以生态系统良性循环和环境风险有效防控为重点的生态安全体系，切实保障生态环境安全。

通过发展乡村绿色产业落实乡村振兴战略，统筹乡村建设规划，严禁毁田园建公园，保护好美丽山水田园，让良好生态成为乡村振兴的支撑点。开展农村人居环境综合整治，加强农村基础设施建设，重点治理农村生活垃圾、生活污水、不卫生厕所。建立健全保洁、收运、处理的治理体系，开展农村生活垃圾分类减量和资源化利用，实施非正规垃圾堆放点排查和整治。推进农村饮水安全巩固提升工程，提升农村自来水普及率和村镇饮用水水质达标率。推动城镇污水处理设施向农村延伸，加快二、三级管网建设，开展农村集聚点和分散农户的污水治理。推进厕所革命，开展农村户用卫生厕所的建设和改造。开展村落"净化、绿化、亮化、美化、文化"的"五化"行动，提升村容村貌。建立改善农村人居环境与休闲农业、乡村旅游等农村新业态发展的良性互动格局，使人民群众的获得感、幸福感、安全感更加充实、更有保障、更可持续。

第四，长江经济带生态环境治理也必须考虑产业结构的因素，探索协同推进生态优先和绿色发展的新路子。长江经济带城市发展应加强投入—产出结构的优化。经济发展、政府支持、科技投入对长江经济带城市绿色经济发展具有积极影响，但仍然要积极从粗放式经济发展方式转变为集约式发展方式。当前长江经济带城市绿色经济发展主要由规模推动，纯技术效率贡献不足，因此未来需加大对企业自主创新能力的培养和支持，以技术为突破点，提升科学技术水平，降低能耗和污染排放，增强治污能力，从技术端和规模端全面提升绿色经济发展效率。具体而言，一方面，推进产业生态化，用生态化的原则去发展产业，用先进技术改造传统产业，培育低碳环保的新型产业，促进产业绿色化发展；另一方面，强调生态产业化，用产业发展的理念去保护生态，以产业、基础设施、服务和人才为支撑，做好生态保护、完善生态体系的工作。

坚持生态产业化和产业生态化路径，从生态系统整体性和长江流域系统性着眼，把修复长江生态环境摆在推动长江经济带发展、加快建设山清水秀美丽之地的首位。加快构建生态功能保障基线、环境质量安全底线、自然资源利用上线"三大红线"。建立环境准入负面清单，统筹山水林田湖草等生态要素，严格落实主体功能区战略，着力保护和改善生态环境，让"一江碧水、两岸青山"的美景永存。

严格执行产业准入负面清单制度，落实各行业、区域、流域产业准入的硬要求、硬条件以及制度性的安排，严禁不符合主体功能定位的项目建设实施，严格限制"两高一资"（高耗能、高污染和资源性）项目，组织协调好现有企业关停并转、改造升级、进入园区。完成"三线一单"（生态保护红线、环境质量底线、资源利用上线和环境准入负面清单）编制工作，严格要求产业布局、发展规模和开发强度。强化源头控制，充分发挥规划环评在优布局、控规模、调结构和促转型中的作用，落实建设项目环评文件审批与规划环评、现有项目的环境管理、区域环境质量的"三挂钩"，从严控制污染物的新增排放量。坚决禁止"一江五河"岸线1公里范围内新建存在污染风险的工业项目。加强产业园区管理，严格遵循产业规划，合理布局相关产业。大力发展战略性新兴产业、高技术产业，支持产业振兴和技术改造。

深入挖掘绿色文化资源，鼓励将绿色生活方式植入各类文化产品，传承历史文脉，厚植生态文化底蕴。积极开展以宣传生态文化为主题的诗歌、摄影、戏剧、音乐、雕塑等艺术创作，形成独具特色的生态文化品牌。加强生态文化村、生态文化示范基地等生态文化展示、体验、教育平台的建设，大力推进生态文化作品创作和产业发展，打造一批体现自然与人文特色的生态文化品牌，鼓励投资生态文化产业，提高生态文化产品生产的规模化、专业化和市场化水平。

第五，长江经济带绿色发展离不开科学的顶层设计与健全的体制机制，特别是在流域协同管理、绿色政绩考核导向、生态环境保护约束、生态补偿机制建立等方面都需要国家自上而下构建较为清晰的制度框架，通过绿色新政来加速绿色发展进程。一是建立流域综合职能管理机构。整合长江水利委员会、长江航务管理局等国务院部委派出.机构与国家推动长江经济带发展领导小组，成立长江经济带建设发展委员会，扩大其相应职能与权力，由中央政治局常委专任委员会主任专职负责长江经济带协调、统筹、发展、建设事宜，沿江省市成立相应省级委员会，由一名省委常委专任省级委员会主任。长江经济带绿色发展必须依托于具有高级行政权力和高效组织动员能力的政府职能机构——长江经济带建设发展委员会，特别是在绿色发展规划编制、绿色承接产业转移机制设计、流域综合开发管理法律制定、突发环境事件应急处理以及地区行政壁垒破解与一体化市场构建等方面，长江经济带建设发展委员会是长江经济带加快实现绿色发展的有效政治制度保障。二是建立绿色政绩考核评价体系。将自然资源损耗与环境修复治理成本纳入政绩考评体系，逐步建立健全并全面推广河长制、生态环境损害问责制度和领导干部自然资源资产离任审计制度，切实转变"唯GDP而忽视生态环境"的政绩考评导向。对重点生态功能区、农产品主产区和沿江环湖地区，根据实际生态环境状况，逐步弱化GDP、财政收入、工业增加值、城镇化率等主要经济指标的考核分量，加大环境治理投资、大气水体土壤质量、生物多样性指数、GDP能源水耗强度等绿色发展指标的考核权重。将地区绿色发展程度，特别是资源利用效率、环境治理力度、环境质量水平、生态保护强度、绿色增长质量、绿色生活水平、公众环境满意程度等作为当前政绩考评绿色化转变的重要方向。强化绿色政绩考核结果运用，将评价结果作为地方领导班子调整和干部选拔任用、培训教育、奖励惩戒的重要依据，增强各级政府和领导干部绿色发展的积极性、主动性和约束性。三是建立健全"三位一体"生态补偿机制。特别是中央对中上游地区的纵向专项财政生态补偿机制、下游地区对中上游地区的横向流域生态补偿机制以及下游地区对中上游地区的绿色产业生态补偿机制。

长江经济带特别是中上游地区广阔的生态功能区在保持水土、涵养水源和维护生物多样性等方面发挥了巨大的生态功能，为全国提供了优质的生态产品，并牺牲了部分发展机会，经济社会发展程度相对滞后。基于区域协调发展的总体战略考量，中央应加大对长江经济带贫困地区特别是重点生态功能区贫困县的专项财政转移支付的生态补偿力度，力争在2020年前使所有贫困县摘除贫困帽。中下游地区依托优越的区位条件与发展禀赋，率先成为国家主要增长极之一，经济发展程度走在前列，但同时也是长江流域污染排放的主要来源区。上游地区承担了生态环境污染、破坏和保护的主要生态赤字，支撑着长江经济带生态功能的持续稳定，中下游地区应当就生态补偿标准和力度做出妥协，加快加大对上游地区特别是三峡库区流域的生态补偿。除建立"输血"型扶贫型资金生态补偿机制，更应加强对中上游地区"造血"型致富型绿色生态产业的生态补偿机制，下游地区与中上游地区合作共建飞地园区，利用下游地区的资金技术优势，大力培育发展绿色高端先进制造业和战略性新兴产业，特别是大数据、云计算、物联网等新一代信息技术、生物和新材料、文化创意等绿色产业，实行税收分成、利益共享机制。同时立足自身资源生态优势，大力发展生态农业、生态旅游业、生态物流业等零污染产业，使中上游地区逐渐形成强大的内生造血致富能力，实现生态贡献和经济贡献的匹配均衡化发展，共享发展成果和发展福利。

长江经济带城市绿色发展仍然任重道远。未来长江经济带各省市城市发展过程中要更加注重经济发展和环境保护的协调性，加大投入力度，更为严格地落实绿色发展理念。当前长江经济带城市绿色发展效率主要是靠规模推动的，纯技术效率的贡献度很低，也就是说当前处于绿色发展投入产出规模报酬递增的阶段，但是后期若要进一步提升绿色发展效率，需要加强技术投入和研发，从技术端和规模端同步拉动绿色发展效率的逐步提高。

第九章
长江经济带绿色发展的政策建议

第一节　长江经济带绿色发展的总体规划

一、革新观念，树立绿色可持续发展理念

人与自然和谐发展是新时期社会经济发展的重要准则。长江经济带 11 个省（直辖市）因为地处长江沿岸，具有独特的地理区位特征，要因地制宜进行开发和发展，大力发展绿色产业，共同建设美丽长江。坚持绿色发展理念，只有经济与环境协调统一，真正做到尊重自然、顺应自然、保护自然，才能可持续绿色发展。保护生态环境与发展生产力并不矛盾。把保护生态环境、改善生态环境作为保护和发展生产力的重要手段。要在思想上树立起"生态环境越好，对生产要素的集聚力就越强，对经济社会发展贡献也会越大"的思想，才能实现可持续发展；要用实际行动证明"绿水青山就是金山银山"的理念是经得住考验的。

二、顶层设计，制定一体化发展规划

长江经济带东起上海，西至云南，中间流经 11 个省（直辖市），如果没有统一的规划、畅通的协调机制、完善的保障监督，是很难实现绿色发展的。从国家层面进行顶层设计，有利于避免流经省市各自为政，凡事从自身发展考虑，缺乏整体性和统一性的问题。同时有利于从国家整体利益出发，把长江经济带作为一个区域功能体进行设计和规划，最大限度符合国家利益。

目前已经形成"生态优先、流域互动、集约发展"的发展思路，以及"一轴、两翼、三极、多点"的空间布局规划。"一轴"是依托长江黄金水道，以上海、武汉、重庆为核心，以沿江主要城镇为节点，逐步推进综合立体交通走廊建设，优化产业和城镇布局，加强对内对外开放合作，推动经济沿江而

上阶梯发展，实现长江经济带的协调发展。"两翼"是围绕主轴线向南北两侧腹地延伸拓展，发挥主轴线辐射带动作用，加强南北两翼支撑力。以两翼运输通道为依托，实现交通互联互通，增强人口和产业集聚能力，夯实长江经济带的发展基础。"三极"是以长江三角洲城市群、长江中游城市群、成渝城市群为三大增长极，各自发挥带动作用。长江三角洲城市群以上海为龙头，提升南京、杭州、合肥都市区国际化水平，在科技进步、制度创新、产业升级、绿色发展等多方面发挥引领带动作用。长江中游城市群要增强武汉、长沙、南昌中心城市功能，促进资源优势互补、产业分工协作、城市互动合作，推进城市群综合竞争力和对外开放水平。成渝城市群发挥重庆、成都双引擎带动和支撑作用，推进资源整合与一体发展。"多点"是指三大城市群以外地级城市要从资源环境承载力出发，不断完善城市功能，发展绿色优势产业，建设特色城市，与中心城市强化经济联系与互动，带动多点地区经济发展。

三、创新机制，建立跨区域跨部门协调机制

第一，推动建立长江流域统一管理机制，对长江流域的开发、利用、保护等进行统筹考虑。针对流域管理的综合性和特殊性，统筹考虑法律法规衔接与行政体制改革等重要问题，突破传统的地域和行政区划束缚，推动统一的流域综合管理体制机制的创建。第二，在环境安全保护方面，建立流域防洪减灾风险化解，水资源保护、使用和有序开发利用，河湖空间管制等一体化协作制度，从全流域的角度明确流域管理机构和多方的协作职能与职责，并对外公开，加强公众监督。第三，科学界定流域管理机构的定位和职能，借鉴世界妥善处理水资源开发利用与保护的经验，明确水利管理、水资源管理、流域综合管理的内涵，明确流域管理机构与流域内各行政区域之间的合理分工。第四，建立流域协作机构和多方的交流机制和平台，对流域的开发和利用进行综合决策，使规划真正成为长江经济带建设和管理的依据和助力。第五，建立区域与部门之间有效的协调机制。设置跨部门和跨区域的流域开发规划、协调与管理机构，整合分散的流域管理事宜，在资源保护、交通运输、商贸往来、防灾救灾等多领域进行综合协调管理。第六，建立跨区域生态保护联动机制、补偿机制，推动实现流域上、中、下游生态环境的共管共治。

四、加大投入，创造绿色发展资金保障

坚持"生态优先、绿色发展"理念，加大财政投入、强化资金监管，为长江经济带绿色发展提供资金保障。一是加大环境保护财政投入力度。设置环保专项资金，扩大对长江上游生态补偿的标准和实施范围；创建长江水环境保护治理专项基金，用于整体长江水环境保护防治；沿江各省（直辖市）分别加大环保投入，建立中央与地方共同促进绿色发展的财政保障机制。二是探索发行环保彩票。通过彩票筹集社会资金，通过社会共同参与，丰富环保资金来源。三是创新环保投资模式。积极探索环保投资模式，引导政府、市场、企业等多方投入。创新绿色金融产品与服务，推广绿色信贷、环境污染责任保险等新产品，推动节能减排、循环经济等项目通过资本市场融资，不断拓宽资金渠道。四是利用市场机制，大力发展环保市场。大力推行合同能源管理、环境合同服务、水权交易、排污权交易、碳排放权交易以及环境污染第三方治理、环保设施第三方运维、环境第三方监测等新兴环保产品，利用市场供需机制和产品自由交易，促进环保产品市场化。五是设立长江流域生态补偿基金。由国家和沿江各省市共同设立长江流域生态补偿基金，根据需要签订长江流域各省市间水环境补偿协议，探索多元化补偿机制。

五、加强监督，构建多元化公众参与机制

长江经济带绿色发展既关系到社会经济的发展，也关系到流域广大人民群众的切身利益，需要公众广泛地参与，让长江经济带一体化发展情况被知晓和监督，破除以往基于利益竞争和利益最大化的局面，改变各项政策决策均掌握在少数群体手中的情况。应明确规定和保障公众的知情权、参与权、检举权与救济权。除涉及国家的机密外，社会公众均有权利参与长江经济带各项事务决策的监督与管理，即在长江经济带各项决策中，应有不同利益的主体代表参与，通过集思广益、集体讨论，制定更加科学严谨的规划与策略。对可能造成不良环境影响或直接损害公众环境权益的有关专项规划或大型项目，应当在审批前，举行论证会、听证会或通过互联网、宣传媒体等形式邀请公众参与，邀请相关领域专家学者进行论证，形成专家和公众意见。同时，应建立完善的多方参与信息反馈机制与激励机制，扩大信息的公开和透明，主动接受社会各界的监督，实现长江经济带各项决策多方论证、共同参与。促进绿色发展的民主化、科学化。

第二节　长江经济带绿色发展的产业布局与优化

一、优化长江经济带产业布局的制度安排

长江经济带幅员 208.3 万平方公里，人口约 6 亿，具有丰富的水资源和矿产资源，以长江水道为纽带，已初步形成世界最大的以水运为主，包含铁路、公路、管道和超高压输电等组成的综合性运输通道。目前，长江经济带产业布局存在产业结构低度化、同质化和不合理等显著问题。因此加强长江经济带产业布局和制度的优化，有序引导产业的梯度转移和结构升级具有重要意义。

一是完善市场经济体制。发挥市场"无形手"的作用，引导生产要素自由合理流动，根据流经区域发挥当地地理位置、气候条件、自然资源、发展基础等不同优势进行合理的区域分工和产业布局。以专业分工为原则，以资源禀赋为依托，发挥比较优势，发展特色经济。按照市场需求进行重点开发和合理有序的开发；按照点轴发展的模式加快构建区域产业体系，培育主导产业，依托主导产业进行配套产业构建，形成产业的合理布局。

二是建立区域产业优化转移协同机制。产业转移是区域产业结构优化和调整的基础。随着国际、国内的产业分工调整，长江东部长三角地区的劳动密集型和资源密集型产业将逐步向中、西部地区转移。长江经济带中、西部地区将以资源丰富、要素成本低、市场潜力大等优势加速中、西部地区建立新型产业和城镇化进程。同时，东部沿海地区也快速完成经济转型和产业升级，实现整个流域区域协调发展。通过长江经济带产业的区域协同发展机制的建立，在西部大开发的国家战略实施下，促进流域区域的整体发展。建立长江经济带产业发展专项转移支付制度，将产业转移与财政转移支付相结合，充分利用财政资金培育优势产业，促进长江经济带产业转型升级完成；通过一体化协作机制，深化区域分工与合作，合理引导产业转移，形成合理布局。

三是建立专项绩效考核制度。明确政府在区域产业布局上的责任与任务，要将土地和岸线管理，土地资源和沿岸线资源的节约使用、规划引导，优势企业和产业培育等方面工作责任纳入考核范围。加强生态环境保护指标考核，重点强化环保节能和安全约束。坚持"红线"思维，开展产业布局合理性评价，以规划控制产业布局，破除地方政府"土地财政"。目前，长江经济带产业结

构低度化、同质化和不合理等问题突出，阻碍了长江经济带的协调发展。

二、实施长江经济带工业绿色发展

一是优化工业布局。根据流域各地的主体功能定位和资源环境承载能力，确定长江经济带工业发展方向和开发强度，根据资源要素禀赋，发挥比较优势，构建区域联动、结构合理、集约高效、绿色低碳的工业发展新格局。推动生物产业、新能源等高端绿色产业向沿江园区集聚发展，完善沿江园区工业基础设施，强化环境监控管理，建设绿色低碳工业园区。加快沿江城市钢铁、有色、造纸、化工等重污染工业企业有序外迁，严格执行沿江园区产业选择、土地使用、环保评估、节能标准等审批制度，严格控制高资源高消耗产业。

二是优化工业结构。根据长江经济带工业布局规划，结合生态环境保护要求和产业发展实际，严格执行工业发展的环保、质量、能效、安全等标准，按照国家相关环境保护政策，淘汰落后低端产业，积极发展智能制造产业，促进智能绿色化发展，建设一批智能制造示范引领区，促进长江经济带工业智能化、绿色化、高端化发展。发展壮大节能环保产业，加快发展航空、工程机械、重型机床等大型关键机电产品特色制造业，在有条件的流域城市建设再制造产业集聚示范区。

三是绿色改造传统制造业。坚持科技革命和产业转型升级方向，依托关键绿色生产技术、环保材料、绿色工艺和设备，加大节能环保、新能源等工业产业的绿色技术研发投入，鼓励应用绿色先进生产技术，提升长江经济带工业绿色水平，提高工业绿色发展效率。

四是在具备条件的长江经济带沿线城市工业园区内，大力推广应用页岩气、太阳能、风能等清洁能源，以新能源或可再生能源替代化石能源，促进能源消费结构低碳、循环、绿色。鼓励推广绿色工业生产技术，实施废物综合利用，高效利用再生资源，提升资源开发利用效率。

五是打造绿色工业制造体系。依托长江经济带雄厚的工业基础，建设发展绿色工业园区，推动长江经济带高端装备、汽车、电子、化工、纺织等重点行业进行绿色制造，促进建设高水平绿色设计平台，推动绿色工艺突破，建设绿色制造示范项目，健全绿色制造供应链条，引领长江经济带工业产业绿色发展。

三、实施长江经济带农业绿色发展

长江经济带是重要的农业产区，其中成都、江汉、洞庭湖等地区是我国商品粮基地和大宗农产品生产基地。应强化农业资源环境管理与控制，坚持耕地保护制度，控制各类建设用地占用耕地，保护好流域区域基本农田。依法加强对流域养殖鱼生产基地水域的保护。划定和建设粮食生产区、重要农产品生产保护区，创建特色农产品生产区，合理划定畜禽养殖适养、限养、禁养区域，严格保护农业生产空间，建立农业产业准入负面清单。因地制宜制定禁止和限制发展农业产业目录，明确种植业、畜牧业、渔业的发展区域和开发强度，分类推进重点地区资源保护。加强区域污染治理，加强生态保护，修复和改善乡村生态环境，提升生态功能和服务价值。

长江经济带农业化肥、农药污染以及废水排放等问题是农业污染的主要问题，应控制农业农药、化肥施用量和强度，控制农业废水排放，加强长江经济带农业污染治理，逐步淘汰能耗高、污染大的传统农业，积极推广循环农业、有机农业、绿色农业、生态农业。创新农业发展模式，统筹长江经济带全流域工业、农业、社会发展，制定长江经济带农业绿色发展指导意见，制定农业清洁生产和绿色生产标准，制定长江经济带农业绿色发展的相关优惠政策，鼓励和创新农业绿色保险与贷款业务，建立长江经济带跨区域横向生态补偿机制，探索建立以市场为主导的生态补偿机制。

借鉴国外绿色农业先进发展经验，制定和实施长江经济带绿色农业发展战略。大力推广应用绿色农业科技，加强科技对农业绿色发展的支撑作用。以政府为主导、以市场为导向，大力发展循环农业、精准农业、有机农业等生态农业。加快农业产业融合，进一步发展农业与工业、农业与服务业、农业与旅游业等多产业融合，打造绿色生态农业全产业链。

四、实施长江经济带特色产业绿色发展

一是发展长江经济带绿色产业。引导绿色产业健康发展，主要包括鼓励绿色要素自由流动、完善土地供应机制、制定长江经济带绿色产业发展规划、实施相关绿色产业发展优惠政策等。以资源禀赋为基础，调整优化产业布局，建立绿色技术标准，探索多种绿色产业发展模式。统筹协调发展长江经济带绿色产业。充分发挥黄金水道水运优势，融入全球经济圈，发展出口型绿色特色产业。加大产业绿色研发投入，创新绿色金融产品，包括绿色信贷、绿色债券、绿色基金、绿色保险等多种绿色金融产品，大力支持绿色产业发展。

二是发展长江经济带创新产业。构建区域创新体系，推动建立长江经济带成为全国创新示范区域，培养一批创新企业，引导创新要素集聚，依据产业优势加强国家重点实验室、工程技术中心建设，建设技术研发平台、技术转移转

化服务平台。大力实施品牌战略，提高电子、石化、汽车、装备制造等优势产业的技术含金量，推动制造业向服务化发展，提高产业附加值，促进产业融合。

三是发展长江经济带航运产业。长江航运运量大、距离长，具有占地少、能耗低、污染小的优势，长江航运绿色可持续发展是长江经济带发展和建设的基础。长江绿色航运加强顶层设计和一体化协作，能够提升长江绿色航运技术，减少长江航运污染，保护长江生态环境安全，促进长江经济带发展。加强宣传引导和培训，树立长江绿色航运理念，开展绿色船舶改造等示范应用工程。加大财政投入金额政策激励，鼓励绿色船舶技术的研发和应用，对航行于"特殊保护水体"的绿色船舶，加强航运污染监管和治理，明确航运污染规范和标准，落实源头严防、过程严管、违法严惩等方面的工作，促进航运绿色转型升级。

第三节　长江经济带绿色发展的水资源保护与利用

一、长江经济带水资源保护与产业协同发展

政府应当建立"上下游共建、全流域共享"的生态经济带协调发展模式，促进长江水源区水资源保护与绿色生态产业融合发展，实现水生态空间提质增效与培育经济新动能。

一是长江水资源保护与绿色产业发展。打破行政和部门管理范围、行业管理和生态要素界限，统筹考虑各要素保护需求，推进生态保护、综合治理、系统修复与产业规划协同一致。根据长江水源区特色农业发展现状，建立立体高效的特色产业结构。促进农业生产方式和农民生活方式转变，推广清洁投入、清洁生产、清洁产出，建立新型生态农业种养模式。结合区域产业和资源的比较优势，考虑环境承载力和发展需要，加大传统产业改造升级力度，培育和发展新兴产业。建立严格的产业准入机制，禁止高耗能、高污染项目落户，降低污染物排放水平。

二是长江水资源保护与经济新动能培育。根据长江水资源生态功能需求，划定保护红线，拓展河道物理空间和自然形态，释放空间的自然结构特征和生态功能，积极培育产业新动能。根据长江经济发展条件和基础，以生态经济为主线，以流域城市为支撑，着力优化产业经济和空间布局，实现合理分布。按照"产业生态化"的理念，大力发展绿色生态农业、绿色生态工业和现代服务

业，促进经济与生态协调发展。

三是长江水资源保护与水流生态补偿。根据区域水环境禀赋和产业发展规划，核定长江环境容量，制定水排放限值。根据水环境管理标准，强化污染物排放管理力度，促进长江流域产业布局和结构调整，改善流域各支流水环境质量。建立长江流域生态补偿机制，引入退耕还林、退耕还草的财政转移支付机制和全流域生态经济补偿机制。通过流域水资源保护补偿机制，促进流域水环境的综合管理。

二、优化提升长江经济带水资源利用效率

一是优化提升长江经济带工业用水效率。从长江经济带工业用水总体效率看，其工业用水利用率呈增长态势，且上海、江苏、浙江、重庆等较发达地区的用水效率高于其他省份。长江经济带沿线各省市工业用水利用率差距明显。为了进一步缩小工业用水利用率差距，建议破除地域局限，从政府层面对工业用水利用率较低的地区给予更多政策支持，促进产品、要素资源自由流动，使得先进的生产技术、节水技术，以及用水管理经验和水污染治理经验向用水利用率低的地区扩散，形成长江经济带上下游省市相互支撑、良性互动的局面。

二是有效配置长江经济带沿线省市总体水资源。合理规划和分配工业用水资源，提高工业用水的循环利用率，降低单位产品的耗水量。建立长江流域水资源利用总量、水资源利用效率、水功能区限制纳污三条控制"红线"，加强监督管理和完善相应考核机制，统筹全流域工业用水的利用，使沿线各省市水资源禀赋与其工业发展需要相匹配。建立严格的水资源保护制度，改变靠资源消耗与污染排放的粗放型工业增长方式，通过调整工业结构、淘汰落后产能、提高工业用水利用效率来完善产业链，形成规模效率。

三、长江经济带绿色航运与水资源利用

长江流域各省市依托长江黄金水道资源开展航运的同时，应加强对长江航道的持续治理。三峡大坝水利枢纽等一批重大工程的实施、长江航运的迅猛发展，使得航运对长江水体和周边生态环境造成了不利影响。航运的水污染主要包括运输船舶的油污和生活污水等，对长江沿线城市居民用水带来较大影响。因此积极发展长江沿线绿色航运，通过采取一系列政策措施和技术标准，实施严格的水资源保护措施，可以提升长江航运绿色发展水平。

一是制定绿色航运发展指导意见，科学发展长江绿色航运。按照《船舶与

港口污染防治专项行动实施方案（2015—2020年）》《关于推进长江经济带绿色航运发展的指导意见》等系列文件要求，做好顶层设计和明确具体要求。二是提高长江航运船舶污染物排放标准，加强污染物排放管理。按照《船舶水污染物排放控制标准》要求，安装或更换船舶生活污水处理装置，不得随意向内河排放生活污水。三是明确船舶标准要求，全面提升长江航运船舶的装备和运输组织水平。加大清洁能源船舶的研究开发，在提升航运效能的同时，减少对水体的污染。四是推进绿色港口建设，明确要求长江沿线重要港口要具备船舶污水和垃圾处理能力。按照船舶污染物处置规定进行有效处理，提升污染物处理能力和水平。五是注重科技创新，引入新的技术和标准，引领和支撑长江航运绿色智能发展。研发应用生态航道技术，按照"深下游、畅中游、通上游"的基本原则，重视生态航道建设技术的研发应用，实现航道与生态环境和谐发展。应用绿色船舶建造和现代运输组织技术。船舶是移动的水污染源，目前我国的内河船舶的质量标准和运输组织模式与发达国家相比仍有较大差距，需要加大科技投入，加强特定航线船型质量，加快推进数字航道、智能航运等新技术。随着长江航运运输组织模式的变化，长江港口也需要进行相应的智能化改造，开展技术改造升级，建成世界一流的全自动化智能集装箱码头。六是加强危险品运输物流监控和安全防范。长江航运危险品运输量大，存在安全隐患，为了确保运输安全可控、不发生重大污染事故，需要通过科技创新，加大对船舶、人员、作业、码头等多环节的安全评估和改造，来确保航运安全。

四、长江经济带城镇化发展与水资源保护协同一致

长江经济带沿线城镇聚集了大量的人口和产业，对长江流域的生态环境产生不小的压力。无论是生活还是生产都对水资源需求不断增长，水环境污染问题日渐严峻。

一是提高长江流域西部地区城镇化水平。长江流域西部地区是我国脱贫攻坚的重点区域，也是生态环境保护的重要屏障，肩负着经济发展和环境保护的双重责任。近10年来长江流域西部地区的城镇化发展水平有了大幅提升，但是与东部地区仍有较大差距。加快推进长江流域西部地区的城镇化建设，提升长江经济带整体的城镇化水平，对于水资源的整体保护和利用有重要意义。

二是切实提升水资源综合保护和利用水平。针对长江流域部分地区水资源"禀赋少、耗用多"的特点，可以通过提高这些地区的水资源循环利用和节约利用水平，分别严格设定工业用水和农业用水单位耗用标准，同时加强长江流域水环境监测，加强监控和治理，防控水环境污染，提升水资源利用和管理水

平，进一步促进和保障城镇化持续发展。

三是推进长江经济带经济社会和生态环境保护同步协调发展。长江经济带城镇化发展和水资源利用相连相通，上、中、下游地区之间优势互补。以城镇化进程为依托，逐步加强生态环境保护和治理力度，形成长江流域地区城镇化与水资源保护相互促进、良性互动局面。

第四节　长江经济带绿色发展与生态环境保护

一、构建长江经济带绿色森林生态廊道

构建长江经济带绿色森林生态廊道，增加森林覆盖面积，增强森林水源涵养功能，防治水土流失，根据流域沿线省市资源禀赋特征，有针对性的采取防治措施，扩大森林绿化面积。依托长江沿线及主干支流，优化土地利用方式，建立水源涵养林、水土保持林、防护林等森林体系。优先在沿江干流堤岸建立防护林体系，另外要在远山及宜林荒山进行综合治理，增加森林水土保持功能。以库区、湿地集雨区为主，建立以水源涵养林、水土保持林为主的区域性防护林体系，防止水土流失，减少水患威胁。以秦巴山、武陵山等重点山脉为主，通过封山育林、退耕还林、人工造林等措施，积极进行荒山绿化改造，构建绿色生态安全屏障。

二、构建长江经济带生物多样性保护廊道

以全面保护与重点保护相结合，加强监督检测，建设长江经济带生物多样性保护廊道。建立长江经济带重点野生动植物监测体系。在长江经济带合理布设野生动植物监测站点，对长江经济带野生动植物资源进行持续动态监测，掌握野生动植物资源变化情况。建立长江经济带自然保护区。根据长江经济带野生动植物资源分布情况，建立一批自然保护区群，重点提升长江沿线湿地自然保护区的生态环境与修复能力。重点加强对长江经济带珍稀濒危野生动植物的保护，加大对金丝猴、麋鹿、林麝、东方白鹳、青头潜鸭等重点物种的管护，加强对水杉、珙桐、红豆杉等野生植物的管护，对濒临灭绝的木本植物遗传基因进行保存记录。

三、构建长江经济带绿色生态产品廊道

着力培育绿色生态产业，建立长江经济带绿色生态产品廊道。鼓励贫困山区培育当地特色生态产业，避免资源浪费和生态破坏。林业具有进入门槛低、产业链条长、就业容量大、收入可持续的优势，是山区的重要特色生态产业。加快现代林业产业基地建设，延伸产业链条，发展森林旅游、林业服务业等第二、第三产业。结合资源条件和当地实际，建立粮油林产业基地、楠竹种植基地、特色树木种植基地、花卉苗木产业基地等生态产品廊道。围绕长江经济带特色生态文化发展旅游产业，构建一系列长江经济带绿色生态产品廊道，促进长江经济带绿色发展。

四、构建长江经济带安全畅通的黄金水道

围绕扩容提能、湿地修复，构建长江经济带江河湖泊湿地一体化的生态水系，维护流域水系的安全性、完整性和稳定性，构建长江经济带安全畅通的黄金水道。加强长江、汉江干流岸线水土流失治理，加强沿线流域湿地修复，保障黄金水道交通安全。开展退耕（渔）还湿、退养还滩工作，保障重要河湖湿地及河口生态水位。发挥重要湿地生态保护功能，禁止开发国家重要湿地和湿地公园，对江河源头、水源涵养区以及重要湿地给予重点保护，开展湿地可持续利用示范区建设，保障黄金水道安全畅通。

第五节　长江经济带绿色发展的法律体系构建

一、完善长江经济带绿色发展的综合性法律体系

立法是法治的首要环节。建立完善长江经济带绿色发展完整统一的流域立法，有利于实现流域内各种自然资源要素与环境因子的整体性管理，维护流域一体化生态环境系统的整体安全，还有利于流域整体经济、社会和生态环境的协同可持续发展。根据习近平总书记在推动长江经济带发展座谈会上的重要讲话，按照"统一规划、统一标准、统一监督、统一防治"的立法原则，构建统一的长江流域生态环境立法体系。一方面应从长江流域整体保护层面进行立法，重点保障长江流域绿色发展和协同发展。作为一部针对整体流

域的综合性法律，不仅要包含对生态环境污染治理，对水资源、矿产资源等各种资源的合理开发和利用，还包括对流域城市布局、产业规划、城镇化发展等整体的引导和规范，使之成为长江流域政治、经济、生态、社会发展的法律法规的核心和总纲。另一方面流域各省市政府应自觉加强立法协同。长江经济带 11 个省（直辖市）应以长江流域整体法律为指导，根据当地生态环境、自然资源、社会经济的实际情况，设立地方法律法规，实现立法的协同化。

二、完善长江经济带绿色发展的关系主体法律制度

在建立和完善长江经济带绿色发展的宏观法律体系的基础上，还需要一系列相互关联且完备的法律制度作为支撑，针对长江经济带生态环境保护、自然资源开发利用、流域开发规划、责任与保障等方面的法律制度。长江经济带绿色发展过程中各种法律规范的行为主体，享有相应法律权利，应履行相应义务，具体包括国家、企业、社会中间层主体和公民个人。自然资源归国家所有，政府作为行使国家权力的代表，要发挥政策制定者、调控者、利益协调者的作用，居于主导地位。河长制度是新时期贯彻绿色发展理念、维护河流湖泊生态健康的一项河湖管理主体法律制度。通过在全国江河湖泊实行河长制，实现了保护水资源、防治水污染、改善水环境、修复水生态等目标，建立了主体明确、权责分明、结构合理、监督有序、保护有力的河湖生态环境管理机制。河长制度通过河长定期会议、河湖信息共享、联合执法监督等制度，协调解决疑难问题，更好地保护了河湖生态环境。

三、完善长江经济带绿色发展的流域规划法律制度

流域规划制度是根据流域生态资源状况和社会经济发展需要对一定空间和时间内国土开发、自然资源开采、产业发展、环境保护等事项作出的安排和部署。例如 2016 年颁布的《长江经济带发展规划纲要》和《全国主体功能区规划》中关于长江三角洲的规划。对于长江经济带下游地区，应优化人口，促进产业升级，加强环境修复与治理；对于长江中游地区，应以资源环境容量约束经济发展；对于长江上游地区，应以保护和修复生态环境为主要任务。长江流域还有 1500 多个重要功能区，应因地制宜地制定相应的管理制度。

四、完善长江经济带绿色发展的生态环境责任法律制度

《中华人民共和国环境保护法》《中华人民共和国水法》《中华人民共和国水污染防治法》等法律法规，均对相应主体的法律责任进行了明确。长江经济带生态环境责任法律制度是指长江经济带绿色发展主体违反生态环境保护的相应法律制度。其中以政府生态环境法律制度最为重要，主要指政府部门在生态环境资源保护和治理方面所承担的义务与权力的法律规定。应对长江经济带各级地方政府及相关部门的环境责任进行界定，对政府环境责任主体对象的集体责任和个人责任进行界定。将区域生态环境保护任务目标完成情况作为部门和个人综合考评的重要依据。

五、完善长江经济带绿色发展的纠纷解决法律制度

长江经济带跨行政区域生态环境纠纷，应先协商解决，无法协商解决时，可以向长江流域发展委员会申诉，委员会可以在详细调查的基础上进行调解和处理。司法救济是保护受侵害方合法权益的最后防线，坚持实体法和程序法并重。根据实际纠纷特征，明确诉讼主体的范围、诉讼的主管与管辖、证明责任的明确等。可以设立专门法院管理跨行政区域的环境纠纷，有利于提高裁判的专业化和权威性。完善长江经济带环境公益诉讼制度，捍卫公民环境权、公众参与权，保障公共生态环境利益，充分发挥生态环境保护公益组织等社会中间层作用，建立有行政调整、市场调整、社会调整组成的新型诉讼制度。

六、加强长江经济带绿色发展法律制度的宣传教育

法律是公民权益的可靠保障。法律权威需要依靠全体公民的维护。构建长江经济带绿色发展的法律法规体系，不单要通过增加相关法律制度的供给，更要提高所有法律关系主体的生态环保意识。相比民法、刑法等传统法律，生态环境资源法作为新兴法律较少被社会公众知晓。因此加强舆论宣传引导，树立正确的绿色发展理念极为重要。应多渠道进行宣传培训，帮助社会公众和政府部门深入了解生态环境保护法律法规，营造生态文化浓厚氛围，加强生态文明建设，倡导绿色生活方式。抓住世界环境日、地球日、水日等重要时间节点开展宣传活动，编制长江经济带节能环保宣传手册，树立环境保护先进企业、单位、社区等先进典型，使生态安全、环境保护和绿色发展观念被社会各界认可和接纳，从而保障长江经济带绿色发展的法律法规全面的贯彻实施。

REFERENCES

[1] Arrow, K. J., Raynaud, H. et al., Social Choice and Multicriterion Decision-Making [J]. The Economic Journal, 1987, 97 (387).

[2] Bartz, S., Kelly, D. L. Economic Growth and the Environment : Theory and Facts [J]. Resource and Energy Economics, 2008, 30 (2): 115–149.

[3] Bouyssou, D., Vansnick, J. Noncompensatory and Generalized Noncompensatory Preference Structures [J]. Theory and Decision, 1986, 21 (3): 251–266.

[4] Brock, W. A., Taylor, M. S.Economic Growth and the Environment : A Review of Theory and Empirics [J]. In Handbook of Economic Growth, 2005 (1): 1749–1821.

[5] Cherniwchan, J. Economic Growth, Industrialization, and the Environment [J]. Resource and Energy Economics, 2012, 34 (4): 442–467.

[6] Costanza, R., De Groot, R., et al. Changes in the Global Value of Ecosystem Services. [J] Global Environmental Change, 2014, 26 (26): 152–158.

[7] Cowan, E. Topical Issues In Environmental Finance [J].Eepsea Spelial & Techncal Paper, 1998, 43 (3).

[8] Dell, M., Jones, B. F., Olken, B. A. What do We Learn from the Weather? The new Climate-Economy Literature [J]. Journal of Economic Literature, 2014, 52 (3): 740–798.

[9] Fan, R., Fang Y., Park S. Y. Resource Abundance and Economic Growth in China [J]. China Economic Review, 2012, 23 (3): 704–719.

[10] Field, C. B. Climate Change 2014–Impacts, Adaptation and Vulnerability : Regional Aspects [M]. Londan : Cambridge University Press,

2014.

[11] GGKP. Measuring Inclusive Green Growth at the Country Level : Taking Stock of Measurement Approaches and Indicators [R/OL]. (2016–02–01) [2019–07–08]. https : //www. greengrowthknowledge.org/resource/measuring-inclusive-green-growth-country-level.

[12] Greasley, D., Madsen, J.B. Curse and Boon : Natural Resources and Long-run Growth in Currently Rich Economics [J]. Economic Record, 2010, 86 (274): 311–328.

[13] Guiltinan, J. Creative Destruction and Destructive Creations : Environmental Ethics and Planned Obsolescence [J]. Journal of Business ethics, 2019, 89 (1): 19–28.

[14] Gylfason, T. Natural Resources, Education, and Economic Development [J]. European Economic Review, 2001, 45 (4–6): 847–859.

[15] Heal, G., Kriström, B. Distribution, Sustainability and Environmental Policy [J]. Chapters, 2013.

[16] Hsieh, C.–T., Klenow, P. J. Misallocation and Manufacturing TFP in China and India [J]. The Quarterly journal of economics, 2009, 124 (4): 1403–1448.

[17] Hulten, C. R. Total Factor Productivity : A Short Biography [J]. Nber Working Papers 2005, 51 (3): 3–16.

[18] Jeucken J. Sustainable Finance and Banking [M].USA : The Earths Can Publication, 2006.

[19] Jha, S., Sandhu, S. C., Wachirapunyanont, R. *Inclusive Green Growth Index* : A New Benchmark for Quality of Growth [R/OL]. (2018–10–01) [2019–09–05]. https : //www.think-asia.org/bitstream/handle/11540/8988/inclusive-green-growth-index.pdf?sequence=1.

[20] Jin B., Li G. Green Economic Growth From a Developmental Perspective [J]. China Finance and Economic Review, 2013, 1 (1): 1–7.

[21] Kjellstrom, T., Briggs, D., et al. Heat, Human Performance, and Occupational Health : A Key Issue for the Assessment of Global Climate Change Impacts [J]. Annual Review of Public Health, 2016 (37): 97–112.

[22] Labatt S., White R. Environmental Finance : A Guide to Environmental Risk Assessment and Financial Products [M]. New York : John Wiley and Sons Ltd, 2002.

［23］Lorek, S., Spangenberg, J. H. Sustainable Consumption within a Sustainable Economy–Beyond Green Growth and Green Economies［J］. Journal of Cleaner Production, 2004（63）: 33–44.

［24］Mulugetta, Y., Urban, F. Deliberating on Low Carbon Development［J］. Energy Policy, 2010, 38（12）: 7546–7549.

［25］Munda, G., Nardo, M. Noncompensatory/nonlinear Composite Indicators for Ranking Countries : A Defensible Setting［J］. Applied Economics, 2009, 41（12）: 1513–1523.

［26］Nardo, M., Saisana, M., et al. Handbook on Constructing Composite Indicators : Methoddogy and User Guide［J］. Oead Stats Worhing PaPsers, 2008, 73（2）: 1111.

［27］Neumayer, E. Weak Versus Strong Sustainability : Exploring the Limits of Two Opposing Paradigms［M］. Edward Elgar Publishing, 2013.

［28］OECD. Green Growth Indicators 2017［R/OL］.（2017–06–20）［2019–07–10］. https : //www.oecd.org/environment/green-growth-indicators–2017–9789264268586–en.htm.

［29］OECD. Towards Gneen Grouth : Monitoring Progress OECD Indicators.（2011–05–01）［2019–07–09］https : //www.oecd.org/greengrowth/48224574.pdf.

［30］OECD. Measuring Material Flows and Resource Productivity : Volume I The OECD Guide［R/OL］.（2008–12–01）［2019–07–09］. https : //www.oecd.org/environment/indicators-modelling-outlooks/MFA-Guide.pdf

［31］OECD. Towards Green Growth? Tracking Progress.（2015–07–27）［2019–07–10］. https : //www.oecd.org/env/towards-green-growth–9789264234437–en.htm

［32］Papyrakis, E., Gerlagh, R. The Resource Curse Hypothesis and its Transmission Channels［J］. Journal of Comparative Economics, 2004, 32（1）: 1–193.

［33］Pearce, D. W., Atkinson, G. D. Capital Theory and the Measurement of Sustainable Development : An Indicator of "Weak" Sustainability. Ecological Economics, 1993, 8（2）: 103–108.

［34］Pearce, D., Markandya, A., Barbier, E. Blueprint 1 : For a Green Economy : Routledge, 2013.

［35］Ravallion, M. Mashup Indices of Development［J］. Martin Ravallion

2012，27（1）：1-32.

［36］Romer，P. M. The Origins of Endogenous Growth. Journal of Economic Perspectives，1994，8（1）：3-22.

［37］Salazar J. Environmental Finance：Linking Two World［Z］.Presented at a Workshop on Financial Innovations for Biodiversity Bratislava，1998（1）：2-18.

［38］Scherer，F. M. Innovation and Growth：Schumpeterian Perspectives［J］. MIT Press Books，1986，52（3）：227-41.

［39］Skinner，J.，Staiger，D. Technology Diffusion and Productivity Growth in Health Care［J］. Review of Economics and Statistics，2015，97（5）：951-964.

［40］Solow，R. M. Technical Change and the Aggregate Production Function ［J］. The Review of Economics and Statistics，1957，39（3）：312-320.

［41］Steffen，W.，Richardson，K.，Rockström，J. Planetary Boundaries：Guiding Human Development on A Changing Planet［J］. Science，2015，347（6223）：1259855.

［42］Turner，R.，Daily，G. The Ecosystem Services Framework and Natural Capital Conservation［J］. Environmental and Resource Economics，2008，39（1）：25-35.

［43］Xepapadeas，A. Economic Growth and the Environment［J］. Handbook of Environmental Economics，2005（3）：1219-1271.

［44］Xu，B. Multinational Enterprises，Technology Diffusion，and Host Country Productivity Growth［J］. Journal of Development Economics，2000，62（2）：477-493.

［45］安伟.绿色金融的内涵、机理和实践初探［J］.经济经纬，2008（5）：156-158.

［46］白洁.以创新驱动推进长江经济带绿色发展［J］.决策与信息，2016，430（4）：50-53.

［47］包纪平，姜金贵.基于科学发展观的绿色 GDP 研究［J］.现代管理科学，2008（9）：84-86.

［48］长江水利网流域综述［EB/OL］. http：//www.cjw.gov.cn/zjzx/cjyl/lyzs.

［49］陈长江，成长春.新时代长江经济带环境污染与治理——基于空间动态模型的分析［J］.南通大学学报（社会科学版），2018，161（5）：36-41.

［50］陈修颖.长江经济带空间结构演化及重组［J］.地理学报，2007，62（12）：1265-1276.

［51］大卫·皮尔斯等.绿色经济的蓝图——绿化世界经济［M］.初兆丰等译.北京：北京师范大学出版社，1997.

［52］代玉簪，郭红玉.商业银行绿色金融：国际实践与经验借鉴［J］.金融与经济，2015（1）：47-50.

［53］戴鞍钢.近代上海港与长江流域经济变迁［J］.国家航海，2014（4）：120-126.

［54］丁文锋.经济新常态：认识·适应·引领——2014年中央经济工作会议精神解读［J］.中国党政干部论坛，2015（1）：44-49.

［55］冯志军，康鑫，陈伟.知识产权管理、产业升级与绿色经济增长——以产业转型升级期的广东为例［J］.中国科技论坛，2016（1）：118-123.

［56］付保宗.长江经济带产业绿色发展形势与对策［J］.宏观经济管理，2017（1）：55-59.

［57］付保宗.长江经济带产业绿色发展形势与对策［J］.宏观经济管理，2017（1）：57-61.

［58］干春晖，郑若谷.中国产业结构变迁对经济增长和波动的影响［J］.经济研究，2011（5）：4-16.

［59］高建良.绿色金融与金融可持续发展［J］.哈尔滨金融高等专科学校学报，1998（4）：17-19.

［60］高世楫等.用制度创新促进绿色发展［M］.北京：中国发展出版社，2017.

［61］辜寄蓉，唐伟，郝建明等.长江经济带资源禀赋现状分析——基于地理国情普查［J］.中国国土资源经济，2017（7）：46-52.

［62］关成华，韩晶.2017-2018中国绿色发展指数报告——区域比较［M］.北京：经济日报出版社，2019.

［63］郭祥，孔祥明.科学发展观与绿色GDP［J］.市场周刊：研究版，2005（4）：124-125.

［64］国家发展和改革委员会.《中华人民共和国国民经济和社会发展第十三个五年规划纲要辅导》读本［J］.全国新书目，2016（5）：10.

［65］郝国彩，徐银良，张晓萌等.长江经济带城市绿色经济绩效的溢出效应及其分解［J］.中国人口·资源与环境，2018，28（5）：78-86.

［66］何剑，王欣爱.区域协同视角下长江经济带产业绿色发展研究［J］.科技进步与对策，2017（11）：41-46.

［67］何驽.长江中游文明进程的阶段与特点简论［J］.江汉考古，2004（1）：52-58.

［68］何燕生.三峡工程与可持续发展［D］.北京：中国社会科学院研究生院，2002.

［69］胡鞍钢，林毅夫，刘培林，诚言.实现"绿色"发展［N］.中国财经报，2003-10-16.

［70］胡鞍钢，周绍杰.绿色发展：功能界定、机制分析与发展战略［J］.中国人口·资源与环境，2014（1）：14-20.

［71］胡平.近代市场与沿江发展战略［M］.北京：中国财政经济出版社，1996.

［72］湖南省社会科学院绿色发展研究团队.长江经济带绿色发展报告（2017）［M］.北京：社会科学文献出版社，2018.

［73］湖南省社会科学院绿色发展研究团队.长江经济带绿色发展报告［M］.北京：社会科学文献出版社，2017.

［74］黄健钧.欧盟发展绿色经济的经验对中国经济发展转型的启示［J］.中国战略新兴产业，2017（20）：47-48.

［75］黄娟.协调发展理念下长江经济带绿色发展思考——借鉴莱茵河流域绿色协调发展经验［J］.企业经济，2018（2）：5-10.

［76］黄亮雄，王鹤，宋凌云.我国的产业结构调整是绿色的吗？［J］.南开经济研究，2012（3）：110-127.

［77］姜虹，李俊明.中国发展低碳建筑的困境与对策［J］.中国人口·资源与环境，2018，20（12）：72-75.

［78］金碚.中国经济发展新常态研究［J］.中国工业经济，2015（1）：5-18.

［79］赖梦君.结合国外经验浅谈我国绿色经济的发展［J］.劳动保障世界（理论版），2012（9）：76-80.

［80］李伯谦.长江流域文明的进程［J］.考古与文物，1997（4）：12-18.

［81］李华旭，孔凡斌，陈胜东.长江经济带沿江地区绿色发展水平评价及其影响因素分析——基于沿江11省（市）2010-2014年的相关统计数据［J］.湖北社会科学，2017（8）：68-76.

［82］李焕，黄贤金，金雨泽等.长江经济带水资源人口承载力研究［J］.经济地理，2017（1）：181-186.

［83］李靖，谷人旭.长江经济带合作发展探讨［J］.地理与地理信息科学，2003（1）：75-78.

［84］李琳，张佳.长江经济带工业绿色发展水平差异及其分解——基于2004~2013年108个城市的比较研究［J］.软科学，2016，30（11）：48-53.

［85］李敏，杜鹏程.长江经济带区域绿色持续创新能力的差异性研究［J］.华东经济管理，2018，32（2）83-90.

［86］李强.产业升级促进了生态环境优化吗——基于长江经济带108个城市面板数据的分析［J］.财贸研究，2018，29（12）：39-47.

［87］李爽，周天凯，樊琳梓.长江流域城市的绿色发展评价及影响因素［J］.管理现代化，2018，38（4）：92-95.

［88］李晓西，刘一萌，宋涛.人类绿色发展指数的测算［J］.中国社会科学，2014（6）：69-95，207-208.

［89］李晓西，夏光.中国绿色金融报告［M］.北京：中国金融出版社，2014.

［90］李燕，张兴奇.基于主成分分析的长江经济带水资源承载力评价［J］.水土保持通报，2017，37（4）：172-178.

［91］刘宏海.以绿色金融创新支持京津冀协同发展［M］.北京：中国金融出版社，2018.

［92］刘明忠.坚持央企"三色"打造世界"一流"［J］.企业管理，2011（10）：70-73.

［93］刘世庆，沈茂英，李冕之，巨栋等.长江经济带绿色生态廊道战略研究［M］.上海：上海人民出版社，2018.

［94］刘兴林，范金民.论古代长江流域丝绸业的历史地位［J］.古今农业，2003（4）：50-62.

［95］刘兆德，虞孝感，谢红彬.20世纪90年代长江流域经济发展过程分析［J］.长江流域资源与环境，2002，11（6）：494-499.

［96］龙金晶.中国现代环境保护运动的先声［D］.北京：北京大学，2007.

［97］卢丽文.长江经济带城市发展绿色效率研究［J］.中国人口·资源与环境，2016，26（6）：35-42.

［98］陆大道.我国区域开发的宏观战略［J］.地理学报，1987，54（2）：97-105.

［99］绿色金融工作小组.构建中国绿色金融体系［M］.北京：中国金融出版社，2015.

［100］马建华.建设长江经济带的水利支撑与保障［J］.人民长江，2014（5）：5-10.

［101］马骏.中国绿色金融发展与案例研究［M］.北京：中国金融出版社，2016.

［102］马中，周月秋，王文.中国绿色金融发展研究报告（2018）［M］.北京：中国金融出版社，2018.

［103］穆盛博.全球视角下的中国近现代环境史［J］.白斌，罗娜译.文学界（理论版），2011（6）：170-173.

［104］聂宝璋.中国近代航运史资料（第一辑：上册1840-1895）［M］.上海：上海人民出版社，1983.

［105］牛冬杰.加快经济绿色转型提升经济增长潜力绿色金融为世界发展谋未来［N］.中国社会科学报，2016-09-12（001）.

［106］彭浩.长江经济带省域绿色全要素生产率测度及影响因素分析［D］.重庆：重庆工商大学，2017.

［107］彭劲松.长江经济带区域协调发展的体制机制［J］.改革，2014（6）：36-38.

［108］齐建国，王红，彭绪庶等.中国经济新常态的内涵和形成机制［J］.经济纵横，2015（3）：7-18.

［109］钱江.把绿化祖国的重任担当起来——胡耀邦与西北五省（区）青年造林大会［J］.湘潮，2005（11）：18-21.

［110］秦尊文等.长江经济带城市群战略研究［M］.上海：上海人民出版社，2018.

［111］任胜钢，袁宝龙.长江经济带产业绿色发展的动力找寻［J］.改革，2016（7）：55-64.

［112］沈梦姣.长江经济带产业空间布局优化研究［D］.南京：东南大学，2017.

［113］盛馥来，诸大建.绿色经济：联合国视野中的理论、方法与案例［M］.北京：中国财政经济出版社，2015.

［114］盛世豪，张伟明.特色小镇：一种产业空间组织形式［J］.浙江社会科学，2016（3）：36-38.

［115］世界银行.中国：空气、土地和水——新千年的环境优先领域［M］.北京：中国环境科学出版社，2001.

［116］唐啸.绿色经济理论最新发展述评［J］.国外理论动态，2014（1）：125-132.

［117］汪锋，解晋.中国分省绿色经济增长水平增长率研究［J］.中国人口科学，2015（2）：53-62.

［118］汪晓权，汪家权.中国古代的环境保护［J］.合肥工业大学学报（社会科学版）2000，14（3）：34-36.

［119］王兵，刘光天．节能减排与中国绿色经济增长——基于全要素生产率的视角［J］.中国工业经济，2015（5）：57-69.

［120］王兵，唐文狮，吴延瑞等．城镇化提高中国绿色发展效率了吗？［J］.经济评论，2014（4）：38-49.

［121］王崇举等．长江经济带协同创新研究［M］.北京：科学出版社，2018.

［122］王丰龙，曾刚．长江经济带研究综述与展望［J］.世界地理研究，2017（2）：62-71，81.

［123］王珂，王雅文，朱家明．基于主成分分析的皖江城市带绿色发展水平的评价［J］.哈尔滨师范大学自然科学学报，2018，34（2）：55-60.

［124］王伟．长江经济带绿色发展及其绩效评价研究［M］.成都：西南财经大学出版社，2018.

［125］王遥，罗谭晓．中国绿色金融发展报告（2018）［M］.北京：清华大学出版社，2018.

［126］王遥，潘东阳．地方绿色金融发展指数与评估报告（2018）［M］.北京：中国金融出版社，2019.

［127］王钰莹，何晴．长江经济带产业结构调整的节能效应研究［J］.长江大学学报（社会科学版），2017，40（4）：54.

［128］王振，周海旺，王晓娟等．长江经济带发展报告（2016—2017）［M］.北京：社会科学文献出版社，2017.

［129］王振，周海旺，王晓娟等．长江经济带发展报告（2017—2018）［M］.北京：社会科学文献出版社，2018.

［130］魏喜成，袁芸．资源型城市产业结构优化升级的对策研究［J］.天府新论，2009（1）：54-56.

［131］邬晓霞，张双悦．"绿色发展"理念的形成及未来走势［J］.经济问题，2017（2）：30-34.

［132］吴传清，黄磊．长江经济带工业绿色发展效率及其影响因素研究［J］.江西师范大学学报（哲学社会科学版），2018，51（3）：93-101.

［133］吴传清，宋筱筱．长江经济带城市绿色发展影响因素及效率评估［J］.学习与实践，2018（4）：5-13.

［134］吴传清等．长江经济带产业发展报告（2018）［M］.北京：社会科学文献出版社，2018.

［135］吴传清，黄磊，万庆等．黄金水道——长江经济带［M］.重庆：重庆大学出版社，2018.

［136］吴传清.建设长江经济带的国家意志和战略重点［J］.区域经济评论，2014（4）：47-49.

［137］吴汝康.广西柳江发现的人类化石［J］.古脊椎动物学报，1959，1（3）：5-12.

［138］伍新木，李雪松.流域开发的外部性及其内部化［J］.长江流域资源与环境，2002，11（1）：21-26.

［139］伍新木，邵玮，马尚.建设好泛长江经济带［J］.长江流域资源与环境，2015，24（10）：13-15.

［140］武建新，胡建辉.环境规制、产业结构调整与绿色经济增长——基于中国省级面板数据的实证检验［J］.经济问题探索，2018（3）：7-17.

［141］习近平.在深入推动长江经济带发展座谈会上的谈话［M］.北京：人民出版社，2018.

［142］夏骥，肖永芹.密西西比河开发经验及对长江流域发展的启示［J］.重庆社会科学，2006（5）：22-26.

［143］向书坚.绿色经济核算［M］.北京：中国环境出版社，2016.

［144］肖金成，黄征学.长江经济带城镇化战略思路研究［J］.江淮论坛，2015（1）：5-10.

［145］肖廷，聂群华，刘华.制造业服务化对企业绩效的影响研究——基于我国制造企业的经验证据［J］.科学与科学技术管理，2014（4）：156-164.

［146］谢婷婷，刘锦华.金融集聚、产业结构升级与绿色经济增长［J］.武汉金融，2019（2）：51-56.

［147］徐斌，陈宇芳，沈小波.清洁能源发展、二氧化碳减排与区域经济增长［J］.经济研究，2019（7）：188-202.

［148］许洁.国外流域开发模式与江苏沿江开发战略（模式）研究［D］.南京：东南大学，2004.

［149］许学强，周一星，宁越敏.城市地理学［M］.北京：高等教育出版社，1997.

［150］杨桂山，徐昔保，李平星.长江经济带绿色生态廊道建设研究［J］.地理科学进展，2015，34（11）：1356-1367.

［151］杨洁勉.当前国际形势的特点和展望——着眼于中国定位与应对的讨论［J］.国际展望，2019，11（1）：5-15，160.

［152］杨云龙.绿色转型：我们别无选择［N］.太原日报，2007-07-02.

［153］于斌斌.产业结构调整与生产率提升的经济增长效应——基于中国城市动态空间面板模型的分析［J］.中国工业经济，2015，333（12）：85-100.

［154］虞孝感，王磊，杨清可等．长江经济带战略的背景及创新发展的地理学解读［J］.地理科学进展，2015（11）：1368-1376.

［155］岳愿举．三峡工程的由来［J］.世纪行，1997（3）：32-41.

［156］曾刚，王丰龙等．长江经济带城市协同发展能力指数（2017）研究报告［M］.北京：中国社会科学出版社，2017.

［157］曾刚．长江经济带协同发展的基础与谋略［M］.北京：经济科学出版社，2014.

［158］张佳．长江经济带工业绿色发展水平差异及其影响因素［D］.长沙：湖南大学，2017.

［159］张坤民，温宗国．中国的改革开放政策与环境保护发展［J］.上海环境科学，2001（2）：51-55.

［160］张坤民．中国环境保护事业60年［J］.中国人口·资源与环境，2010.

［161］张敏．欧盟的绿色经济：发展路径与前景展望［J］.人民论坛·学术前沿，2017（4）：81-86.

［162］张治栋，秦淑悦．产业集聚对城市绿色效率的影响——以长江经济带108个城市为例［J］.城市问题，2018，276（7）：50-56.

［163］张治栋，秦淑悦．环境规制、产业结构调整对绿色发展的空间效应——基于长江经济带城市的实证研究［J］.现代经济探讨，2018，443（11）：85-92.

［164］张仲礼，潘君祥．上海城市经济的近代化及对长江流域经济的影响［J］.上海社会科学院学术季刊，1992（3）：5-13.

［165］赵琳．长江经济带经济演进的时空分析［D］.上海：华东师范大学，2012.

［166］郑菊．科学发展观与绿色发展观比较研究［D］.南京：东南大学，2018.

［167］中共中央宣传部．习近平新时代中国特色社会主义思想学习纲要［M］.北京：人民出版社，2019.

［168］中国财政科学研究院课题组，傅志华，马洪范，李成威，景婉博，于雯杰，陈龙．从"逆全球化"看2018年国际经济形势［J］.财政科学，2018，29（5）：7-14.

［169］周宏春，季曦．改革开放三十年中国环境保护政策演变［J］.南京大学学报（哲学·人文科学·社会科学版），2009，46（1）：31-40.

［170］周泓，刘洋，张雪瑶，吕国琴，郭丽萍，蒋朋，王春平．生态优先

推动长江经济带绿色发展——《长江经济带发展规划纲要》初步解读［J］.环境与可持续发展，2016（6）：191-192.

　　［171］朱光福，周超，赵云亭.长江经济带绿色技术效率与产业结构耦合协调分析［J］.贵州财经大学学报，2018，195（4）：17-25.

附　录
各指标数据来源说明

序号	指标名称	数据来源
1	能源生产率	《中国能源统计年鉴》
2	第一产业能源强度	《中国能源统计年鉴》
3	第二产业能源强度	《中国能源统计年鉴》
4	第三产业能源强度	《中国能源统计年鉴》
5	可再生能源份额	《中国能源统计年鉴》
6	水资源生产率	《中国环境统计年鉴》
7	节水灌溉面积占灌溉总面积的比例	《中国环境统计年鉴》
8	建设用地生产率	《中国环境统计年鉴》
9	一般工业固体废物综合利用率	《中国统计年鉴》
10	碳排放生产率	《中国能源统计年鉴》
11	人均水资源占有量	《中国环境统计年鉴》
12	森林覆盖率	《中国环境统计年鉴》
13	森林蓄积量	《中国环境统计年鉴》
14	人均耕地面积	《中国农村统计年鉴》
15	陆地自然保护区面积	《中国环境统计年鉴》
16	新增水土流失治理面积	《中国水利统计年鉴》
17	新增矿山恢复治理面积	《中国环境统计年鉴》
18	化学需氧量排放总量减少	《中国能源统计年鉴》
19	氨氮排放总量减少	《中国能源统计年鉴》
20	二氧化硫排放总量减少	《中国能源统计年鉴》

序号	指标名称	数据来源
21	氮氧化物排放总量减少	《中国能源统计年鉴》
22	地级及以上城市空气质量优良天数比率	各省环境状况公报
23	地表水达到或好于Ⅲ类水体比例	各省环境状况公报
24	地表水劣Ⅴ类水体比例	各省环境状况公报
25	单位耕地面积化肥施用量	《中国农村统计年鉴》
26	单位耕地面积农药使用量	《中国农村统计年鉴》
27	城市地区生活垃圾无害化处理率	《中国城市建设统计年鉴》
28	污水集中处理率	《中国城市建设统计年鉴》
29	地级及以上城市集中式饮水水源水质达到或优于Ⅲ类比例	各省份环境状况公报
30	战略性新兴产业增加值占GDP比重	各省份国民经济和社会发展统计公报
31	第三产业增加值占GDP比重	《中国统计年鉴》
32	R&D经费投入强度	《中国科技统计年鉴》
33	居民人均可支配收入	《中国统计年鉴》
34	人均GDP增长率	《中国统计年鉴》
35	文盲率	《中国卫生和计划生育统计年鉴》
36	人均预期寿命	《中国卫生和计划生育统计年鉴》
37	新能源汽车保有量增长率	《中国汽车市场年鉴》
38	城镇每万人口公共交通客运量（万人次）	《中国交通年鉴》
39	城市建成区绿地率	《中国城市建设统计年鉴》
40	环境污染治理投资占GDP比重	《中国环境统计年鉴》
41	农村卫生厕所普及率	《中国卫生和计划生育统计年鉴》
42	对外贸易依存度	《中国贸易外经统计年鉴》
43	FDI占地区增加值比重	《中国贸易外经统计年鉴》

后 记

POSTSCRIPT

唐朝诗人李白曾写下"峨眉山月半轮秋，影入平羌江水流。夜发清溪向三峡，思君不见下渝州。"的美好诗句，在他的一生中多次提到母亲河"长江"，为这条伟大的母亲河留下震古烁今的文字。笔者从小就会歌唱"长江之歌"，在长江边上长大，在长江河畔组建家庭和养育子女。长江是我们的母亲河，养育我们长大。长江经济带绿色发展是国家战略，更是牵动万千家庭根本利益的生命长廊。对于新时代的经济学者，我们要思考，而且是深入地思考如何更好地发展长江经济带，通过绿色发展理念，让长江经济带生态更加美好，经济发展更加健康。这是我们这个时代的使命，更是机遇，笔者感到非常骄傲能够参与这个伟大课题的研究，能够用所学知识略尽绵力，如能提供给广大社会一些思考的视野，更觉欣慰。

最后，在本书的编写和出版过程中，西南政法大学校领导及经济学院院领导给予了大力支持，经济管理出版社的编辑也为本书的顺利出版付出了艰辛的劳动，在此一并致谢！

肖忠意

2020 年荷月于渝北宝圣大道 301 号